POPULATION
ÉDITION FRANÇAISE

VOLUME 58

POPULATION • F
Numéro 6 – 2003

NOVEMBRE-DÉCEMBRE

INSTITUT NATIONAL D'ÉTUDES DÉMOGRAPHIQUES
133, boulevard Davout, 75980 PARIS Cedex 20 France
Tél. : 33 (0)1 56 06 20 00 – Fax : 33 (0)1 56 06 21 99
http://www.ined.fr

ISBN 2-7332-3048-4

ISSN 0032-4663

Avertissement

Les Éditions de l'Ined se réservent le droit de reproduire et de représenter les textes qu'elles publient sous quelque forme que ce soit : réimpression, traduction, ou édition électronique au moyen de tout procédé technique et informatique actuel ou futur. Ce droit porte sur tous les modes de transmission : réseaux propriétaires, réseaux publics (type Internet) et supports de type CD-Rom, CDI ou DVD par exemple. En conséquence, les Éditions de l'Ined engageront les actions nécessaires contre les auteurs d'éventuelles reproductions non autorisées.

Fondateur : Alfred Sauvy

Directeur de la publication : François Héran

Rédacteurs en chef :

Michel Bozon . Ined, Paris, France
Éva Lelièvre . Ined, Paris, France
Francisco Munoz-Pérez . Université de Picardie, Amiens, France

Éditeur délégué (édition anglaise) : Etienne van de Walle . Université de Pennsylvanie, États-Unis

Assistante de rédaction (édition française) : Catherine Guével

Comité de rédaction

Didier Blanchet . Insee, Paris, France
Martine Corijn . Institut scientifique flamand, Bruxelles, Belgique
Cécile Lefèvre . Insee/Ined, Paris, France
Jean-Marie Robine . Inserm, Montpellier, France
Paul-André Rosental . EHESS, Paris, France
Gustavo De Santis . Université de Messine, Italie
Dominique Tabutin . Université de Louvain-la-Neuve, Belgique

Comité international

Alexandre Avdeev . Université d'État de Moscou, Russie
Jorge Bravo . Celade, Santiago, Chili
Monica Das Gupta . Banque mondiale, Washington, États-Unis
Nico Keilman . Université d'Oslo, Norvège
Marianne Kempeneers . Université de Montréal, Canada
Ron Lesthaeghe . Université libre de Bruxelles, Belgique
Cheikh Mbacké . Fondation Rockefeller, Nairobi, Kenya
Máire Ní Bhrolcháin . Université de Southampton, Royaume-Uni
Manuel Ordorica Mellado . El Colegio de México, Mexique
Jürgen Schlumbohm . Institut Max-Planck, Göttingen, Allemagne
John Wilmoth . Université de Californie, Berkeley, États-Unis

Édition

Coordination des traductions : Linda Sergent
Révision des textes anglais : Godfrey I. Rogers
Assistante d'édition : Françoise Milan
Infographie et couverture : Nicole Berthoux

SOMMAIRE

G. DE SANTIS	—Les aspects démographiques d'un système équitable et stable de transferts intergénérationnels	667
N. RENAHY, C. DÉTANG-DESSENDRE, S. GOJARD	—Deux âges d'émigration ouvrière. Migration et sédentarité dans un village industriel	707

Facteurs d'évolution de la fécondité en Afrique

A. GUILLAUME	—Le rôle de l'avortement dans la transition de la fécondité à Abidjan au cours des années 1990	741
S. RANDALL, T. LEGRAND	—Stratégies reproductives et prise de décision au Sénégal : le rôle de la mortalité des enfants	773
S. LARDOUX, E. VAN DE WALLE	—Polygamie et fécondité en milieu rural sénégalais	807

Bibliographie critique par : T. Boyer, D. Delaunay, C. Imbert, K. Kateb, A. Régnier-Loilier, C. Tichit

COURGEAU D.	—Methodology and Epistemology of Multilevel Analysis. Approaches from Different Social Sciences	837
DENCH G., OGG J.	—Grandparenting in Britain, a Baseline Study	841
EGGERICKX T., GOURBIN C. et al. (dir.)	—Populations et défis urbains	843
GUYER J.I.	—« La tradition de l'invention en Afrique équatoriale »	845
MARTIAL A.	—S'apparenter	848
ASSOCIATION D'AIDE À L'INSERTION SOCIALE	—L'autre famille. Chroniques de la France monoparentale	851
SAINT-PIERRE C. (de)	—La fabrication plurielle de la ville, décideurs et citadins à Cergy-Pontoise ; 1990-2000	852

Revue *Population*

NOTE AUX AUTEURS

Population publie des articles inédits apportant des éléments nouveaux à l'étude des populations humaines, y compris dans les causes et les conséquences de leurs évolutions.

Leurs auteurs s'engagent à ne pas les proposer à une autre revue avant la réponse du Comité, et en tout cas durant un délai de quatre mois. La longueur d'un article ne doit pas excéder 24 pages de *Population*, y compris les tableaux, graphiques et résumés (soit l'équivalent de 76 000 signes de texte). Chaque article doit être accompagné d'un résumé de 160 à 200 mots.

Toute proposition *d'article* est examinée par l'ensemble du Comité de rédaction, qui se réunit tous les deux mois, l'un des membres du Comité étant chargé de préparer un rapport ; l'article est soumis anonymement à au moins un lecteur externe qui prépare aussi un rapport. La rédaction informe l'auteur de la décision du Comité ; en cas de rejet, ou de demande de modifications, la décision est motivée à l'auteur sur la base des rapports reçus et de la discussion en Comité.

La section *Notes de recherche* accueille des articles courts, traitant un thème particulier au moyen de données inédites ou sous forme de synthèse comparative. Elles sont examinées en Comité, qui peut aussi faire appel à des lecteurs externes. Elles ne doivent pas dépasser 10 pages de Population (soit l'équivalent de 32 000 signes au total).

La rubrique *Commentaires* est destinée à accueillir des réactions à des articles parus dans la revue, ainsi que les réponses des auteurs (si possible dans le même numéro). La décision de publier tout ou partie d'une proposition relève de la Rédaction. Tout commentaire est limité à 3 pages (soit 10 000 signes), sauf développement méthodologique dûment justifié et approuvé par le Comité.

Les *Comptes rendus* ou *Analyses d'ouvrages* sont publiés par décision de la Rédaction et n'engagent que leurs signataires ; ils n'ouvrent pas droit à réponse de la part des auteurs concernés, ni à commentaires.

Pour tout texte publié, la Rédaction se réserve le droit d'apporter des modifications portant sur la forme ; les changements éventuels sur le fond seront effectués en concertation avec l'auteur, qui recevra dans tous les cas un bon à tirer.

Présentation des manuscrits soumis

• *Texte*

Le manuscrit doit être envoyé (avec le résumé) à la Rédaction de *Population* soit sur papier en deux exemplaires, soit par courrier électronique, de préférence en MS-Word, avec une copie papier.

• *Tableaux et figures*

Ils sont respectivement regroupés en fin d'article, numérotés séquentiellement en chiffres arabes et appelés dans le texte à l'endroit où ils doivent être insérés. Les auteurs veilleront à ce que les légendes des figures et les titres des tableaux soient clairement indiqués sur ceux-ci. Les figures doivent être fournies à l'échelle double selon des dimensions compatibles avec le format d'une page de *Population* (11,51 × 8,5 cm).

• *Formules mathématiques*

Elles sont numérotées à droite et doivent être présentées de façon lisible.

• *Notes*

Les notes en bas de page sont numérotées séquentiellement et ne comportent ni tableaux, ni graphiques.

• *Références bibliographiques*

Elles sont disposées en fin d'article, par ordre alphabétique d'auteurs (éventuellement numérotées entre crochets), pour chaque auteur dans l'ordre chronologique, et appelées dans le texte sous la forme (Laslett, 1977) ou par les numéros entre crochets. La présentation sera la suivante :

— Pour un article dans une revue :

BOURGEOIS-PICHAT Jean, 1946, « Le mariage, coutume saisonnière. Contribution à une étude sociologique de la nuptialité en France », *Population*, 1(4), p. 623-642.

— Pour un ouvrage :

LASLETT Peter, 1977, *Family Life and Illicit Love in Earlier Generations. Essays in Historical Sociology*, Cambridge/London/New York, Cambridge University Press, 270 p.

Tirés à la suite

Une quinzaine de tirés à la suite sont envoyés gratuitement à l'auteur.

S'il en désire davantage (sous réserve d'acceptation), l'auteur est prié d'en informer la rédaction au moment du retour des épreuves.

Les auteurs ne sont en aucun cas rémunérés.

Courrier

Rédaction de *Population*
Institut national d'études démographiques
133 bd Davout
75980 Paris Cedex 20, France
population@ined.fr

Population est référencé dans les bases de données ou bibliographiques suivantes

— Le catalogue de la Bibliothèque de l'Ined (http://www.ined.fr) propose l'intégralité des sommaires depuis 1946 ;

— *Francis* (CNRS), accessible par les serveurs Queste-Orbit et RLG, par CD-ROM, ou par Internet depuis le n° 4-5/1989 dans la base article@inist (http://services.inist.fr) ;

— *Revue des revues démographiques/Review of population reviews*, Cicred (http://www.cicred.org) ;

— *Current Contents* (http://www.isinet.com) sur abonnement ;

— *Social Sciences Citations Index* (http://www.isinet.com) sur abonnement ;

— *Population Index* (http://popindex.princeton.edu)
  mise à jour arrêtée en 2000 ;

— *Popline* (http://www.jhucpp.org).

Par ailleurs, l'édition en anglais est disponible en texte intégral dans la base JSTOR (http://www.jstor.org) sur abonnement.

Les aspects démographiques d'un système équitable et stable de transferts intergénérationnels

Gustavo DE SANTIS*

Dans le débat sur la nécessaire évolution des systèmes de retraite, le facteur démographique occupe une place centrale. Dans cet article, Gustavo DE SANTIS *compare différents systèmes théoriques de retraite par répartition, dont il discute les mérites relatifs, et en propose un nouveau qui préserverait le caractère équitable de la répartition dans un contexte démographique changeant. Basé sur les niveaux de vie relatifs des différents groupes d'âges, le système consiste à constituer des réserves durant les périodes fastes et à les utiliser ou à s'endetter durant les périodes moins favorables. La structure démographique évoluant, les réserves compensent les pertes sur le long terme. Sa présentation, qui s'organise principalement autour des aspects démographiques des différents systèmes théoriques, est illustrée par des simulations qui éclairent la démonstration. Elle permet de prendre du recul par rapport aux discussions qui alimentent les débats nationaux auxquels nous sommes tous intéressés en tant que citoyens.*

« "Voudriez-vous, je vous prie, me dire quel chemin je dois prendre maintenant ?", demanda Alice. " Ça dépend beaucoup de l'endroit où vous voulez aller", dit le Chat. "Cela m'est à peu près égal...", dit Alice. " Alors peu importe le chemin que vous prenez", dit le Chat. "... pourvu que j'arrive quelque part", ajouta Alice en guise d'explication. »

(Lewis Carroll, Alice au pays des merveilles)

Il a toujours existé des formules d'assistance économique aux personnes âgées. À l'époque préindustrielle, c'était essentiellement une affaire privée. Sous bien des formes différentes, et souvent à grand-peine, la prise en charge des personnes âgées relevait de la responsabilité des familles et des ménages (voir Bengtsson et Fridlizius, 1994 ; Reher, 1998).

---

* Département d'économie et de statistique, université de Messine, Italie.
Traduit par Éric Vilquin.

Avec la révolution industrielle et le mouvement d'urbanisation qui s'en est suivi, la proximité et par conséquent aussi la solidarité entre les membres des familles ont diminué et des formules alternatives, à caractère collectif, se sont progressivement développées pour assurer la sécurité économique des personnes âgées (Conrad, 1990; Ritter, 1991). Au départ, ces systèmes étaient fondés sur la capitalisation, mais, dans la plupart des cas, au moins en Europe, et pour diverses raisons[1], ils se sont transformés ensuite en systèmes de répartition. La différence est la suivante : avec la capitalisation, les individus doivent épargner pendant leur vie active et, devenus âgés, ils consomment peu à peu leur capital quand les revenus de leur travail diminuent ou sont réduits à néant ; avec la répartition, l'argent des pensions des retraités d'aujourd'hui provient des cotisations versées aujourd'hui par les générations plus jeunes, et il n'y a pas d'accumulation de capital[2].

Ces derniers temps, les systèmes de répartition ont connu de sérieuses difficultés financières, que la plupart des observateurs ont tendance à imputer à leur faiblesse intrinsèque : faute de nantissement (c'est-à-dire d'épargne), rien ne garantit qu'on aura toujours assez de ressources disponibles pour payer les pensions promises. La survie du système n'est assurée que si les variables dont il dépend (taux d'activité, productivité, nombre de retraités, etc.) évoluent au moins aussi favorablement que ses concepteurs l'ont imaginé. Malheureusement, ces concepteurs sont des responsables politiques. Ils ont tendance à la myopie, car ils savent qu'ils ne resteront pas éternellement à leur poste et ils cherchent à gagner les voix d'électeurs qui sont peut-être encore plus myopes qu'eux[3]. Tout cela concourt à fausser le système dans le sens de promesses exagérément généreuses qui peuvent s'avérer impossibles à honorer, comme le montre l'histoire récente de la plupart des systèmes de répartition et de leurs fréquents réajustements[4]. La difficulté de prévoir la disponibilité future des

---

[1] En Europe, les fiascos financiers ont généralement été provoqués par l'inflation rampante qui a suivi la seconde guerre mondiale. Des facteurs politiques ont également joué un rôle : voir, pour l'Italie, INPS, 1993 ; pour la France, Kessler, 1992.

[2] Il existe aussi des systèmes mixtes, et la formule que je vais présenter ici partage avec eux la caractéristique de comporter une réserve financière, mais avec une fonction différente. Remarquons que, dans le système de capitalisation, chaque génération utilise son « propre » capital accumulé pour payer ses propres pensions de retraite, alors que, dans le système de répartition, il y a un transfert de ressources d'une génération (les adultes actifs) vers la précédente (les retraités). Mais, même dans ce cas, les gens raisonnent *comme si* les travailleurs s'étaient constitué une épargne au cours de leur vie active et devaient ensuite y puiser leurs pensions de retraite. Ce raisonnement, souvent implicite, est formalisé dans ce que l'on appelle le *notional-defined contribution system* (Disney, 2000) qui caractérise les récentes réformes des systèmes de retraite de l'Italie, de la Suède, de la Lettonie et de la Pologne.

[3] Une des raisons pour lesquelles il existe des systèmes de retraite obligatoires est que l'on pense que, si on les laissait faire, les gens consommeraient la plus grande partie de ce qu'ils gagnent pendant leur vie active et épargneraient trop peu en vue de leur vieillesse (cf., par exemple, MacKellar, 2000, p. 386). Dans les systèmes de répartition, il n'y a souvent qu'un lien très vague entre l'épargne forcée d'aujourd'hui (qui profite aux générations précédentes devenues âgées) et la consommation de demain (qui sera financée par une nouvelle génération d'actifs). Cela permet de faire facilement des promesses généreuses aux dépens des futurs cotisants, ce qui constitue encore une nouvelle forme légèrement différente de myopie.

ressources et la tendance corrélative à trop promettre comptent parmi les raisons pour lesquelles nombre d'économistes préfèrent la capitalisation à la répartition. Selon certains d'entre eux, le système devrait jouer un rôle fortement réduit, éventuellement jusqu'à ne plus être qu'un simple filet de sécurité pour ceux qui sont à la fois vieux et pauvres (voir Disney, 1996, 2000; Feldstein et Ranguelova, 2000). Les institutions financières internationales soutiennent énergiquement ce point de vue (Banque mondiale, 1994, 1997) et même, selon certains observateurs, l'imposent à des pays récalcitrants mais économiquement faibles (Müller, Ryll et Wagener, 1999).

Dans les pages qui suivent, je ne vais pas examiner toutes les raisons qui peuvent justifier cette préférence pour la capitalisation. Elles sont essentiellement économiques et impliquent, par exemple, l'incitation à l'accumulation de capital et donc la croissance économique, ou l'équilibre supposé optimal entre secteur public et secteur privé sur le marché des rentes viagères. J'essaierai plutôt de montrer que la plupart des défauts attribués au système de répartition (mécanisme de Ponzi[5], instabilité intrinsèque, extrême variabilité des rendements internes, effets dissuasifs sur le marché de l'emploi, etc.) ne sont pas inhérents au système, et en particulier qu'ils n'affectent pas la variante « *ES* » que je présenterai plus loin.

I. Simplifications, hypothèses et « philosophie »

Pour simplifier les choses, je placerai mon exposé à un très haut niveau d'abstraction, en supposant qu'il n'existe qu'un seul système global de transferts intergénérationnels, que tous les actifs sont soumis aux mêmes réglementations quels que soient leur sexe, leur secteur d'activité, leur génération, etc., et que les coûts de gestion sont négligeables. Les autres formes d'intervention sociale (comme celles visant à éradiquer la pauvreté) seront également ignorées ici.

Je me concentrerai particulièrement sur les mécanismes démographiques qui sont susceptibles de déséquilibrer un système de transferts intergénérationnels par répartition. La dimension économique

---

[4] Voir, par exemple : *European Economy*, 1996, n° 3 ; Baldacci et Peracchi, 2000 ; Takayama, 2003. Pour une discussion sur le système de retraites des États-Unis, voir, entre autres, Diamond, 1996 et Gramlich, 1996.

[5] Le « mécanisme financier de Ponzi » consiste à rembourser une dette par l'émission d'une nouvelle créance ; il doit son nom à Carlo Ponzi (1882-1949), un émigré italien, qui fit fortune en Amérique en organisant un système de racket par correspondance en chaîne et fut finalement démasqué et arrêté. Sans la moindre production de biens ou de services, un tel mécanisme ne peut fonctionner que tant que de nouveaux prêteurs entrent dans le système, et ceux-ci ne peuvent y être attirés que par des promesses très généreuses, mais financièrement intenables. Les derniers arrivants (dans notre cas, les générations d'actifs les plus jeunes) sont sûrs de perdre leur argent.

sera simplifiée au maximum, en supposant l'absence de toute variation : la productivité est fixée, de même que les taux d'activité, le chômage, les prix (il n'y a pas d'inflation), etc.[6] De plus, je ne considérerai que les revenus moyens (d'un côté, les salaires nets de cotisations ; de l'autre, les pensions de retraite) et j'ignorerai le problème de leur variabilité individuelle. Sur ce dernier point, voir De Santis (1997 et 2002).

La manière la plus simple d'envisager le problème des retraites est peut-être de penser que la production courante[7] est une sorte d'énorme « gâteau » qui doit être partagé entre des « convives » – traditionnellement, ce sont les personnes qui travaillent et les retraités, mais, dans ma proposition, ce seront, plus largement, les jeunes, les adultes et les personnes âgées. La question fondamentale est : comment ? Plusieurs points méritent d'être examinés dès ce stade. Premièrement, si l'on ignore la taille actuelle du gâteau ou sa dimension future possible et si l'on cherche quand même une solution définitive au problème des retraites, on ne doit considérer que les revenus relatifs (et non absolus) – approche qui n'a encore que peu de succès dans les débats publics. Accessoirement, elle est aussi techniquement difficile à mettre en œuvre si l'on doit satisfaire des critères actuariels, parce que chaque retraité(e), sur la base de sa propre histoire de cotisant, tient à « faire une bonne affaire » et réclame une part de gâteau (sous forme de pensions) au moins aussi importante que ce qu'il ou elle a versé au cours de sa vie sous forme de cotisations, plus les intérêts.

Deuxièmement, les « droits (relatifs) à une part de gâteau » peuvent être attribués soit à des individus, soit à des groupes. Ces deux alternatives « directes » présentent des défauts, entre autres raisons *parce que les structures démographiques varient*. Imaginons, par exemple, que la règle attribue 80 % du gâteau aux actifs et 20 % aux retraités. Cela peut être équitable en moyenne, mais il peut y avoir, une certaine année, 90 actifs pour 10 retraités (dont la pension moyenne sera alors exceptionnellement élevée : 2,25 fois le revenu net du travail de chaque actif) ; et une autre année, une situation tout à fait différente peut surgir – disons 50 actifs pour 50 retraités – avec l'effet contraire en termes de ressources des individus, chaque retraité ne recevant alors que 25 % de ce que touche un actif. Le système de transferts intergénérationnels donne de meilleurs résultats si on décide que *chaque* retraité doit avoir, par exemple, 60 % de ce qui reste à *chaque* actif une fois qu'il a payé ses cotisations. Mais, dans les deux scénarios extrêmes présentés ci-dessus, cela se traduit par des taux de cotisation excessivement différents (respectivement 6,25 % et 37,5 %), ce qui n'est guère plus recommandable. Cet exemple, aussi irréalistes que puissent être ses paramètres, sert à illustrer les tendances qui pourraient se

---

[6] La suppression de ces hypothèses n'affecte pas le système proposé ici, mais elle affecte, parfois considérablement, le fonctionnement de la plupart des autres formes de système de répartition.

[7] Plus précisément, la part de cette production due au travail, car les cotisations sont prélevées sur les salaires.

faire jour dans le monde réel si, dans la conception du système, on négligeait de prendre en compte les facteurs démographiques. Il indique aussi qu'il pourrait être judicieux de mettre de côté une partie du gâteau pendant les années de vaches grasses (90 actifs, 10 retraités) et d'utiliser cette réserve pendant les années de vaches maigres (50 actifs, 50 retraités) pour maintenir constants, ou presque, *à la fois* les cotisations et les revenus relatifs. En d'autres termes, une réserve financière relativement flexible peut faciliter la gestion d'un système de transferts intergénérationnels, même s'il est fondamentalement basé sur le principe de la répartition.

Remarquons que les variations du rapport entre actifs et retraités peuvent avoir deux causes distinctes : le taux d'activité (variable économique) et la structure par âge (variable purement démographique). À ma connaissance, personne n'a encore tenté de démêler la part de ces deux éléments. Je vais essayer de montrer, dans ce qui suit, l'intérêt de cette distinction qui permet de prendre en compte le comportement économique *réel* (taux d'activité) en combinaison avec une structure par âge *de référence*.

Traditionnellement, les adultes sont censés avoir un emploi et les personnes âgées être inactives. Mais qui est âgé ? La « vieillesse » n'est-elle pas une notion dynamique, qui devrait être liée d'une manière ou d'une autre à la durée moyenne de la vie, e_0 ? Avoir 50 ans a-t-il toujours la même signification, que l'espérance de vie à la naissance soit de 40 ou de 85 ans ? Et si la réponse est négative, quel lien faudrait-il instaurer entre l'augmentation de e_0 et l'évolution de l'âge de la retraite (appelé ici β) ?

Finalement, quel que soit l'accord sur cet âge, pourquoi serait-on *forcé*, par la loi ou par des dispositions pratiques (par exemple, fiscales), de prendre sa retraite justement à l'âge β ? Il peut y avoir à cela diverses raisons liées au fonctionnement du marché du travail (par exemple, le travailleur âgé peut être devenu inapte à un certain emploi, ou son coût peut être devenu excessif), mais, du point de vue du système de transferts, cela n'a aucun sens. *Ceteris paribus*, des actifs plus nombreux, y compris des actifs âgés plus nombreux, produisent un gâteau plus gros et une part plus importante pour chaque convive, ce qui constitue bien l'un des objectifs que doivent viser les systèmes de transferts intergénérationnels.

II. Trois types théoriques de systèmes de répartition, plus deux

Plusieurs versions différentes du système de répartition ont été proposées jusqu'à présent. Elles ont toutes ceci en commun que, chaque année, le total des cotisations doit être égal au total des pensions ; mis en formule, cela donne :

$$Rb^R = Ww^W c \qquad [1]$$

où R = le nombre des retraités, b^R = le montant moyen de leur pension de retraite, W = le nombre des actifs employés, w^W = leur salaire brut moyen, et c = le taux de cotisation des actifs. Remarquons que nous ne nous intéressons pas ici à la totalité du gâteau – Ww^W – mais seulement à la part qui est transférée des actifs aux retraités.

Dans des populations parfaitement stationnaires, tant démographiquement qu'économiquement, il est facile de trouver un ensemble de paramètres qui satisfont une fois pour toutes la condition [1]. Mais s'il y a une forme quelconque de variation – démographique, économique ou les deux – l'équation [1] ne sera pas toujours satisfaite, à moins que l'une au moins de ses variables ne soit laissée libre de s'adapter, c'est-à-dire soit traitée comme variable *dépendante*. Comme le nombre des retraités R, la population active employée W et le salaire brut moyen w (lié à la productivité du travail) sont exogènes par rapport au système de financement des retraites, il n'y a que deux variables qui peuvent être dépendantes : le taux de cotisation des actifs c et le montant moyen de la pension de retraite b^R. Selon celle que l'on choisit pour jouer le rôle de variable dépendante, trois principaux types *théoriques* de système de répartition peuvent être envisagés (tableau 1)[8].

TABLEAU 1. – CLASSIFICATION EN TROIS TYPES THÉORIQUES DE SYSTÈME DE RÉPARTITION

Abréviation	Dénomination	Variable instrumentale	Variable(s) dépendante(s)
CF	Cotisation fixe	c	b^R
PF	Pension fixe	b^R	c
RP	Risque partagé	$r^{RW} = b^R / w^W (1-c)$	c, b^R

Le premier type fixe le taux de cotisation c et laisse varier le montant de la pension b^R, comme dans le premier scénario de la section précédente, de sorte que son équation de base est

(*Répartition-CF*) $\qquad b^R = \dfrac{Ww^W c}{R} \qquad [2]$

---

[8] D'autres cas, non examinés ici, ont été présentés par Keyfitz, 1985, 1988.

Le deuxième fixe le montant moyen de la pension b^R et laisse varier le taux de cotisation c, de sorte que l'équation de base devient

(*Répartition-PF*) $$c = \frac{R b^R}{W w^W} \qquad [3]$$

Remarquons que cette approche repose sur les pensions de retraite réelles (en valeur absolue et non relative) b^R, et qu'elle est donc (selon moi) inadéquate dans un monde où tout change continuellement de façon imprévisible.

Le troisième type (*Risque Partagé*) fixe le rapport r^{RW} entre la pension des retraités b^R et le salaire net des actifs employés $w^W(1-c)$, comme dans le deuxième scénario présenté plus haut. Dans cette configuration, tant les pensions

(*Répartition-RP*) $$b^R = r^{RW} w^W (1-c) \qquad [4]$$

que le taux de cotisation

(*Répartition-RP*) $$c = \frac{r^{RW} R}{W + r^{RW} R} \qquad [5]$$

dépendent de la valeur donnée à r. Les équations [4] et [5] introduisent un principe de « risque partagé » entre les actifs employés et les retraités, parce que, quoi qu'il arrive (par exemple, en matière de productivité du travail, d'inflation ou de chômage), le rapport de proportionnalité r restera constant (voir Musgrave, 1981 ; Hagemann et Nicoletti, 1990 ; ou Gonnot, Keilman et Prinz, 1995).

J'ai montré ailleurs (De Santis, 2002) que la plupart des systèmes de répartition existants, bien qu'ils diffèrent beaucoup d'un pays à l'autre, constituent un quatrième groupe qui fonctionne notablement plus mal que les modèles théoriques que je viens de décrire. Il y a à cela deux grandes raisons : a) aucune variable n'est explicitement définie comme dépendante et laissée libre de varier de manière à garantir que les entrées (les cotisations perçues) soient égales aux sorties (les pensions versées) ; b) les pensions individuelles sont calculées au moyen de formules complexes et extrêmement variées, qui prennent généralement en considération diverses variables telles que les cotisations versées dans le passé, le secteur d'activité, le sexe, l'âge de départ à la retraite, l'inflation ou l'augmentation attendue de la productivité. À chaque période, les pensions individuelles, et donc les pensions moyennes, constituent une variable indépendante et largement imprévisible qui, avec plusieurs autres (la mortalité, l'âge de la retraite, la situation d'emploi, la productivité, etc.), rend le système presque impossible à gérer, quasiment opaque et potentiellement intenable à long terme.

C'est précisément ce type de système de répartition qui se trouve actuellement en situation de difficultés financières et de crise théorique. Mais les discussions sur la manière de le réformer, particulièrement en Italie, me rappellent parfois le dilemme d'Alice (voir l'épigraphe) : on propose souvent et l'on essaie quelquefois de le rapiécer pour faire face aux crises les plus immédiates, mais une vision claire du modèle de pension (viable indéfiniment) qu'il faudrait mettre en place semble faire défaut. Cet article en présente un (le cinquième dans ma classification) baptisé « *ES* » (*Équitable et stable*). J'examine d'abord quelques-unes de ses propriétés théoriques, puis je montre que le modèle donne, dans les simulations, de meilleurs résultats que toutes les autres solutions disponibles[9].

Dans les discussions et les simulations qui suivent, j'éviterai autant que possible les subtilités relevant du domaine économique, non parce que je pense que le système présente des faiblesses de ce côté (voir De Santis, 2002), mais parce qu'il est déjà assez difficile d'en saisir les aspects démographiques et que son élément caractéristique le plus original (la structure par âge de référence) est de nature démographique. Je n'examinerai pas non plus le problème du passage du système actuel au système *ES*, ni, d'ailleurs, ce qu'il advient quand un système de répartition *quelconque* évolue ou mûrit. Dans tous les cas, je présenterai les choses comme si chacun des systèmes de répartition étudiés était déjà parvenu à sa pleine maturité.

III. La philosophie du système *ES*

Je pense que la principale faiblesse de tous les mécanismes financiers à long terme est que le contexte peut varier de manière inattendue et ainsi décevoir les attentes de ceux qui ont décidé, ou ont été forcés, d'y participer, au lieu de remplir les promesses qui leur avaient été faites. C'est acceptable jusqu'à un certain point, car chacun sait que l'avenir est aléatoire ; mais au-delà de certaines limites, les espoirs sont déçus, la confiance du public est ébranlée et tout le système peut s'effondrer, avec des conséquences potentiellement dramatiques.

Le système de répartition *ES* consiste fondamentalement en un ensemble de règles conçues pour garantir la viabilité du système de transferts intergénérationnels, c'est-à-dire sa capacité à se perpétuer indéfiniment avec des caractéristiques pratiquement invariables, indépendamment de la manière dont les conditions démographiques et économiques évoluent. Il est évidemment toujours possible d'y introduire des

---

[9] Parmi celles-ci, je n'examinerai pas les variantes empiriques du système de répartition, mais seulement les trois types théoriques présentés plus haut, qui donnent de meilleurs résultats que toutes les applications concrètes que je connais (voir De Santis, 2002).

modifications, mais l'essentiel est que, jusqu'à un certain point, *il n'est pas nécessaire de le modifier.* En d'autres termes, le système peut perdurer éternellement, au moins en principe. De plus, il présente d'autres avantages, en particulier :

a) L'équité intergénérationnelle, ou actuarielle, est presque parfaitement assurée[10] : les générations cotisent autant qu'elles perçoivent sous forme de pensions ;

b) Le poids des cotisations peut rester relativement constant dans le temps ;

c) Les revenus relatifs (des actifs et des retraités ; des jeunes, des adultes et des personnes âgées) peuvent rester constants dans le temps ;

d) Chacun peut continuer à travailler aussi longtemps qu'il lui plaît : dans tous les cas, la pension commence à être versée à l'âge prédéfini β (par exemple, 60 ans ou 65 ans), ni plus tôt ni plus tard, quelle que soit la situation d'emploi de la personne ;

e) Des limites d'âge dynamiques (par exemple, un âge de la retraite qui s'élève au fur et à mesure que l'espérance de vie augmente, en fonction de critères prédéfinis) peuvent être introduites d'une manière qui respecte la cohérence générale du système ;

f) Les allocations familiales peuvent être incorporées au système de transferts intergénérationnels, élargissement des systèmes de retraite traditionnels que j'estime théoriquement défendable et techniquement utile (voir plus loin).

Le système *ES* distingue trois groupes de variables. Certaines sont *dépendantes*, ce sont des résultantes (par exemple le taux de cotisation, une fois que toutes les autres variables sont fixées). D'autres sont *exogènes* (par exemple la mortalité[11]) et doivent être acceptées telles quelles. Enfin, d'autres sont *instrumentales*, c'est-à-dire qu'elles sont déterminées sur la base d'un consensus social. Par exemple, les âges limites qui définissent « l'âge adulte » (α et β) peuvent être élevés ou bas et peuvent ou non évoluer en fonction de e_0 ; les pensions peuvent être généreuses, mais alors les taux de cotisation seront également élevés ; la réserve financière peut être plus ou moins importante, etc. C'est en agissant sur ces éléments de nature politique que chaque société peut ajuster les contraintes générales du système *ES* pour les adapter à ses préférences, à ses traditions, à sa culture, etc.

---

[10] J'ai montré ailleurs (De Santis, 2002) que le système *ES* peut également garantir l'équité actuarielle au niveau individuel, et pas seulement au niveau d'une génération. En outre, il peut être mis en œuvre dans une version qui procure une pension identique à toutes les personnes âgées (redistribution complète), ou assure n'importe quel état d'équilibre intermédiaire.

[11] J'emploierai comme mesure de la mortalité la plus récente table de mortalité (du moment) disponible, et en particulier la série L_x des années vécues à chaque âge, qui constitue la structure par âge de la population stationnaire associée aux conditions de mortalité du moment. Pour ne pas allonger l'exposé, je désignerai quelquefois cette structure par âge par le paramètre qui la synthétise, $e_0 = \Sigma L_x$ (espérance de vie à la naissance ou durée moyenne de la vie).

Voyons maintenant comment fonctionne en pratique le système que je propose. Déjà dans l'équation [1], deux grands choix *politiques* se révèlent cruciaux : celui de l'âge normal de la retraite β et celui du montant plus ou moins généreux des pensions. En effet, w^W (le salaire moyen des actifs, exogène par rapport au système de retraite) étant donné, un abaissement de l'âge de la retraite (β) entraîne une augmentation du rapport retraités/actifs (R/W), et une augmentation du montant des pensions (b^R) se traduit par une élévation du taux de cotisation des actifs (c) pour assurer l'équilibre.

Mais les choses sont plus compliquées. Considérons une version élargie de l'équation [1] :

$$E\frac{R}{E}b^R + Yb^Y = A\frac{W}{A}w^W c \qquad [6]$$

ou

$$Eb^E + Yb^Y = Aw^A c \qquad [7]$$

où R = nombre des retraités, E = nombre des personnes âgées, W = nombre des actifs employés, A = nombre des adultes ; $b^E = b^R(R/E)$ est alors le montant moyen de la retraite par personne âgée, tandis que $w^A = w^W(W/A)$ est le revenu net moyen du travail par adulte. L'intérêt que l'on a à utiliser l'équation [7] au lieu de l'équation [1] est qu'elle souligne que les deux catégories socio-économiques habituellement employées dans ce cas, W et R, c'est-à-dire les actifs et les retraités, résultent d'un effet de structure (les volumes respectifs des trois grands groupes d'âges : Y, A et E) et de deux effets de comportement (le taux d'activité, part des actifs parmi les adultes, W/A, et la part des retraités parmi les personnes âgées, R/E). De plus, l'équation [7] permet de mettre en évidence le caractère crucial du choix politique des âges α et β (début et fin de l'âge adulte).

En moyenne, chaque adulte verse cw^A sous forme de cotisations. L'équation [7] suppose que tous ceux qui travaillent paient des cotisations, quel que soit leur âge[12] ; par ailleurs, seuls ceux qui sont dans un groupe d'âges déterminé ont droit à un revenu de transfert intergénérationnel b : chaque jeune reçoit b^Y (qui peut être nul, auquel cas le système se réduit à un simple système de retraite) et chaque personne âgée reçoit *en moyenne* b^E. Les travailleurs âgés interviennent dans les deux types de transfert : ils paient une cotisation cw^A prise sur leur salaire, mais ils touchent aussi une pension dont le montant moyen est b^E.

Actuellement, aucun système de retraite existant n'englobe les allocations familiales dans ses transferts ($b^Y = 0$). Il y a de bonnes raisons his-

---

[12] Ce qui signifie que les actifs W ne sont pas exclusivement des adultes : ils peuvent aussi bien être jeunes ou âgés. Par ailleurs, il n'est pas nécessaire que tous les adultes travaillent : moins il y a d'actifs parmi eux, plus le rapport W/A, qui détermine le salaire moyen des adultes, est faible.

toriques à cela, mais, à mon sens, on ne devrait pas écarter *a priori* les jeunes du bénéfice de ces transferts, et ceci à divers titres. Théoriquement parlant, si on admet le principe selon lequel le système de transferts intergénérationnels devrait protéger ceux qui ne sont pas ou plus en âge de travailler, les enfants (en dessous d'un âge α défini par convention, par exemple 15 ans) ont autant le droit d'en bénéficier que les personnes âgées. De plus, les systèmes de retraite peuvent avoir un effet réducteur sur la fécondité (voir, entre autres, Harrod, 1950 ; Nugent, 1985 ; Cigno, 1991 ; Cigno et Rosati, 1992), ce qui, à long terme, entraîne le vieillissement et la décroissance de la population, sapant ainsi les fondements du système lui-même, au point qu'un mécanisme correcteur, comme des allocations familiales, puisse s'avérer nécessaire.

Enfin, il y a aussi une raison pratique. Comme le montrent les simulations de la section IX, inclure les allocations familiales dans les prestations d'un système de transferts intergénérationnels a un effet stabilisateur non négligeable, car, bien souvent, les poids relatifs des deux groupes d'âges varient dans des directions opposées, ce qui limite les fluctuations du montant total des transferts au cours d'une période donnée.

Mais le principal élément d'innovation du système *ES* est le concept de structure par âge *de référence*, qui remplit deux grandes fonctions. D'une part, celle-ci constitue une norme de référence pour l'appréciation des pics et des creux de la structure par âge du moment. En particulier, je parlerai de phases démographiques « favorables » quand il y aura proportionnellement plus d'adultes dans la structure par âge du moment que dans la structure de référence, et de phases « défavorables » dans le cas contraire (plus de jeunes et/ou de personnes âgées dans la structure par âge du moment que dans la structure de référence). Une implication importante de l'emploi de la structure par âge de référence (au lieu de la structure du moment) est celle-ci : quand la structure du moment est favorable, le système *ES* a tendance à thésauriser des ressources (constitution d'une réserve financière) dans lesquelles il puise quand la structure est défavorable. Ce point est examiné de manière approfondie à la section IV.

D'autre part, la structure par âge de référence constitue, par définition, un centre de gravité, ou un axe, autour duquel la structure du moment oscille. La figure 1 donne une idée du fonctionnement du système en cas de structure par âge favorable (il y a proportionnellement plus d'adultes dans la structure réelle que dans la structure de référence)[13].

---

[13] On rencontre parfois de vagues allusions au concept de structure par âge de référence dans la littérature : voir, par exemple, Livi Bacci, 1995, ou le concept de « bonus démographique » ou de « créneau d'opportunités démographiques » que les Nations unies utilisent fréquemment dans des publications récentes (par exemple, FNUAP, 2002). Il peut aussi être présent de manière implicite dans certaines applications : voir, par exemple, l'actuel système de retraite fédéral des États-Unis, qui, depuis la réforme de 1983, a commencé à engranger des réserves afin de faire face à la masse des pensions qu'il faudra payer aux alentours de 2020, quand, selon toute probabilité, la plus grande partie des générations du *baby-boom* prendront leur retraite (Bosworth, 1996 ; Lee, 2000b). À ma connaissance, personne n'a jamais tenté de le définir formellement.

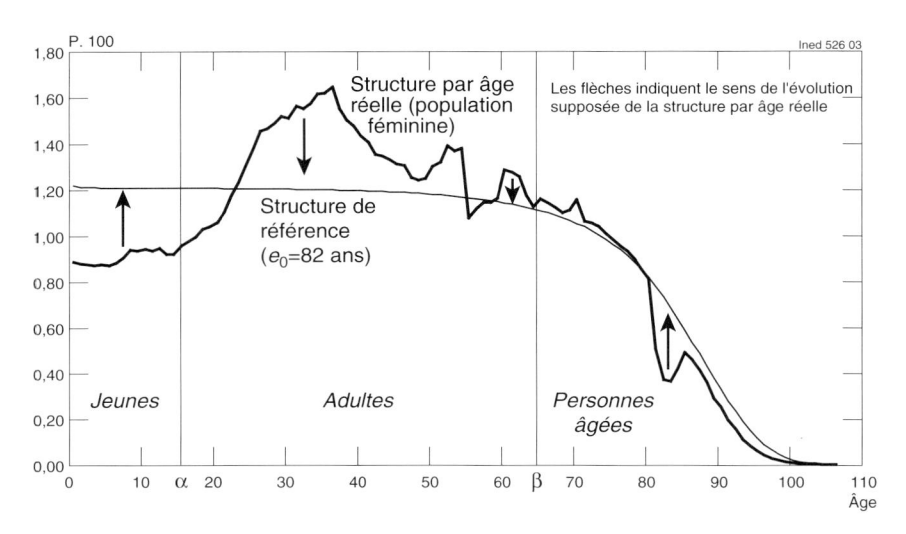

Figure 1.– Structure par âge de référence et structure par âge observée en Italie en 2001 (en %)
Source: ISTAT (http://demo.istat.it/).

À la section V, je montrerai que, dans la pratique, on peut employer comme « référence » la structure par âge de la population stationnaire associée à la table de mortalité du moment, mais, pour l'instant, supposons simplement que la structure de référence est donnée. Comme le montre la figure 1, l'intervention d'une décision politique relative aux âges limites α et β (de début et de fin de l'âge adulte) fixe $\underline{Y}$, $\underline{A}$ et $\underline{E}$, c'est-à-dire les proportions respectives de jeunes, d'adultes et de personnes âgées dans la structure de référence. Par exemple, dans le cas illustré par la figure 1 ($e_0 = 82$ ans ; $\alpha = 15$ ans ; $\beta = 65$ ans), on obtient $\underline{Y} = 18,2\ \%$, $\underline{A} = 59,5\ \%$ et $\underline{E} = 22,3\ \%$.

Dans cette population hypothétique, l'équation [7] devient

$$\underline{E}\underline{b}^E + \underline{Y}\underline{b}^Y = \underline{A}w^A\underline{c} \qquad [8]$$

et le salaire net[14] moyen des *adultes* devient $w^A (1-\underline{c})$. Appliquons maintenant une version modifiée du modèle de *Risque partagé* (RP), et supposons qu'un accord politique global ait été conclu, pour le présent et pour l'avenir, sur la valeur la plus adéquate du rapport r entre le montant moyen des transferts, b, et celui des salaires nets des adultes, $w^A (1-\underline{c})$, de sorte que les

---

[14] Net de cotisations : les autres formes de taxation et de dépenses publiques sont exclues de cette analyse.

allocations et pensions versées aux jeunes et aux personnes âgées valent respectivement

$$b^Y = r^Y w^A (1 - \underline{c}) \quad ; \quad b^E = r^E w^A (1 - \underline{c}) \qquad [9]$$

Par exemple, exclure les allocations familiales revient à annuler r^Y (et donc aussi b^Y) ; à l'autre extrémité de la pyramide des âges, tout arrangement est virtuellement envisageable, mais, juste pour fixer les idées, imaginons que les pensions de retraite représentent en moyenne 60 % des salaires (nets moyens), soit $r^E = 0{,}6$. En gardant l'équation [9] à l'esprit, l'équation [8] peut être reformulée ainsi :

$$w^A(1 - \underline{c})(\underline{E} r^E + \underline{Y} r^Y) = \underline{A} w^A \underline{c} \qquad [10]$$

d'où l'on peut tirer le taux de cotisation qui assure l'équilibre du système :

$$\underline{c} = \frac{\underline{E} r^E + \underline{Y} r^Y}{\underline{A} + \underline{E} r^E + \underline{Y} r^Y} \qquad [11]$$

Par exemple, avec les paramètres retenus plus haut ($e_0 = 82$ ans, $\alpha = 15$ ans, $\beta = 65$ ans, $r^Y = 0$, $r^E = 0{,}6$), le taux de cotisation qui assure l'équilibre est $\underline{c} = 18{,}4\ \%$.

L'idée de base du système *ES* est simple :

> Dans le système *ES*, il y a quelques variables clés instrumentales (ou à caractère politique) : les âges limites α et β qui, pour une espérance de vie e_0 donnée, déterminent les proportions $\underline{Y}$, $\underline{A}$ et $\underline{E}$ (de jeunes, d'adultes et de personnes âgées respectivement) dans la population de *référence* ; et les rapports r^Y et r^E entre les montants moyens des allocations et pensions ($\underline{b}^Y$ pour les enfants et $\underline{b}^E$ pour les personnes âgées) et le salaire net moyen des adultes $w^A(1-\underline{c})$. Toutes ces variables à caractère politique doivent être définies de manière à garantir que l'équation [11] – appliquée à la population de référence et non à la population réelle – est satisfaite *à tout moment*.

Les détails du système *ES* vont être examinés plus loin, mais quelques-uns de ses avantages peuvent déjà être évoqués à ce stade. En utilisant une structure par âge de référence et trois groupes démographiques au lieu de deux catégories sociales, le système *ES* ne « vieillit » jamais : toutes les variables de l'équation [11] doivent être définies comme si le système était et devait rester indéfiniment sur un sentier d'équilibre.

Aucune des variables du système *ES* ne fait ni ne doit faire l'objet d'une prévision ou d'une projection : une fois admis le principe que la structure par âge de référence est celle de la population stationnaire associée aux conditions démographiques du moment (voir la section V), tout (y compris la dimension économique, non envisagée ici) repose exclusivement sur des observations (actuelles ou passées). En d'autres termes, le système ne peut subir aucune forme de distorsion du fait de prévisions excessivement optimistes, ou tout simplement erronées, bien que les variables instrumentales puissent évidemment toujours être adaptées aux éventuelles modifications des préférences collectives (relatives aux paramètres à caractère politique α, β, r^Y ou r^E).

Ceci est extrêmement important. Considérons, par exemple, les conditions de mortalité : il est certain que la mortalité évoluera, mais cette évolution est difficile à prédire (voir, par exemple, Wilmoth, 2001 ; Oeppen et Vaupel, 2002). Par ailleurs, les variations de la mortalité sont mesurées avec précision et à temps dans tous les pays développés. Avec le système *ES*, on peut décider à l'avance de la manière dont on s'adaptera aux variations de la mortalité, par exemple en modifiant le taux de cotisation de référence $\underline{c}$ ou les âges limites α et β : on en trouvera un exemple dans les simulations de la section IX. L'important est que les ajustements nécessaires des paramètres du système puissent se faire automatiquement, et que l'on n'ait pas besoin de recourir à des changements discrétionnaires, qui créent des discontinuités par rapport au passé, passent par un débat public (acte parlementaire ou gouvernemental), avec les retards et les oppositions sociales que cela engendre, et entraînent des inégalités intergénérationnelles (Auerbach, Gokhale et Kotlikoff, 1994).

Par ailleurs, puisque tout tourne autour de la structure par âge de référence, les évolutions de la fécondité et de la migration ne jouent qu'un rôle relativement mineur : en d'autres termes, le système est *relativement* protégé contre les chocs démographiques (voir la section suivante et les simulations).

Nous pouvons noter au passage que les chocs économiques affectent également beaucoup moins le système *ES* que n'importe quel autre système de répartition[15], mais je ne vais pas développer ce point ici (voir De Santis, 2002). Par exemple, une moindre productivité du travail (soit une baisse de w^W) et/ou des taux d'activité plus faibles (c'est-à-dire un rapport *W/A* plus faible à cause du chômage ou du développement de l'économie informelle, etc.) se traduisent par une diminution du salaire brut moyen des adultes w^A, ce qui, r et $\underline{c}$ étant fixés, réduit automatiquement la valeur du montant moyen des transferts, b. Il en va de même, mais en sens inverse, en cas de hausse de la productivité du travail ou d'augmentation du taux d'activité (le rapport *W/A*), ou même d'inflation (qui augmente la valeur nominale, mais pas la valeur réelle, des salaires et des allocations et pensions). Tous ces événements ont deux caractéristiques communes : ils affectent dans la même proportion le niveau de vie des

---

[15] Je veux dire que ces chocs n'imposent aucune modification aux paramètres de base du système, mais ils affectent évidemment le niveau de vie de la population. Par exemple, *ceteris paribus*, avec un chômage plus important, le revenu moyen des adultes est plus faible (puisque le rapport *W/A* diminue), et, r étant fixé, le montant moyen des transferts, b, diminue également. Le principe est le même que dans le système de *Risque partagé*, mais il couvre l'ensemble de la population (tout individu est soit jeune, soit adulte, soit âgé) et prend donc en compte le chômage (par l'intermédiaire du rapport *W/A*), tandis que le système *RP* se concentre uniquement sur les travailleurs et les retraités.

trois grands groupes démographiques de la société (ce que garantit la constance du rapport de proportionnalité r), mais ils n'affectent pas le système lui-même, qui continue de fonctionner comme avant.

IV. Le système *ES* en détail

Dans le système ES, il faut distinguer trois catégories de variables : les variables instrumentales (ou à caractère politique), les variables exogènes et les variables dépendantes.

L'une des variables à caractère politique de l'équation [9] est r, rapport entre les montants moyens des pensions et des salaires nets. Tous les autres paramètres étant donnés, une fois que r a été choisi, la valeur de **c** s'en déduit automatiquement à travers l'équation [11]. En d'autres termes, on ne peut avoir à la fois des pensions de retraite confortables comparativement aux salaires nets (r élevé) et des taux de cotisation bas (**c**) – même quand la structure par âge est favorable, car, ici, c'est la structure par âge de référence qui compte, et non la structure réelle.

Deux autres paramètres à caractère politique sont les âges limites α et β qui séparent les jeunes des adultes (α) et les adultes des personnes âgées (β). C'est le choix de ces âges limites α et β qui, en combinaison avec les conditions de mortalité qui s'imposent de façon exogène, détermine les proportions **Y**, **A** et **E** (c'est-à-dire les proportions respectives des jeunes, des adultes et des personnes âgées dans la population de référence). Notons que α et β ne doivent pas nécessairement être fixés une fois pour toutes : comme on le verra à la section IX, il est possible (et même souhaitable, du moins à mon avis) de les adapter à l'évolution de la mortalité, par exemple de manière à maintenir **Y**, **A** et **E** constants quand la mortalité varie.

Il faut encore ajouter une variable à caractère politique afin de maintenir la réserve financière à un niveau acceptable proche de son niveau de référence **K**, lequel peut être nul ou (de préférence) supérieur à zéro. Le montant réel des cotisations, $Aw^A c$, ne couvre pas nécessairement chaque année le total des transferts réels $Eb^E + Yb^Y$. La masse des cotisations dépasse celle des transferts quand les conditions démographiques sont favorables, elle est insuffisante dans le cas contraire. De surcroît, le capital (ou le déficit) K rapporte (ou doit être financé) au taux d'intérêt du marché i et produit un flux iK[16]. La somme algébrique de tous ces flux donne la variation annuelle de la réserve financière ΔK :

$$\Delta K = (Aw^A c) \pm iK - (Eb^E + Yb^Y) \qquad [12]$$

---

[16] Par souci de simplicité, je suppose que le même taux d'intérêt i s'applique aux avoirs et aux dettes.

Idéalement, le système devrait être conçu de telle manière que K n'oscille que modérément autour de sa valeur de référence $\underline{K}$, qu'ainsi les écarts ΔK, alternativement positifs et négatifs, ne soient jamais importants, et qu'aucune intervention correctrice ne soit nécessaire. Mais dans des circonstances particulières, et notamment quand la structure démographique est déséquilibrée, les ΔK peuvent être constamment positifs ou constamment négatifs sur une période de plusieurs années, et cela peut amener la réserve financière à s'écarter excessivement de sa valeur de référence $\underline{K}$. Plusieurs possibilités existent pour contenir cette dérive. L'une d'elles consiste à ajouter au taux de cotisation de référence $\underline{c}$ un élément variable c^v, suivant, par exemple, une fonction (croissante) k

$$c^v = k(\underline{K} - K) \qquad [13]$$

de sorte que le taux global de cotisation devienne

$$c = \underline{c} + c^v \qquad [14]$$

La variable à caractère politique est la fonction k de l'équation [13], qui représente la capacité du taux de cotisation à réagir aux fluctuations des réserves du système. Évidemment, plus la fonction k est croissante, plus le retour à l'équilibre des réserves du système est rapide, mais, d'un autre côté, plus l'écart entre le taux de cotisation réel c et sa valeur de référence $\underline{c}$ est grand, et moins il est intéressant de recourir à une structure par âge de référence pour atténuer les effets des fluctuations démographiques. La variabilité de c autour de sa valeur de référence $\underline{c}$ est, j'en conviens, un désavantage du système que je propose. Mais cette variabilité se révèle relativement modeste dans les simulations ; elle peut être maintenue à l'intérieur de limites prédéfinies par des mesures *ad hoc*, et, surtout, elle est compensée par le fait qu'elle permet à d'autres paramètres importants du système de rester constants (voir un exemple dans les sections VII à IX)[17].

Ainsi, pour résumer, il y a plusieurs variables à caractère politique (ou instrumentales) : r (rapport entre transferts et salaires nets), α et β (âges limites, qui, avec e_0 – paramètre exogène –, déterminent les proportions $\underline{Y}$, $\underline{A}$ et $\underline{E}$), et k (effet d'un écart entre les niveaux réel, K, et de référence, $\underline{K}$, de la réserve financière sur le taux de cotisation des actifs).

---

[17] La variabilité de K (la réserve financière du moment) autour de sa valeur de référence $\underline{K}$ peut créer des difficultés de gestion, semblables à celles que l'on observe actuellement aux États-Unis (Diamond, 1996 ; Gramlich, 1996) ou en Suède (Palmer, 2003). Je ne traiterai pas ce problème ici, mais que l'on me permette simplement de noter que cette variabilité peut être limitée par l'intermédiaire de l'équation [13] qui, en pratique, rapproche le système *ES* d'une version élargie du système de *Risque partagé* quand K s'écarte de $\underline{K}$: élargie parce que le système *ES* fait référence aux revenus relatifs des trois grandes catégories de la population – les jeunes, les adultes et les personnes âgées – et pas seulement à deux catégories socio-économiques, les actifs et les retraités (voir l'équation [7]).

Les facteurs exogènes sont : la mortalité (qui détermine la structure par âge de la population de référence), les autres variables démographiques (qui déterminent la structure par âge de la population réelle), le marché de l'emploi, notamment la situation d'emploi et la productivité (qui déterminent les salaires bruts w et, en combinaison avec c, les cotisations individuelles et moyenne C), et le taux d'intérêt du marché i.

Deux groupes de variables indépendantes déterminent les variables dépendantes : d'une part, les proportions Y, A et E de la population réelle, et les proportions $\underline{Y}$, $\underline{A}$ et $\underline{E}$ de la population de référence ; d'autre part, les divers taux de cotisation ($\underline{c}$, c^v, c), les salaires nets ($w(1-c)$) et les transferts nets (b).

V. La structure par âge de référence

Dans cette section, je tenterai de montrer que la population stationnaire du moment (c'est-à-dire la population stationnaire associée à la table de mortalité du moment, où L_x désigne les années vécues à chaque âge et où l'espérance de vie est $e_0 = \Sigma L_x$) peut être utilisée comme une approximation de la structure par âge de référence nécessaire au système ES. Le raisonnement s'inscrit dans une optique de long terme – qui peut signifier des milliers d'années. Cela ne veut pas dire que le système proposé n'atteint ses valeurs d'équilibre que dans le long terme. Au contraire, le système ES est constamment en équilibre ou très proche de l'équilibre, grâce au processus d'ajustement des équations [13] et [14] ou à des mécanismes similaires. Mais démontrer que la structure démographique converge vers la structure de référence retenue garantit que les ajustements des équations [13] et [14] ne seront nécessaires que pour peaufiner le système, et non pour rectifier des déséquilibres structurels, et n'interviendront que sur des périodes relativement courtes. « Courtes », dans ce contexte, peut signifier cent ans ou davantage, mais encore une fois, cela n'a guère d'impact sur le système. Dans les simulations assez extrêmes des sections VIII et IX, par exemple, le taux réel de cotisation dépasse sa valeur de référence pendant plus d'un siècle, mais la différence (inférieure à 3 points de pourcentage dans ce cas) ne sort jamais des limites qui, par hypothèse, auront été fixées à l'avance par la société, tout le reste fonctionnant normalement.

Supposons, au départ, qu'il n'y a pas de migration et que la mortalité est constante. À très long terme (des milliers d'années), le taux de croissance de la population doit être pratiquement nul, sinon la population exploserait ou disparaîtrait[18]. En l'absence de migration et avec une mortalité constante, on ne peut en arriver là qu'en faisant varier la fé-

---

[18] Cette dernière situation n'est pas impossible : cependant, il semble plus prudent d'écarter ce scénario quand on conçoit un système de retraite viable et potentiellement perpétuel. Si un tel scénario devenait réalité, le système de retraite ES que je propose ici s'écroulerait, j'en conviens, mais tout autre système de transferts intergénérationnels en ferait autant.

condité de manière à ce que le taux de reproduction à long terme s'approche de l'unité. Dans ce scénario, chaque génération N_t, constituée des nouveau-nés de l'année t, peut se décomposer en

$$N_t = N + n_t \qquad [15]$$

où N est la moyenne (inconnue) des N_t, tandis que n_t est l'écart entre N_t et la moyenne ; je suppose que ces écarts ont une moyenne nulle et une variance donnée (éventuellement inconnue). Une année t quelconque, la structure par âge de la population P est

$$\frac{P_{t,x}}{P_t} = \frac{P_{t,x}}{\sum_x P_{t,x}} = \frac{N_{t-x}L_x}{\sum N_{t-x}L_x} = \frac{NL_x + n_{t-x}L_x}{N\sum L_x + \sum n_{t-x}L_x} \qquad [16]$$

et la valeur tendancielle de cette quantité est $\dfrac{L_x}{\sum L_x}$, c'est-à-dire la structure par âge de la population stationnaire.

Avec une mortalité variable (et donc aussi une structure par âge de référence variable), je ne peux démontrer aucune convergence, mais, même avec des variations de mortalité relativement importantes, toutes les simulations que j'ai essayées ont donné d'excellents résultats quand la population de référence était basée sur la table de mortalité du moment correspondante. Cela vient probablement de ce que les variations de l'espérance de vie d'une année à l'autre sont modestes en termes relatifs ($\Delta e_0/e_0$), même quand elles sont importantes au regard des valeurs historiquement observées. En outre, leur effet propre sur le système ES se manifeste à travers la variation des proportions des trois groupes de référence, **_Y_**, **_A_** et **_E_**, et, de toute façon, ces proportions n'évoluent que modérément.

Il en va de même pour la migration : bien sûr, elle affecte la structure par âge réelle, mais faut-il également la prendre en compte dans les structures par âge *de référence*, au moins dans les cas où existe une longue tradition d'immigration ou d'émigration ? Ma réponse est négative : dans mes simulations, j'ai invariablement constaté que l'utilisation de la structure par âge de référence « simple » (calculée à partir de la table de mortalité du moment) donne d'excellents résultats. Cela tient sans doute à divers facteurs. En premier lieu, seule la migration nette par âge compte, car elle seule peut modifier la structure par âge réelle par rapport à la structure de référence. Deuxièmement, la migration nette pourrait en principe s'avérer parfaitement neutre si sa structure par âge était identique à celle de la population de référence. En pratique, il n'en est jamais ainsi, car la migration intervient à des âges relativement jeunes, mais, et c'est l'argument ultime, même quand ils sont importants au regard des valeurs historiques, les flux migratoires par âge sont généralement relativement faibles à l'échelle d'une population d'un certain volume, ou au moins très limités dans le temps, et leur impact à long terme sur la structure par âge est donc faible, voire négligeable.

VI. Comparaison théorique entre les divers types de système de retraite par répartition

Le tableau 2 présente une synthèse des différences entre les quatre types de système de retraite par répartition que j'ai énumérés plus haut.

TABLEAU 2.– TABLEAU SYNOPTIQUE DES QUATRE VARIANTES DU SYSTÈME DE RETRAITE PAR RÉPARTITION

Caractéristiques	Dénomination (abréviation)			
	Cotisation fixe (CF)	Pension fixe (PF)	Risque partagé (RP)	Équitable et stable (ES)
Théorique/Empirique	Théorique	Théorique	Théorique	Théorique
Situation dans la littérature	Connu	Connu	Connu	Nouveau[a]
Variables principales	$cbWRw^W$ β	$cbWRw^W$ β	$cr^{RW}WRw^W$ β	$\underline{c}c^v e_0 r^{EA}\alpha\beta$ $Y\underline{A}E\underline{Y}\underline{A}EKw^A$
Contrainte budgétaire $C=B$	Chaque année	Chaque année	Chaque année	Sur plusieurs années
Structure par âge utilisée	Du moment	Du moment	Du moment	De référence
Les variations de l'une des variables suivantes affectent-elles le fonctionnement du système (indépendamment de leurs autres effets possibles, par exemple sur les niveaux de vie) ?				
Taux d'activité	Oui	Oui	Oui	Non
Productivité du travail	Non	{Oui}[b]	Non	Non
Inflation	Non	{Oui}[c]	Non	Non
Fécondité et migration	Oui	Oui	Oui	{Non}
Principaux termes constants	c	b	r^{RW}	r^{EA}, $\underline{c}$
Principaux termes variables	b	c	C	c {α, β}[d]
Qu'advient-il si la mortalité baisse ?	b diminue	c augmente	c augmente ; b diminue	*$c \uparrow$; $b \downarrow$ *$\beta \uparrow$ *α et $\beta \uparrow$

[a] Voir De Santis (1995, 1997, 2002).
[b] À moins que le taux d'augmentation des pensions ne soit égal à celui des salaires.
[c] À moins que le taux d'augmentation des pensions ne tienne compte de l'inflation.
[d] Avec trois variantes : voir la ligne suivante.

Légende	
c = taux de cotisation des actifs	r = rapport entre pensions et salaires des cotisants
b = montant moyen de la pension	C = montant total des cotisations d'une année
A = adultes	W = actifs employés
E = personnes âgées	R = retraités
B = montant total des pensions d'une année	Y = jeunes
w = salaires bruts	β = âge conventionnel de début de la vieillesse (âge de la retraite)
α = âge conventionnel de début de l'âge adulte	{ } = approximativement, ou selon les circonstances

Par l'emploi de r (rapport entre les transferts et les salaires nets), le système *Équitable et stable* ressemble au système de *Risque partagé*. Mais le système *ES* est une variante améliorée par rapport au système *RP* sous plusieurs aspects : il a une contrainte budgétaire souple (K tend vers $\underline{K}$, mais une égalité permanente n'est pas nécessaire) et comporte une réserve financière ($\underline{K}$ peut être positif), il utilise une structure par âge de référence et il s'appuie sur des groupes d'âges (Y, A, E) et intègre donc les changements du taux d'activité (W/A) par l'intermédiaire de la variable $w^A = w^W(W/A)$. *Ceteris paribus*, un taux d'activité en diminution ou un taux de chômage en augmentation signifient une moindre production par tête, et cela réduit automatiquement le montant moyen des transferts b dans le système *ES*.

Examinons brièvement les effets de quelques chocs exogènes possibles.

1. Les évolutions démographiques : la fécondité et la migration

Le système *ES* absorbe les chocs démographiques plus facilement que les autres types de système de répartition. Imaginons, par exemple, que les taux d'activité par âge ne varient pas, mais que la structure par âge réelle s'écarte de la structure de référence par une proportion d'adultes supérieure à la normale, situation due, par exemple, à la présence de générations d'adultes nés pendant le *baby-boom* ou à des flux d'immigration. Dans les versions traditionnelles du système de répartition, cela se traduit par une masse salariale accrue, qui permet d'avoir des pensions plus élevées ou des taux de cotisation plus bas, ou les deux. Le système *ES*, au contraire, reconnaît automatiquement que cette phase est transitoire et, comme w^A n'a pas varié, les pensions et le taux de cotisation restent constants également. Les cotisations supplémentaires ainsi recueillies augmentent la réserve financière du système, qui sera utilisée plus tard, quand cet excédent d'adultes (et d'actifs) vieillira et se transformera en un excédent de personnes âgées (et de retraités). À ce moment, de nouveau, au lieu de devoir se serrer la ceinture comme l'exigent les systèmes de répartition traditionnels, le déclenchement automatique du recours aux réserves permettra à tout le reste de demeurer constant[19].

---

[19] Malheureusement, la neutralité parfaite n'est pas possible. Si $A > \underline{A}$ (proportion des adultes dans la population réelle et dans la population de référence respectivement), K sera supérieur à $\underline{K}$ (respectivement réserve financière réelle et réserve financière de référence), et la composante variable du taux de cotisation, c^v, deviendra négative, ce qui fera baisser c au-dessous de $\underline{c}$. Si cet effet est contenu dans des limites raisonnables, le processus décrit dans le texte pourra être quelque peu atténué, mais il ne disparaîtra pas totalement.

2. Les chocs démographiques : la mortalité

Dans les versions traditionnelles du système de répartition, un allongement de l'espérance de vie se traduit par une augmentation du nombre des retraités, qui impose une hausse des cotisations ou une baisse des pensions, ou les deux. Comme nous le verrons dans la section IX, le système ES laisse ces options ouvertes (ES_{cb}), mais il admet une option supplémentaire, l'adaptation des âges limites, soit seulement β (ES_β), soit, de préférence, à la fois α et β ($ES_{\alpha\beta}$). Dans la première de ces alternatives, la population compte peu à peu moins de jeunes et plus de personnes âgées, mais $\underline{c}$ et r peuvent rester invariables ; dans la seconde, $\underline{Y}$, $\underline{A}$ et $\underline{E}$ (dans la population de référence) ne varient pas, et cela garantit l'invariance de tout le reste. Quelle que soit la version adoptée, la grande innovation apportée par le système ES est que les ajustements aux variations de la durée de la vie peuvent (ou, mieux, doivent) être déterminés et décidés à l'avance par la collectivité, et qu'ils s'opèrent automatiquement, maintenant donc *toujours* le système en équilibre.

Notons que c'est là un avantage majeur du système ES sur la plupart des autres versions du système de répartition. Il est clair que, quand l'espérance de vie augmente, tous les systèmes de retraite tirent profit d'une élévation de l'âge de la retraite β (voir la section IX), mais le point important ici est que seul le système ES fournit un critère pour déterminer les modifications de α et β qui s'imposent, et que ce critère est cohérent avec l'ensemble du système parce qu'il est basé sur la population de référence.

3. La productivité du travail et l'inflation

Les variations de la productivité du travail sont neutres dans le système ES, ainsi que dans presque toutes les versions traditionnelles du système de répartition, quoique, dans le système de *Pension fixe*, cela ne soit vrai que si les pensions augmentent exactement au même rythme que les salaires. Il en va de même pour l'inflation.

Bien que ce problème ne soit pas traité ici, il est intéressant de remarquer au passage que cette neutralité n'existe généralement pas dans la plupart des systèmes de retraite par répartition actuellement en vigueur, où les héritages du passé (qui déterminent le niveau actuel des pensions) et d'autres arrangements particuliers accordent habituellement une grande importance à la productivité du travail et à l'inflation.

4. La décision de départ à la retraite

Certains chercheurs soutiennent que les approches « démographiques » globales de l'analyse des systèmes de retraite sont insuffisantes, parce qu'elles négligent les comportements, c'est-à-dire la possibilité qu'ont les individus de décider si et quand ils vont prendre leur retraite (voir, entre autres, Lee et Tuljapurkar, 1997 ; Gruber et Wise, 1999). Par exemple, toutes choses égales par ailleurs, les travailleurs peuvent décider de prendre une retraite anticipée s'ils y trouvent un avantage, et cela peut perturber le système de retraite même si la structure par âge n'a guère changé, ou pas du tout, par rapport à une période antérieure moins troublée. Ainsi, argumente-t-on, il est nécessaire de disposer de modèles (complexes) de micro-simulation qui permettront aux chercheurs de détecter et de mesurer les avantages du départ précoce à la retraite, et donc de prévenir les risques de « ruée vers la retraite ».

Si je partage ce point de vue s'agissant de l'analyse des systèmes existants, je ne pense pas qu'il doive nécessairement s'appliquer à la conception de nouveaux systèmes. Une alternative consiste à adopter un schéma qui soit insensible aux choix de départ à la retraite, comme dans le cas du système *ES*. Ici, l'utilisation de w^A et r (le rapport de proportionnalité entre pensions et salaires) indique que, *ceteris paribus*, si les taux d'activité diminuent, par exemple parce que les actifs prennent une retraite anticipée, les niveaux de vie vont baisser pour tout le monde (actifs et retraités, adultes et personnes âgées), mais cela n'affectera aucun autre élément du système, parce que tous les autres paramètres resteront constants : α, β, ***K***, k, c, etc. Par ailleurs, le système *ES* ne favorise aucune attitude particulière par rapport au marché du travail : quelle que soit la situation d'emploi d'un individu, sa pension de retraite ne lui *sera pas* versée avant l'âge β et elle lui *sera* versée à partir de l'âge β.

VII. Les simulations : principes de base

Dans la section précédente, j'ai tenté de démontrer que le système *ES* est préférable aux autres types de système de répartition en évoquant quelques-unes de ses propriétés théoriques : son indépendance à l'égard des modifications de la structure par âge du moment (et donc aussi de la fécondité et de la migration) comme à l'égard des changements économiques de toute nature, tels que l'inflation, les variations des taux d'activité, celles de la productivité du travail, etc. Dans cette section, j'essaierai de démontrer qu'il est aussi supérieur « empiriquement », c'est-à-dire dans des exercices de simulation.

Je l'ai déjà dit, dans le système *ES*, certaines variables sont déterminées de façon exogène, d'autres de façon instrumentale, et d'autres enfin se présentent comme des résultantes des précédentes. Les simulations des sections VIII et IX, par exemple, sont basées sur les hypothèses du tableau 3.

TABLEAU 3. – DESCRIPTION DU SCÉNARIO 1

3(a) – Variables exogènes

Variable	Symbole	Valeur
Indice synthétique de fécondité	ISF	$2{,}1 \rightarrow 1{,}6 \rightarrow 2{,}1$
Espérance de vie à la naissance	e_0	77 ans
Productivité moyenne du travail (= salaire brut)	w	1
Taux d'activité (actifs/adultes)	W/A	0,6
Rapport retraités/personnes âgées	R/E	0,6

3(b) – Variables à caractère instrumental ou politique

Variable	Symbole	Valeur
Limite inférieure de l'âge adulte	α	15 ans
Limite supérieure de l'âge adulte (= âge de la retraite)	β	65 ans
Montant relatif[a] des allocations familiales $[= b^Y / w^A (1-c)]$	r^Y	0 %
Montant relatif[a] des pensions de retraite $[= b^E / w^A (1-c)]$	r^E	75,4 %
Niveau de référence de la réserve financière	$\underline{K}$	Volume des pensions d'une année
Sensibilité de c^v	k	$c^v = 3\% \, (\underline{K} - K)/(B^Y + B^E)$[b]

[a] En proportion du revenu net moyen du travail d'un adulte.
[b] Mais sous la condition que $|c^v| < 3\%$.

3(c) – Résultats obtenus pour les variables dépendantes

Variable	Symbole	Origine	Valeur
Taux de cotisation de référence	$\underline{c}$	éq. [11]	18,7 %
Taux de cotisation variable	c^v	éq. [13]	$-3\% < c^v < 3\%$
Taux de cotisation global (= $\underline{c} + c^v$)	c	éq. [14]	$15{,}7\% < c < 21{,}7\%$
Proportion de jeunes dans la population de référence	$\underline{Y}$	$(e_0; \alpha)$	19,2 %
Proportion d'adultes dans la population de référence	$\underline{A}$	$(e_0; \alpha; \beta)$	61,9 %
Proportion de personnes âgées dans la population de référence	$\underline{E}$	$(e_0; \beta)$	18,9 %
Revenus bruts du travail des adultes	w^A	éq. [6]–[7]	0,600
Revenus nets du travail des adultes	$w^A(1-c)$	éq. [9]	0,488
Montant moyen de la pension par personne âgée	b^E	éq. [9]	0,368
Montant moyen de la pension par retraité	b^R	éq. [4]	0,613

Partant de ces hypothèses, considérons deux évolutions démographiques différentes, qui peuvent être représentatives de la situation de la majorité des pays développés[20] :

— dans le scénario 1, la fécondité commence par baisser (l'ISF, indice synthétique de fécondité ou nombre moyen d'enfants par femme, atteint 1,6) puis revient ensuite à sa valeur d'équilibre (2,1) ;

— dans le scénario 2, la durée moyenne de la vie (ou espérance de vie à la naissance, e_0) augmente de 77 à 85 ans en cent ans, puis elle se stabilise à ce niveau tandis que l'ISF s'adapte de manière telle que, finalement, la population redevient stationnaire.

Dans les deux cas, au départ et à l'arrivée, 300 ans plus tard, la population est stationnaire. Ceci a pour unique objectif de garantir que tout revient à l'équilibre et de faciliter le calcul des indices de performance que je vais présenter ci-après, mais la stationnarité n'est pas nécessaire au fonctionnement du système ES. Notons également que la structure par âge de référence du scénario 1 est invariable (e_0 = 77 ans), alors que, dans le scénario 2, elle évolue peu à peu de sorte que e_0 progresse de 77 ans à 85 ans.

Dans le scénario 1, seuls quatre types de système de répartition seront comparés : *Cotisation fixe, Pension fixe, Risque partagé* et *Équitable et stable*. Dans le second scénario, en revanche, puisque e_0 croît, nous distinguerons trois variantes de chaque système (2, 2' et 2") selon les éléments que l'on fait varier.

Dans le scénario 2, les âges limites des groupes d'âges ne changent pas : c'est le taux de cotisation c qui s'adapte (sauf pour le système *CF*, où c'est la pension b qui diminue, c étant fixe par définition).

Dans le scénario 2', l'âge de la retraite β s'élève de telle manière que tous les paramètres économiques restent invariables dans le système ES (**c**, r, etc.) : en pratique, comme e_0 augmente de 77 à 85 ans, β s'élève de 65 à environ 69 ans.

Enfin, dans le scénario 2", les limites de l'âge adulte, α et β, s'élèvent de telle sorte que les proportions **Y**, **A** et **E** des populations de référence restent fixes, constance qui, par suite, s'étend à tous les autres paramètres dans le système ES (**c**, r, etc.). En pratique, e_0 progressant de 77 à 85 ans, α passera de 15 à 16,5 ans, et β, de 65 à 70 ans.

---

[20] Bien que, dans certains pays développés, la fécondité soit inférieure à 1,6 enfant par femme et puisse ne jamais revenir au niveau de 2,1 enfants par femme, la structure par âge peut tirer avantage des flux migratoires qui peuvent compenser partiellement la faiblesse de la fécondité. Par ailleurs, la fécondité restera-t-elle aussi basse pendant cent ans d'affilée, comme le suppose le scénario 1 ? Cela reste à voir. Le système ES fonctionne également bien avec de plus longues périodes de faible fécondité (mais pas extrêmement basse).

Plusieurs autres simulations, non présentées ici, conduisent aux mêmes conclusions que les scénarios 1 et 2. Par ailleurs, les variations des paramètres économiques, non traitées dans cet article, se révèlent nettement moins gênantes, parce que (grâce à l'utilisation des revenus relatifs) le système ES est pratiquement neutre à l'égard des évolutions économiques.

Il va sans dire que les critères de comparaison des performances des divers types de système de transfert constituent un enjeu crucial. Il vaut peut-être la peine de rappeler que l'un des motifs d'insatisfaction à l'égard des systèmes de retraite est leur caractère imprévisible. Les règles d'aujourd'hui peuvent devenir caduques demain, selon l'évolution du contexte. Mes critères d'excellence seront donc basés sur l'invariabilité : moins un paramètre clé sera contraint de varier, mieux ce sera. Gardant ceci à l'esprit, considérons quatre dimensions différentes :

— La variabilité dans le temps du taux annuel de cotisation c_t (idéalement nulle). Certains systèmes de répartition obligent c à s'écarter de son niveau initial : cela implique que certaines générations cotisent à un taux plus élevé que d'autres, avec des conséquences économiques potentiellement négatives (par exemple, une hausse du coût du travail, etc.). L'idéal est un système qui maintient le taux de cotisation c constant au niveau jugé socialement le meilleur.

— La variabilité dans le temps de r_t (idéalement nulle). Certains systèmes de répartition font varier le niveau annuel du rapport r entre les pensions ou allocations b et les salaires nets $w(1-c)$, ce qui accroît ou réduit le niveau de vie des jeunes et des personnes âgées comparativement aux adultes. Puisqu'il s'agit là habituellement d'un effet non désiré d'une dynamique démographique (ou économique, mais nous n'en parlerons pas ici) imprévue, une solution qui maintient constant le rapport r est préférable.

— L'équité actuarielle (entre générations ou simplement dans une génération) implique que chaque génération paie sous forme de cotisations C exactement autant qu'elle reçoit sous forme de pensions B. Une mesure possible de l'équité générationnelle est alors la différence $D^g = B^g - C^g$, à calculer (en termes réels)[21] pour chaque génération g. L'idéal est un système qui garantit une parfaite équité générationnelle ($D^g = 0$), ou au moins s'écarte le moins possible de cet objectif. Cependant, l'absence d'équité peut être mise en évidence par deux mesures légèrement différentes :

– la moyenne des valeurs successives de D^g au cours du temps (idéalement nulle). Si la moyenne $\mu(\underline{D}^g)$ est différente de 0, le système se

---

[21] Dans cet article, je simplifie ce passage en supposant la constance des paramètres relevant de la sphère économique, et donc la comparabilité directe de toutes les valeurs monétaires (taux d'actualisation égal à 1). Sur un plan plus formel, je fais l'hypothèse que π (le taux de croissance de la productivité du travail, considéré ici comme nul pour simplifier) coïncide avec le taux de croissance « naturel » du système, g. Ceci est en accord avec la condition $g = \pi + i$ qui prévaut habituellement dans la littérature (voir, entre autres, Aaron, 1966 ; Barro et Sala-I-Martin, 1995), sous l'hypothèse que le taux de croissance démographique i ne puisse pas s'écarter de 0 dans le long terme. En pratique, cela signifie que, en cas de croissance démographique à court terme, l'excédent temporaire de cotisations (quand la proportion réelle des adultes dépasse sa valeur de référence) ne devrait pas servir à augmenter les pensions. Il devrait plutôt être mis de côté pour alimenter la réserve financière et employé quelque 40 ans plus tard, quand la proportion des personnes âgées commencera à croître (il en va de même, *mutatis mutandis*, avec une fécondité faible et une population décroissante).

montre sensible aux variations démographiques (augmentation ou diminution de la population) qui tendent à engendrer des gains ou des pertes pour certaines générations dans le mécanisme des transferts ;
– la variance des valeurs successives de D^g au cours du temps (idéalement nulle). Si la variance var($\underline{D}^g$) est différente de 0, le système se montre sensible aux variations démographiques (augmentation ou diminution de la population) *et* tend à répartir inéquitablement entre les générations considérées dans la simulation les gains ou les pertes qui en résultent (certaines générations gagnant ou perdant plus que d'autres).

VIII. Les simulations : scénario 1

Dans le scénario 1, la mortalité ne varie pas (e_0 constante, vaut 77 ans), mais la fécondité baisse jusqu'à 1,6 enfant par femme, puis revient au niveau du remplacement des générations (figure 2b). Cela conduit la population à perdre, en fin de période, environ un tiers de ses membres (figure 2c). Comme le système transfère des ressources vers les personnes âgées, la diminution de la population représente une sorte de perte de capital (Lee, 1994, 2000a), qui devra être redistribuée d'une manière ou d'une autre entre les générations participantes.

Dans cet exemple, avec une espérance de vie e_0 constante, la structure par âge de référence ne varie pas ; mais la structure par âge réelle subira des déformations au fil du temps. Par exemple, la proportion des jeunes tombe de 19 % à 15 % avant de revenir à 19 % ; celle des adultes (de 15 à 64 ans) augmente jusqu'à 64 % puis se contracte à 59 % et finalement retrouve sa valeur de référence de 62 % ; celle des personnes âgées, enfin, culmine à 24 % mais redescend ensuite à 19 % (figures 2d à 2f). Notons, cependant, que la figure 2e illustre l'un des mécanismes fondamentaux du système *ES* : les périodes favorables ($A > \underline{A}$) et défavorables ($A < \underline{A}$) alternent, et elles ont à peu près la même amplitude pour peu que l'on choisisse un niveau de référence approprié.

Selon le type de système de répartition en vigueur, l'impact de ce scénario sur le taux de cotisation des actifs peut être assez important. Partant de son niveau initial de 18,7 %, le taux de cotisation s'élève généralement (sauf dans le système *Cotisation fixe*, par définition) jusqu'à plus de 24 % dans le cas du système *Pension fixe*, jusqu'à 23 % avec le système *Risque partagé* et à moins de 22 % avec la formule *Équitable et stable* (figure 3).

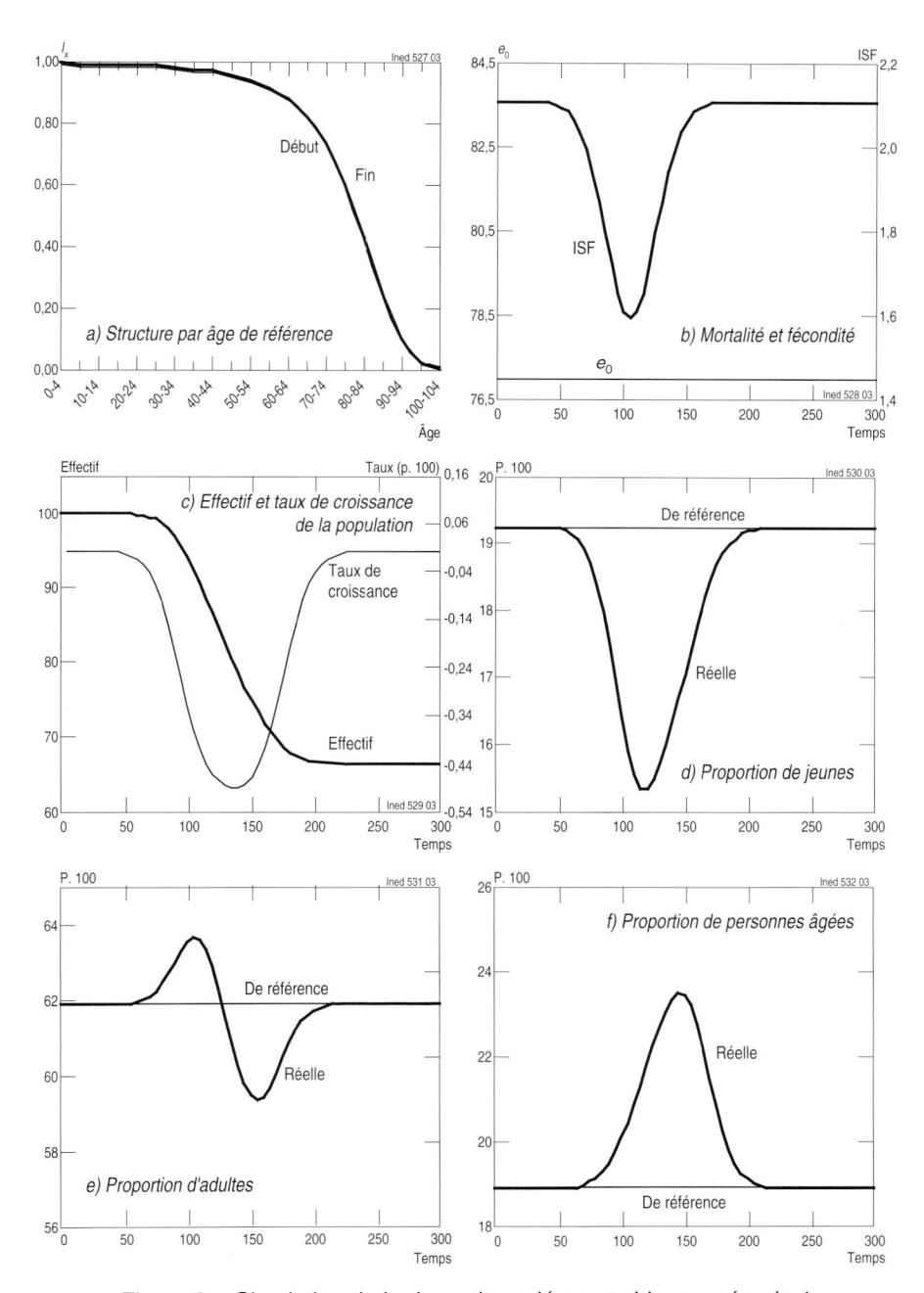

Figure 2.– Simulation de la dynamique démographique, scénario 1
Source : calculs de l'auteur.

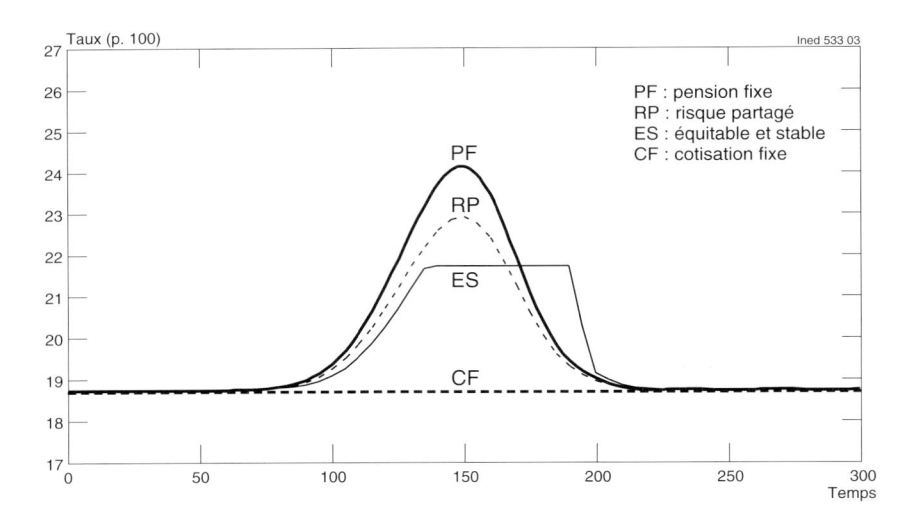

Figure 3.– Taux de cotisation des actifs (*c*) dans le scénario 1 (en %)
Source : calculs de l'auteur.

Dans deux variantes du système de répartition, *Risque partagé* et *Équitable et stable*, le rapport *r* entre les pensions des personnes âgées, b^E, et les revenus nets du travail des adultes cotisants, $w(1-c)$, reste inchangé au niveau de 75,4 %, mais dans les deux autres variantes, il oscille fortement, tombant jusqu'à 58 % (*Cotisation fixe*)[22] et grimpant jusqu'à 81 % (*Pension fixe*) (figure 4).

Finalement, en considérant l'équité intergénérationnelle[23] (figure 5), on constate que tous les systèmes de répartition envisagés ici se détériorent quand la population diminue (précisément parce qu'ils transfèrent des ressources vers le haut de la pyramide). Mais ils réagissent différemment, soit en termes de montant absolu du déficit (représenté par l'aire comprise entre l'axe des *x* et chaque courbe), soit en termes de répartition du déficit entre les générations. Tantôt ils le concentrent sur quelques générations, tantôt ils l'étalent sur plusieurs.

Le tableau 4 présente une synthèse de tous ces résultats. Bien que les diverses variables se réfèrent à des dimensions différentes et non comparables (variation du taux de cotisation ; variation du niveau de vie relatif des personnes âgées et des adultes ; équité intergénérationnelle), il semble

---

[22] Ce phénomène se produit parce que le taux de cotisation des actifs reste fixe à 18,7 % alors que le nombre des adultes actifs diminue : les personnes âgées (dont le nombre ne diminuera que bien plus tard) reçoivent moins de ressources et donc s'appauvrissent en termes relatifs.

[23] Définie comme la différence entre le total des cotisations payées et celui des pensions perçues (à leurs valeurs du moment) sur toute la durée de la vie. Ce solde n'est calculé que pour les 200 générations dont l'histoire est complète.

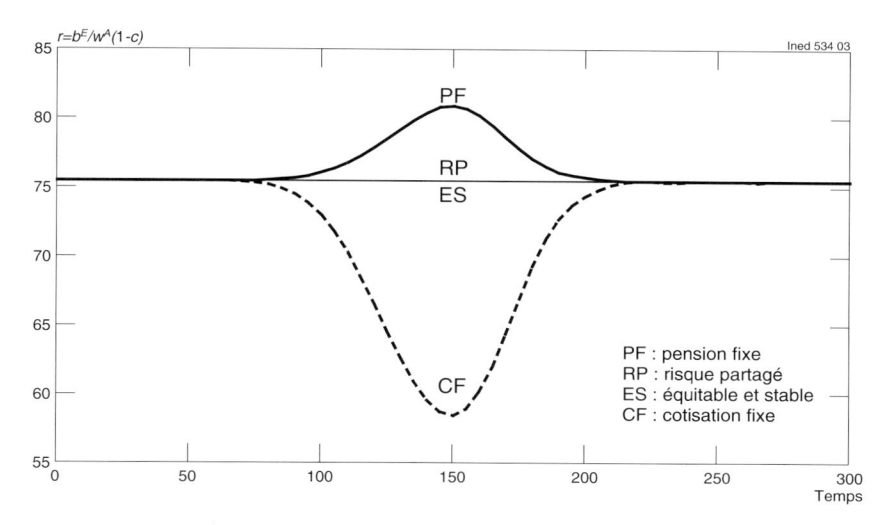

Figure 4.– Équité transversale (rapport entre les pensions de retraite et les revenus nets des adultes cotisants) dans le scénario 1

Source : calculs de l'auteur.

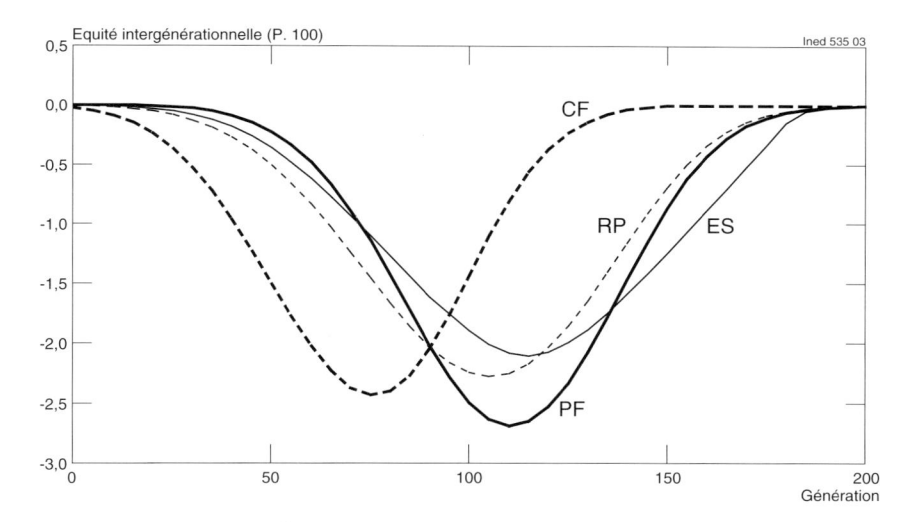

Figure 5.– Équité intergénérationnelle dans le scénario 1 : total des pensions perçues moins total des cotisations payées sur toute la durée de la vie, rapporté au salaire net moyen annuel d'un adulte de la génération (en %)

Source : calculs de l'auteur.

à peu près certain que le système *Cotisation fixe* donne les plus mauvais résultats, parce qu'il engendre des variations d'ampleur inacceptable du niveau des pensions[24]. Dans cette simulation, par exemple, vers la 150e année, les personnes âgées deviennent extrêmement pauvres par rapport aux adultes (voir figure 4). Le système *Pension fixe* est systématiquement moins performant que les systèmes *Risque partagé* et *Équitable et stable* ; ceux-ci donnent des résultats semblables, mais le dernier se montre légèrement plus avantageux à tout point de vue.

TABLEAU 4. – SYNTHÈSE DES RÉSULTATS DU SCÉNARIO 1

Type	Caractéristique	Variance (× 10 000)			Moyenne
		$c^{(a)}$	$r^{(b)}$	$D^{(c)}$	$D^{(d)}$
CF	c = constant	0,00	298,21	7,54	– 0,73 %
PF	b = constant	28,50	27,64	9,33	– 0,87 %
RP	r = constant	17,19	0,00	6,86	– 0,84 %
ES	RP + structure par âge de référence	14,61	0,00	5,84	– 0,85 %

Note : pour tous les paramètres, 0 est le meilleur résultat possible.
(a) Taux de cotisation assurant l'équilibre (variance sur 300 ans, multipliée par 10 000).
(b) Rapport entre les montants des pensions et des salaires (variance sur 300 ans, multipliée par 10 000).
(c) Différence entre pensions et cotisations rapportée au salaire annuel (variance sur 200 générations, multipliée par 10 000).
(d) Différence entre pensions et cotisations rapportée au salaire annuel (moyenne sur 200 générations).

IX. Le scénario 2 et l'introduction des allocations familiales

La figure 6 présente les aspects démographiques du scénario 2, avec une espérance de vie qui augmente (de 77 à 85 ans), une fécondité légèrement en baisse (afin d'assurer la stationnarité à long terme), et une population qui croît d'environ 10 % (grâce à l'allongement de la durée de la vie). Avec des âges limites fixes, la population vieillit énormément : la proportion des personnes de plus de 65 ans, par exemple, augmente de 19 % à 24,5 %, tandis que celle des jeunes (0-14 ans) baisse jusqu'à 17,5 % et celle des adultes à environ 58 %. Mais avec des âges limites variables, le vieillissement devient moins important, voire inexistant à long terme (figure 7). Ceci nous rappelle que les définitions de la jeunesse, de l'âge adulte et de la vieillesse dépendent largement des conventions sociales, qui ne doivent pas nécessairement rester inchangées lorsque la mortalité évolue.

[24] La mesure de variabilité utilisée ici est la variance : le recours à d'autres paramètres (non présenté ici) conduit aux mêmes conclusions.

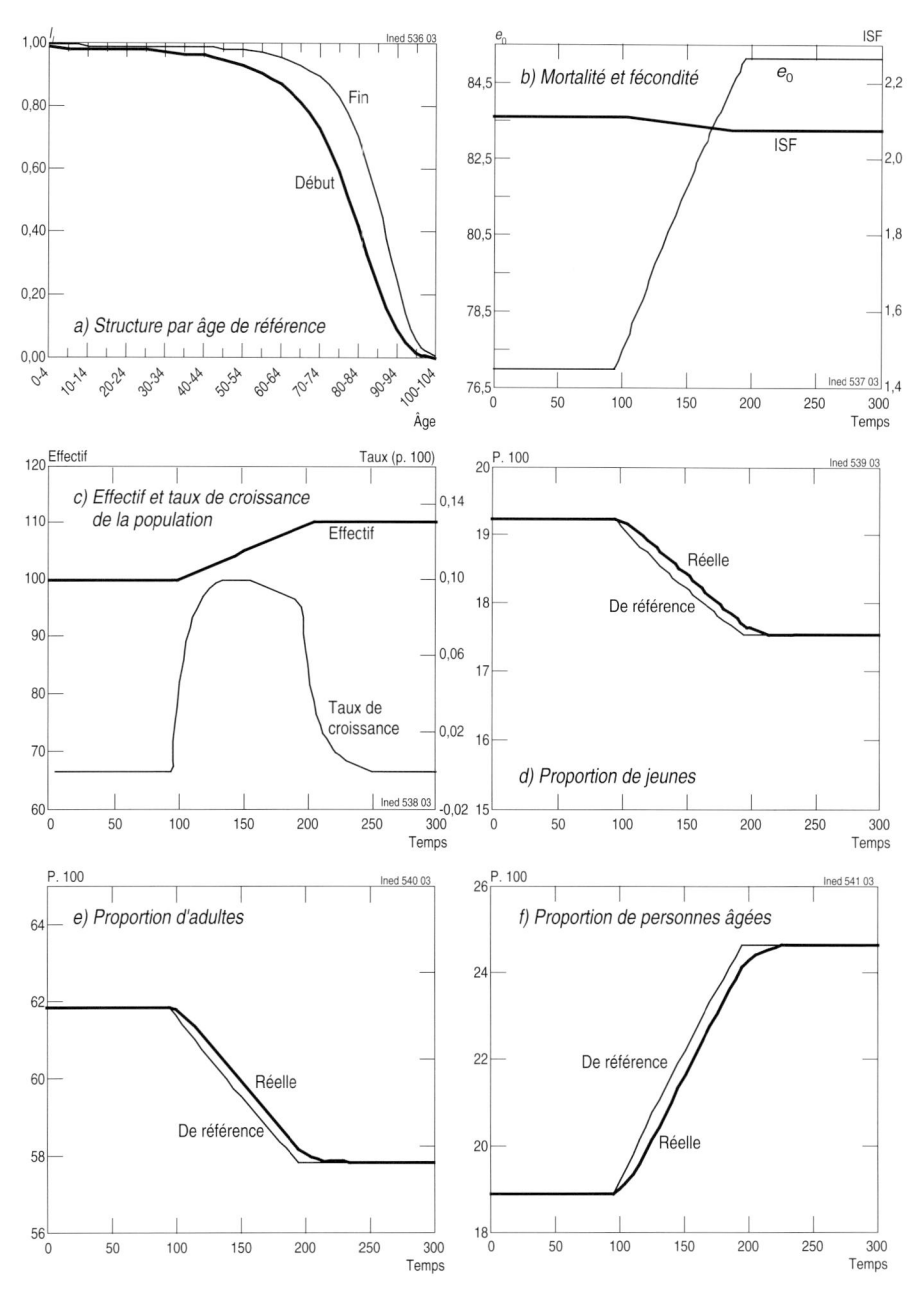

Figure 6.– Simulation de la dynamique démographique, scénario 2
(âges limites fixes)

Source : calculs de l'auteur.

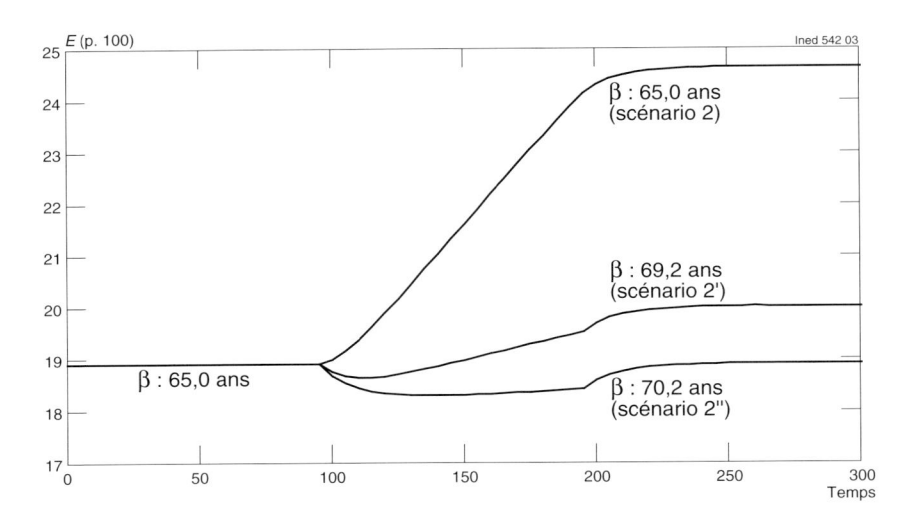

Figure 7.– Proportion de personnes âgées dans la population (E)
selon diverses valeurs de l'âge de la retraite β (scénarios 2, 2' et 2")
Source : calculs de l'auteur.

Maintenant, approfondissons l'analyse en considérant deux systèmes de transferts intergénérationnels dans chacun des quatre scénarios (1, 2, 2' et 2"), un qui inclut les allocations familiales et l'autre qui ne les prend pas en compte, mais avec, dans tous les cas, un taux de cotisation initial de 18,7 %. Nous obtenons ainsi 8 cas de figure : le tableau 5 présente, pour chacun d'eux, le degré d'efficacité des quatre systèmes de répartition.

Les principaux résultats peuvent se résumer en peu de mots :

— Dans tous les scénarios présentés ici (et d'ailleurs dans tous les scénarios que j'ai testés), l'introduction des allocations familiales améliore les performances de chaque système de répartition sous tous ses aspects. Tous les systèmes avec allocations familiales se caractérisent par une moindre variabilité des taux de cotisation c, des revenus relatifs des trois grands groupes d'âges r et de l'équité au sein des générations D.

— Cependant, l'introduction des allocations familiales n'a que peu d'effet sur le classement des systèmes.

— Dans tous les cas, le système *Cotisation fixe* semble entraîner une variabilité excessive du revenu relatif des personnes âgées et des jeunes au regard de celui des adultes, surtout quand les âges limites sont invariables (scénario 2) et en l'absence d'allocations familiales. Le système *Équitable et stable* reste donc incontestablement le meilleur système de transferts, dans tous les scénarios démographiques et sous tous les aspects.

TABLEAU 5. – SYNTHÈSE DES RÉSULTATS DES DIVERS SCÉNARIOS, AVEC ET SANS ALLOCATIONS FAMILIALES

Type	Caractéristique	Variance (×10 000)		Moyenne	Variance (×10 000)		Moyenne
		$c^{(a)}$	$r^{(b)}$	$D^{(d)}$	$c^{(a)}$	$r^{(b)}$	$D^{(d)}$
		Sans allocations familiales[e]			Avec allocations familiales[f]		
		Scénario 1 : la fécondité fluctue					
CF	c = constant	0,00	298,21	7,54	-0,73 %	0,00	53,27	1,16	-0,31 %
PF	b = constant	28,50	27,64	9,33	-0,87 %	9,53	3,84	3,11	-0,35 %
RP	r = constant	17,19	0,00	6,86	-0,84 %	5,99	0,00	2,22	-0,34 %
ES	RP + structure par âge de référence	14,61	0,00	5,84	-0,85 %	5,90	0,00	2,18	-0,33 %
		Scénario 2 : l'espérance de vie augmente, les âges limites (α et β) restent fixes					
CF	c = constant	0,00	891,77	0,17	0,14 %	0,00	199,62	0,70	0,36 %
PF	b = constant	106,33	110,67	6,15	0,97 %	43,85	18,70	2,63	0,63 %
RP	r = constant	60,96	0,00	3,91	0,77 %	26,41	0,00	2,07	0,57 %
ES	RP + structure par âge de référence	60,09	0,00	3,60	0,75 %	26,06	0,00	1,92	0,56 %
		Scénario 2' : l'espérance de vie augmente, l'âge de la retraite (β) s'adapte					
CF	c = constant	0,00	32,95	0,90	0,32 %	0,00	2,58	0,30	0,233 %
PF	b = constant	2,18	1,91	0,99	0,42 %	0,35	0,13	0,30	0,232 %
RP	r = constant	1,42	0,00	0,93	0,40 %	0,23	0,00	0,29	0,232 %
ES	RP + structure par âge de référence	1,28	0,00	0,84	0,39 %	0,21	0,00	0,26	0,226 %
		Scénario 2'' : l'espérance de vie augmente, les deux âges limites (α et β) s'adaptent					
CF	c = constant	0,00	15,26	0,88	0,268 %	0,00	2,50	0,13	0,07 %
PF	b = constant	0,88	0,74	0,39	0,261 %	0,34	0,13	0,05	0,07 %
RP	r = constant	0,59	0,00	0,43	0,263 %	0,22	0,00	0,06	0,07 %
ES	RP + structure par âge de référence	0,55	0,00	0,38	0,257 %	0,20	0,00	0,05	0,06 %

Note : pour tous les paramètres, 0 est le meilleur résultat possible.
[a] Taux de cotisation assurant l'équilibre (variance sur 300 ans, multipliée par 10 000).
[b] Rapport entre les montants des pensions et des salaires (variance sur 300 ans, multipliée par 10 000).
[c] Différence entre pensions et cotisations rapportée au salaire annuel (variance sur 200 générations, multipliée par 10 000).
[d] Différence entre pensions et cotisations rapportée au salaire annuel (moyenne sur 200 générations).
[e] Au début, les pensions valent environ 75 % des salaires.
[f] Au début, les pensions valent environ 50 % des salaires ; les allocations familiales, 25 %.

— Tous les systèmes ont de meilleures performances quand les âges limites varient, particulièrement quand α et β varient tous les deux, mais la version *ES* est toujours la meilleure (et, accessoirement, elle est la seule dont les variations de α et β assurent la cohérence interne, car elles sont basées sur le recours à la population de référence).

— Néanmoins, un défaut de la version *Équitable et stable* est qu'elle requiert la flexibilité de la réserve financière. Prenons l'exemple du scénario 1 : il y a presque un siècle de fécondité très basse n'assurant pas le remplacement des générations, et pas d'immigration compensatoire ; la population tombe, en fin de période, à peu près aux deux tiers de son volume initial ; et il y a des pensions confortables, mais pas d'allocations familiales. Durant la période où la réserve réelle est inférieure à son niveau de référence (fixé à hauteur du montant d'une année de pensions), l'écart (négatif) entre la réserve réelle et son niveau de référence atteint jusqu'à 280 % du volume annuel des pensions au cours de l'année la plus mauvaise ; la réserve financière réelle K représente alors – 180 % d'une année de pensions (soit la dette totale du système de transferts) – quelque chose qui doit être de l'ordre de (–) 27 % du PIB de l'époque (figure 8). À mon sens, ce n'est pas inacceptable, parce qu'il s'agit d'un scénario extrême. Même dans la plus mauvaise année, les cotisations couvrent au moins 93 % des

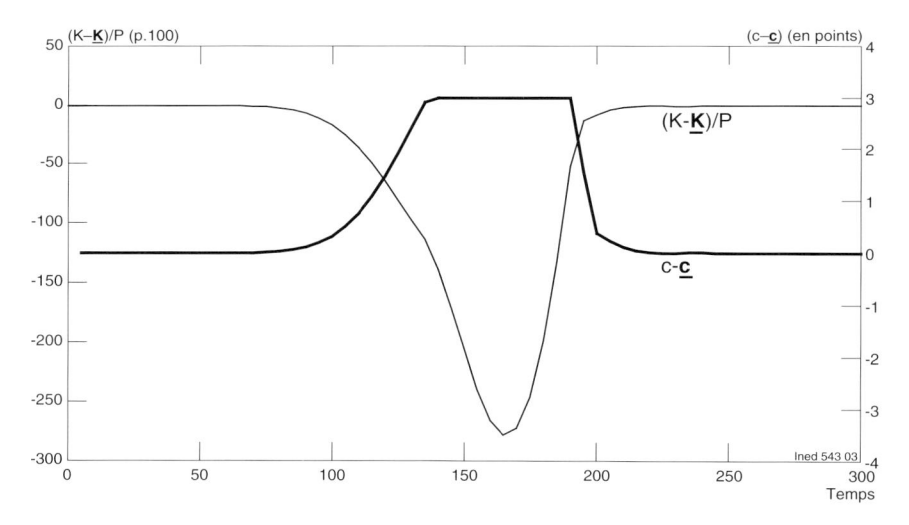

Figure 8. – Écart entre niveau réel et niveau de référence : (a) de la réserve financière (en % du montant d'une année de pensions) et (b) du taux de cotisation (en points), scénario 1

Source : calculs de l'auteur.

pensions⁽²⁵⁾ et, qui plus est, cette situation est, par définition, temporaire. Les caractéristiques intrinsèques du système garantissent que les déficits sont compensés (et les dettes sont remboursées) dans le long terme, ce qui n'est pas vrai de la plupart des systèmes de répartition existants. Cependant, si une telle dette est jugée excessive, on peut prendre diverses mesures pour la limiter : par exemple, adopter un rapport entre pensions et salaires moins élevé ; inclure dans le système les allocations familiales ; prédéfinir un intervalle de variation acceptable de la réserve financière (par exemple : elle ne devra jamais devenir négative), quoique, dans ce cas, le taux de cotisation c qui assure l'équilibre devra augmenter plus qu'il ne le fait dans ces simulations, réduisant ainsi l'avantage du système *ES* sur le système *RP*.

Conclusion

Si le vieillissement peut être un sujet d'inquiétude (MacKellar, 2000), les systèmes de retraite constituent un réel problème, et un problème que le vieillissement accentue. Ce problème est complexe, surtout dans les cas très fréquents où plusieurs systèmes propres aux différents secteurs d'activité économique coexistent, où l'on a suscité des espoirs et accordé des droits sur des bases erronées, et où les variations du taux de croissance économique, ou du rythme de l'évolution démographique, s'avèrent beaucoup plus brusques que prévu.

Dans cet article, je montre que, quand les modèles théoriques de système de répartition proposés jusqu'à présent dans la littérature (malgré un haut degré d'abstraction qui les rend inapplicables en pratique) sont confrontés à une série de changements dans la sphère économique ou la sphère démographique, ils ne peuvent maintenir constants leurs paramètres les plus fondamentaux : le taux de cotisation, l'équité intergénérationnelle et les revenus relatifs des jeunes, des adultes et des personnes âgées. Mais je soutiens également que les principes de base du système de répartition peuvent être préservés et redynamisés dans une nouvelle version appelée système *ES*, *Équitable et stable*. Le système proposé se fonde sur le principe du *Risque partagé*, où le rapport r entre les revenus des retraités et ceux des actifs est maintenu constant en toute circonstance, de sorte que les chocs économiques sont également répartis entre toutes les catégories de la population. Mais il élargit ce principe en répartissant équitablement entre les diverses générations les effets des chocs démographiques. Pour y parvenir, il doit comporter une certaine dose d'élasticité. Cotisations et retraites ne doivent s'équilibrer que dans le long terme,

---

⁽²⁵⁾ Dans plusieurs pays, la situation actuelle est bien pire : en Italie, par exemple, les cotisations couvrent moins de 90 % des pensions. Le reste est financé par le biais des rentrées fiscales générales, et le déficit cumulé n'est pas mis en évidence comme tel, même s'il contribue sensiblement à accroître une dette publique globale qui représente environ 100 % du PIB.

de manière que les réserves du système oscillent de part et d'autre de leur valeur d'équilibre à long terme, qui peut, ou non, être nulle.

À un degré plus élevé d'abstraction, on pourrait dire que la vraie difficulté est de maintenir certains paramètres constants au fil du temps alors que tout le reste est susceptible de varier. Mais sans cet élément de stabilité, la logique propre de l'existence d'un système de retraite disparaît, et la confiance et l'adhésion de la population disparaissent avec elle. Le système *ES* résout le problème en maintenant constants les paramètres *relatifs*, tant en termes économiques (le rapport r entre les montants moyens des transferts et des revenus nets du travail) qu'en termes démographiques (et c'est là que réside l'aspect novateur de ma proposition). Dans ce dernier domaine, on pourrait aller encore plus loin en fixant une fois pour toutes la répartition des périodes de la vie que l'individu moyen passe dans les trois groupes d'âges fondamentaux : la jeunesse, l'âge adulte et la vieillesse. On peut tendre vers cet idéal en laissant varier les âges limites conventionnels. Cela suffit, avec la constance du rapport r entre retraites et salaires nets, à garantir que tous les autres paramètres du système resteront pratiquement constants.

Le système *ES* résout les problèmes techniques que la variabilité des conditions économiques et démographiques pose aux systèmes de transfert par répartition. Mais ce n'est qu'un premier pas. Convaincre la population que seuls les paramètres relatifs peuvent être maintenus constants à travers le temps, que la pension de retraite qu'un travailleur touchera dans t années sera une fraction des salaires qui prévaudront à cette époque, et qu'elle commencera à être liquidée à un âge β variable d'une année à l'autre (en fonction de la mortalité), cela prendra sans doute beaucoup, beaucoup de temps.

Remerciements. Je remercie le ministère italien de l'Enseignement universitaire et de la Recherche scientifique et le 5e Programme européen de recherche *FELICIE* (*Future Elderly Living Conditions In Europe*, n° QLRT-2001-02310, http://www.felicie.org) pour leur aide financière. Je suis également reconnaissant à Massimo Livi Bacci, à Nico Keilman et à deux examinateurs anonymes de leurs judicieuses remarques sur une version antérieure de cet article.

RÉFÉRENCES

AARON Henry, 1966, « The social insurance paradox », *Canadian Journal of Economics and Political Science*, août, p. 371-374.

AUERBACH Alan J., GOKHALE Jagadesh, KOTLIKOFF Laurence J., 1994, « Generational accounting: a meaningful way to evaluate fiscal policy », *Journal of Economic Perspectives*, vol. 8, n° 1, p. 73-94.

BALDACCI Emanuele, PERACCHI Franco (éd.), 2000, *Reforming the Social Security System. An International Perspective*, Rome, Istat.

BANQUE MONDIALE, 1994, *Averting the Old-Age Crisis*, New York/Oxford, Oxford University Press.
BANQUE MONDIALE, 1997, *World Development Report*, New York/Oxford, Oxford University Press.
BARRO Robert J., SALA-I-MARTIN Xavier, 1995, *Economic Growth*, New York, McGraw-Hill.
BENGTSSON Tommy, FRIDLIZIUS Gunnar, 1994, « Public intergenerational transfers as an old-age pension system: A historical interlude? », in John Ermisch, Osamu Saito (éd.), *The Family, the Market and the State*, Oxford, Oxford University Press, p. 198-215.
BOSWORTH Barry, 1996, « Possible effects of ageing on the equilibrium of public finances in the United States of America », *European Economy*, "Reports and Studies", n° 3, (*Ageing and pension expenditure prospects in the western world*), p. 127-154.
CIGNO Alessandro, 1991, *Economics of the Family*, Oxford, Clarendon Press.
CIGNO Alessandro, ROSATI Furio C., 1992, « The effects of financial markets and social security on saving and fertility in Italy », *Journal of Population Economics*, vol. 5, n° 3, p. 319-341.
CONRAD Christoph, 1990, « La naissance de la retraite moderne : l'Allemagne dans une comparaison internationale (1850-1960) », *Population*, 45(3), p. 531-564.
DE SANTIS Gustavo, 1995, « Pay-as-you-go transfer schemes: a new perspective », in Eaps-UIESP-IRP, *Contributions of the Italian Scholars to the 1995 European Population Conference* (Milan, 4-8 septembre), Rome, IRP.
DE SANTIS Gustavo, 1997, « Welfare and ageing: how to achieve equity between and within the generations », *actes du 23ᵉ Congrès général de l'UIESP*, Beijing, 11-17 octobre, vol. 1, p. 185-201.
DE SANTIS Gustavo, 2002, *Trasferimenti intergenerazionali: una modesta proposta* [*Les sytèmes de transferts intergénérationnels : une modeste proposition*], Rome, IRP.
DIAMOND Peter A., 1996, « Proposals to restructure social security », *Journal of Economic Perspectives*, vol. 10, n° 3, p. 67-88.
DISNEY Richard, 1996, *Can we Afford to Grow Older?*, Cambridge (Mass.)/Londres, The MIT Press.
DISNEY Richard, 2000, « Crises in public pension programmes in OECD: what are the reform options? », *The Economic Journal*, vol. 110, n° 461, p. F1-F23.
EUROPEAN ECONOMY, 1996, *Ageing and Pension Expenditure Prospects in the Western World* (Reports and Studies, n° 3).
FELDSTEIN Martin, RANGUELOVA Elena, 2000, *Accumulated Pension Collars: a Market Approach to Reducing the Risk of Investment-based Social Security Reform*, NBER Working Paper, n° W7861, août.
FNUAP, 2002, *The State of World Population 2002. People, Poverty and Possibilities*, New York.
GONNOT Jean-Pierre, KEILMAN Nico, PRINZ Christopher, 1995, *Social Security, Household and Family Dynamics in Ageing Societies*, Dordrecht/Boston/London, Kluwer Academic Publishers.
GRAMLICH Edward M.,1996, « Different approaches for dealing with social security », *Journal of Economic Perspectives*, vol. 10, n° 3, p. 55-66.
GRUBER Jonathan, WISE David A., 1999, *Social Security and Retirement Around the World*, New York/Chicago, NBER.
HAGEMANN Robert P., NICOLETTI Giuseppe, 1990, « Le financement des retraites publiques face à la transition démographique dans quatre pays de l'OCDE », *Économie et statistique* (L'avenir des retraites), n° 223, p. 39-51.
HARROD Roy, 1950, *Papers of the Royal Commission on Population*, Londres, His Majesty's Stationary Office [extrait publié dans *Population and Development Review*, 2001, vol. 27, n° 4, p. 781-789].
INPS, 1993, *Le pensioni domani* [*Demain les retraites*], Bologne, Il Mulino, 442 p.
KESSLER Denis, 1992, « Histoire et avenir du système de retraite », in Georges Tapinos (éd.), *La France dans deux générations*, Paris, Fayard, p. 187-221.
KEYFITZ Nathan, 1985, « The demographics of unfunded pensions », *European Journal of Population*, vol. 1, p. 5-30 [publié également dans *Readings in Population Research Methodology*, UNPF, vol. 8: « Environment and economy », Chap. 27: "Economics and population research", p. 27.30-27.42].
KEYFITZ Nathan, 1988, « Some demographic properties of transfer schemes: how to achieve equity between the generations », in Ronald D. Lee, W. Brian Arthur, Gerry Rodgers, *Economics of Changing Age Distribution in Developed Countries*, Oxford, Clarendon Press, p. 92-105.

LEE Ronald D., 1994, « Fertility, mortality and intergenerational transfers. Comparisons across steady states », in John Ermish, Naohiro Ogawa (éd.), *The Family, the Market and the State in Ageing Societies*, Oxford, Clarendon Press, p. 135-157.

LEE Ronald D., 2000a, « Intergenerational transfers and the economic life cycle. A cross-cultural perspective », in Andrew Mason, George Tapinos (éd.), *Sharing the Wealth: Demographic Change and Economic Transfers Between Generations*, Oxford, Oxford University Press, p. 17-56.

LEE Ronald D., 2000b, « Long-term population projections and the US social security system », *Population and Development Review*, vol. 26, n° 1, p. 137-143.

LEE Ronald D., TULJAPURKAR Shripad, 1997, « Death and taxes: longer life, consumption and social security », *Demography*, vol. 34, n° 1, p. 67-81.

LIVI BACCI Massimo, 1995, « Popolazione, trasferimenti e generazioni » [« Population, transferts et générations »], in Onorato Castellino (éd.), *Le pensioni difficili* [*Les problèmes des retraites*], Bologne, Il Mulino, p. 19-38.

MACKELLAR Landis, 2000, « The predicament of population ageing. A review essay », *Population and Development Review*, vol. 26, n° 2, p. 365-397.

MÜLLER Katharina, RYLL Andreas, WAGENER Hans-Jürgen, 1999, *Transformation of Social Security: Pensions in Central-Eastern Europe*, Heidelberg/New York, Physica Verlag, 305 p.

MUSGRAVE Richard A., 1981, « A reappraisal of financing social security », in F. Skidmore (éd.), *Social Security Financing*, Cambridge (Mass.), MIT Press.

NUGENT Jeffrey B., 1985, « The old-age security motive for fertility », *Population and Development Review*, vol. 11, n° 1, p. 75-97.

OEPPEN Jim, VAUPEL James W., 2002, « Broken limits to life expectancy », *Science*, vol. 296, n° 5570, p. 1029-1031.

PALMER Edward, 2003, « Pension reform in Sweden », in Takayama Noriyuki (éd.), *Taste of Pie: Searching for Better Pension Provisions in Developed Countries*, Tokyo, Maruzen, p. 245-270.

REHER David S., 1998, « Family ties in western Europe: persistent contrasts », *Population and Development Review*, vol. 24, n° 2, p. 203-234.

RITTER Gerhard A., 1991, *Der Sozialstaat. Enstehung und Entwicklung im Internationalen Vergleich* [*L'État providence. Ses caractéristiques et son évolution dans une perspective comparative internationale*], Munich, Oldenbourg Verlag, 252 p. (1re éd. 1989).

TAKAYAMA Noriyuki (éd.), 2003, *Taste of Pie: Searching for Better Pension Provisions in Developed Countries*, Tokyo, Maruzen.

WILMOTH John, 2001, « How long can we live? A review essay », *Population and Development Review*, vol. 27, n° 4, p. 791-800.

DE SANTIS Gustavo.– **Les aspects démographiques d'un système équitable et stable de transferts intergénérationnels**

Les systèmes de retraite par répartition peuvent revêtir des formes différentes. Dans cet article, je classe en trois grandes catégories ceux qui sont décrits dans la littérature. Je présente une nouvelle variante, baptisée *ES* (*Équitable et stable*), et j'en détaille certaines caractéristiques, en accordant une attention particulière à sa logique démographique. Le système que je propose comporte deux innovations principales : 1) il utilise une structure par âge *de référence* au lieu de la structure *du moment*, ce qui implique que, de période en période, le système peut subir des pertes ou engranger des excédents qui s'équilibrent dans le long terme ; 2) il utilise les revenus relatifs des groupes *d'âges* (les jeunes, les adultes et les personnes âgées) au lieu de ceux des catégories *sociales* (les actifs et les retraités). Ces innovations, combinées avec le recours aux revenus *relatifs* (et non *absolus*), engendrent un mécanisme original. Arguments théoriques et simulations empiriques montrent que le système *ES* se démarque des autres types de système de répartition, et que la comparaison est en sa faveur.

DE SANTIS Gustavo.– **The Demography of an Equitable and Stable Intergenerational Transfer System**

PAYG (Pay-As-You-Go) transfer schemes may take different forms. In this article I classify those proposed in the literature in three main classes. I present a new variant, labelled *ES*, or "Equitable and Stable", and discuss some of its distinctive features, with special regards to its demographic rationale. There are two main innovations in the proposed system: 1) its use of a *reference*, instead of the *current*, age structure, with the implication that, in each period, the system may incur deficits, or accumulate assets, that even out in the long run; 2) its use of average incomes of *age* groups (the young, adults, and the elderly) instead of average incomes of *social* groups (workers and pensioners). These novelties, combined with the use of *relative* (as opposed to *absolute*) incomes, create an original mechanism. Theoretical arguments and computer simulations indicate that *ES* differs from, and compares favourably with, other versions of PAYG.

DE SANTIS Gustavo.– **Los aspectos demográficos de un sistema equitativo y estable de transferencias intergeneracionales**

Los sistemas de pensiones por repartición se basan en diferentes modelos. En este artículo clasifico los sistemas que se describen en la literatura en tres grandes categorías. También presento una nueva variante, que denomino *ES* (equitativa y estable) y describo sus características, en particular su lógica demográfica. El sistema que propongo presenta dos innovaciones importantes: 1) se basa en una estructura por edad de referencia en lugar de apoyarse en la estructura del momento, lo cual implica que, de un periodo a otro, el sistema puede sufrir pérdidas o acumular excedentes que se equilibran a largo plazo; 2) utiliza los ingresos relativos por grupo de edad (jóvenes, adultos y personas mayores) en lugar de basarse en los ingresos por categoría social (activos y jubilados). Estas innovaciones, junto con el recurso a los ingresos relativos, en lugar de absolutos, dan lugar a un mecanismo original. Los argumentos teóricos y las simulaciones empíricas muestran que el sistema *ES* se diferencia de los otros sistemas por repartición, y que se puede comparar ventajosamente con ellos.

Gustavo DE SANTIS, Département d'économie et de statistique, université de Messine, Italie, courriel : desantis@ds.unifi.it

Deux âges d'émigration ouvrière
Migration et sédentarité dans un village industriel

Nicolas RENAHY*, Cécile DÉTANG-DESSENDRE**
et Séverine GOJARD***

> *Pour faire émerger le modèle de sédentarisation de la main-d'œuvre ouvrière qui fonctionnait au cours des années 1960 dans un petit village industriel de l'Est de la France,* Nicolas RENAHY, Cécile DÉTANG-DESSENDRE *et* Séverine GOJARD *mettent en place un dispositif complexe d'observation et d'analyse. Celui-ci conjugue collecte à la fois quantitative et qualitative, enquête ethnographique et approche biographique et permet de mettre en évidence les atouts de la population d'origine locale (notamment en termes de réseaux) comparativement aux nouveaux arrivants. Vingt ans plus tard, le contexte a profondément changé et ce modèle n'a plus cours. Au-delà d'une étude monographique, l'intérêt de l'article réside dans l'approche proposée, intégrant perspective qualitative et traitement quantitatif de l'information collectée.*

L'analyse conjointe de la mobilité géographique et de la mobilité sociale est moins développée en France que dans les pays anglo-saxons (Greenwood, 1997). Les travaux sur des données françaises, réalisés par des économistes (Jayet, 1996 ; Détang-Dessendre *et al.*, 2002) ou des démographes (Baccaïni *et al.*, 1993 ; Courgeau, 2000 ; Baccaïni, 2001) insistent sur les motivations professionnelles et résidentielles des migrations, mais la relation entre mobilité géographique et mobilité sociale y est peu abordée. À partir des générations masculines françaises nées de 1911 à 1930, Blum *et al.* (1985) ont établi l'existence d'un lien entre ascension sociale et migration géographique. Leur travail a été prolongé dans les années 1990 par l'équipe de l'Ined travaillant sur l'enquête Proches et parents, basée sur un échantillon représentatif de la population française adulte en 1990. Bonvalet et Maison (1999, p. 30-34) ont ainsi élaboré une sorte d'échelle de la mobilité géographique, qui va de la campagne vers la ville et de la province vers Paris, à laquelle se superpose la mobilité

---

* Inra-CESÆR et Laboratoire de Sciences sociales (EHESS/ENS).
** Inra-CESÆR.
*** Inra-Corela et Laboratoire de Sciences sociales (EHESS/ENS).

sociale intergénérationnelle : être fils d'ouvrier (et plus encore fils d'indépendant) ou résider dans une commune rurale conduit à une plus forte sédentarité, tandis qu'être cadre ou diplômé du supérieur est associé à une nette propension à la mobilité interdépartementale.

Par ailleurs, des travaux basés sur des données intergénérationnelles permettent de préciser l'influence de la parenté dans la formation des trajectoires individuelles, qu'il s'agisse du rôle des parents et des grands-parents (voir notamment Scardigli et Mercier, 1978 ; Santelli, 2001) ou des caractéristiques de la fratrie d'origine, tant coexistent « plusieurs phénomènes de dépendance entre les destins sociaux de germains de même sexe » (Zarca, 1999, p. 37 ; voir aussi Rosental, 1995). Ces influences de la parenté sont-elles immuables ou bien diffèrent-elles selon le contexte économique dans lequel elles sont observées ? Les travaux de Sayad (1977) ont montré que le sens que prend la migration découle de la configuration du groupe d'origine – de parenté, mais également de voisinage – que l'individu quitte et de celle du groupe qu'il intègre. Dans les deux cas, l'important est que la migration individuelle est déterminée par l'appartenance à une société locale, qui possède ses propres logiques de reproduction, elles-mêmes inscrites dans un contexte économique. Ainsi, à chaque génération correspond un état donné du marché de l'emploi, situation que Sayad définit par le terme d'âge. Partant de ce cadre d'analyse, enrichi par la prise en compte des relations de parenté, nous étudions la sédentarité des membres de familles ouvrières d'un village industriel de 600 habitants de l'Est de la France, Foulange, afin de comprendre comment mobilités sociale et géographique se conjuguent selon l'état du marché du travail. Après avoir explicité notre approche dans la première partie, nous analysons les rapports qu'entretiennent hiérarchie sociale, autochtonie et sédentarité à partir de l'étude d'une cohorte d'individus nés au tournant des années 1940. Nous exposons ensuite un modèle de sédentarité ouvrière et nous confrontons ce modèle aux caractéristiques migratoires et professionnelles des Foulangeois nés vingt ans plus tard.

I. Un éclairage monographique sur la reproduction familiale du monde ouvrier

Jean Dupuis, ouvrier retraité, est né en 1921 à Foulange où il a effectué toute sa carrière professionnelle. Il a quatorze ans quand son père, cultivateur, meurt accidentellement. Il reste avec sa mère (née au village à la fin du XIXe siècle, héritière de son père cultivateur) et ses deux frères cadets. À seize ans, Jean devient mouleur à l'usine Ribot-Renaudin[1], installée au village depuis la fin du XVIIIe siècle, qui fabrique des cuisi-

---

[1] L'entreprise Ribot-Renaudin est appelée Ribot dans la suite du texte et RR dans les tableaux et figures.

nières. Ses deux frères suivront ses pas. Il se marie en 1944 à une bonne venue d'un village voisin et s'installe un temps dans les cités patronales avant de construire lui-même sa maison à côté de celle de sa mère. D'abord manœuvre en fonderie, il devient mouleur-modeleur en apprenant le métier sur le tas : « on était avec les vieux, et ils nous apprenaient à faire comme eux ». Ses capacités à travailler le métal, mais aussi le bois, lui assurent une bonne réputation liée à son savoir-faire. En fin de carrière, il est devenu chef d'équipe. Il prend sa retraite en 1981, quelques mois avant la fermeture définitive de l'usine.

Entre 1944 et 1959, Jean et sa femme ont eu sept enfants, trois filles puis quatre garçons. Les trois aînées sont entrées à l'usine dès l'âge de 14 ans. Elles se sont mariées jeunes et deux d'entre elles ont arrêté de travailler. Elles se sont installées à Foulange ou dans ses environs immédiats. Au milieu des années 1960, le premier fils de Jean, Luc, refuse de partir en apprentissage : il souhaite travailler à l'usine dès l'âge de 14 ans. Les trois fils cadets chercheront en revanche à obtenir une qualification après le certificat d'études primaires et quitteront le village ; deux d'entre eux ne travailleront jamais à l'usine. Aujourd'hui, alors que deux PME ont remplacé depuis vingt ans l'usine Ribot, les trois enfants de Luc y sont ouvriers.

Cette généalogie familiale, établie à l'aide des outils classiques de l'anthropologie (enquête en face-à-face, observation, analyse d'archives), donne à voir une lignée digne d'une « dynastie ouvrière » (Burdy, 1990) : la sédentarité et la reproduction du statut professionnel sur trois générations s'effectuent sur la base d'une transmission à l'aîné des garçons de chaque fratrie – les fratries étant appréhendées comme des ensembles de configurations au sein desquelles « la trajectoire propre à chaque membre se définit en rapport avec celle des autres » (Rosental, 1995, p. 134-135). Au-delà de sa singularité, cette lignée paraît exemplaire du fonctionnement du groupe ouvrier local. En effet, l'observation ethnographique de la société foulangeoise sur une durée de dix ans a permis de constater la récurrence de ce type de reproduction ouvrière par l'aîné des fils (Renahy, 1999). Néanmoins, quelle est la pertinence d'un tel constat, établi par l'accumulation d'observations monographiques ? Le regard de l'ethnographe ne risque-t-il pas d'être trop influencé par la rencontre d'un type particulier d'individus ? Ceux qui viennent au-devant de l'enquêteur sont classiquement dotés d'un capital scolaire, culturel ou symbolique qui les distingue de l'ensemble du groupe (Mauger, 1991). Dans le cas de l'enquête réalisée à Foulange, l'observation privilégie ainsi – sans avoir les moyens de maîtriser totalement ce biais – les ouvriers les plus légitimes localement ; en outre, elle n'a accès qu'à une partie des villageois d'origine, à savoir ceux qui sont restés sédentaires. Comment sortir de cette impasse ? Comment resituer ces ouvriers légitimes dans un espace villageois beaucoup plus large ? Le recours aux statistiques nous est apparu comme une solution possible parmi d'autres (Weber, 1995 et 2001).

Nous avons donc rassemblé des données statistiques originales à l'échelle de la commune de Foulange. Les deux cohortes étudiées ont été reconstituées à partir d'une méthode similaire. Nous avons délimité le champ aux personnes âgées de 8 à 15 ans recensées en 1954 et en 1975 (générations 1939 à 1946 pour la première cohorte, et générations 1960 à 1967 pour la seconde), afin de cibler l'analyse sur des jeunes qui n'étaient pas encore massivement entrés dans la vie active. Les informations tirées du recensement ont été complétées grâce au recours à d'autres sources (listes d'entreprises, d'élections prud'homales, etc.)[2], mais surtout à la mobilisation des réseaux d'information dans lesquels l'ethnographe était inséré. Les données recueillies par ce dernier moyen ont ensuite été vérifiées et complétées auprès d'un adjoint au maire ayant une connaissance fine de la démographie villageoise, et par une enquête téléphonique auprès d'un membre des familles concernées (enquête Renahy, 1997-2000). Pour chaque individu, nous disposons ainsi des informations suivantes : date de naissance et activité au moment du recensement, premier emploi occupé, profession et lieu de naissance de ses parents, composition et caractéristiques de sa fratrie, date et destination de l'éventuelle migration.

L'échelle d'analyse est la commune, et l'unité d'analyse est la lignée : c'est à ce niveau que l'on observe les décisions de migration et les mécanismes de sédentarisation. Nous nous inscrivons ainsi dans l'approche de M. Gribaudi (1987), qui rend compte des migrations entre Turin et son environnement rural au début du XXe siècle à partir de trajectoires familiales, dans lesquelles chaque individu est en situation de « dépendance réciproque » à l'égard des membres de sa parentèle. Cette posture de recherche vise à mieux percevoir les interactions entre transformations économiques et trajectoires familiales, grâce à l'observation de l'inscription des réseaux familiaux dans un environnement local (Rosental, 1999). Par ailleurs, le point de vue monographique nous permet de saisir le sens de la sédentarité, revers de la mobilité géographique. En appréhendant la mobilité géographique comme une « accumulation de capital spatial cohérente avec l'accumulation d'autres formes de capitaux » familiaux, J. Bourdieu et al. (2000, p. 784) invitent à penser sédentarité et migration dans la même logique : l'espace « est à la fois une ressource, au sens où il ouvre des possibles aux membres de la famille, et un cloisonnement, puisqu'il prédéfinit l'horizon de ses membres ».

Les deux cohortes foulangeoises étudiées reflètent l'évolution générale du monde ouvrier durant la seconde moitié du XXe siècle. La majorité des jeunes de la première cohorte sont entrés dans le marché du travail au cours des années 1950-1960 et appartiennent à la « génération singulière » décrite par G. Noiriel (1986, p. 210-236) : la classe ouvrière ne sera jamais aussi structurée en France qu'à cette époque ; l'héritage des générations antérieures fonctionne comme un acquis qui soude le groupe.

---

[2] Toutes les données ont été anonymisées : les noms de personnes, de lieux et d'institutions mentionnés dans le texte sont fictifs.

Ce dernier est cependant très divers du fait de la nature des emplois occupés, de sa division sexuelle interne, des différences de qualification et de l'origine géographique de ses membres. Au sein de l'industrie française de cette époque, l'industrie métallurgique de Foulange appartient à ces « branches d'activité plus anciennes », rurales, qui « se maintiennent jusque dans les années 1970 » (*op. cit.*, p. 212-213). En effet, l'usine de cuisinières Ribot bénéficie à la fois, depuis la fin des années 1940, de l'arrivée des ingénieurs qui rationalisent le circuit de production et des investissements du patronat familial réalisés dans le passé en dehors de l'usine : parc de logements locatifs construits dans l'entre-deux-guerres et maintien jusqu'à la fin des années 1960 des structures d'un paternalisme villageois (associations de patronage, encadrement des activités ouvrières de loisir, contrôle de la mairie dans une commune composée d'une population aux trois quarts ouvrière). Ce paternalisme permet la reproduction partielle de la main-d'œuvre ouvrière en même temps qu'il lui permet d'accéder à une qualification liée à une connaissance « de l'intérieur » de l'outil de production[3]. Enfin, les années 1960 sont marquées par l'arrivée d'une nouvelle vague de travailleurs immigrés : après les Polonais de l'entre-deux-guerres, arrivent à Foulange (comme dans la petite industrie et l'artisanat des environs) des populations d'origine portugaise puis maghrébine. L'usine enregistre au milieu des années 1960 son effectif maximum de salariés, légèrement inférieur à quatre cents personnes. Le système industriel local est à son apogée. Dès la fin des années 1960, le paternalisme industriel se délite, les cuisinières de l'usine ne se vendent plus sur un marché français envahi par des produits bas de gamme, nettement moins chers. L'entreprise familiale est rachetée par un groupe industriel en 1972. À partir de 1978, les départs en retraite ne sont pas compensés par des embauches, et le groupe industriel ferme finalement l'usine de Foulange en 1981. Les deux PME qui se sont installées sur le site au cours des années 1980 (la Société métallurgique foulangeoise, SMF, et la Compagnie du câblage français, CCF) n'ont pas renoué avec la politique paternaliste de sédentarisation de la main-d'œuvre fondée sur la location des logements aux ouvriers, et ont recruté dans un bassin micro-régional de plus en plus large : la proportion de salariés résidant au village est tombée à 36 % en 1997, contre 71 % en 1972.

C'est dans ce contexte que la seconde cohorte arrive sur le marché du travail à partir de la fin des années 1970. Comme l'ensemble des Français nés après 1950, elle est confrontée à des difficultés accrues d'insertion professionnelle et susceptible de connaître une rupture dans la mobilité sociale : au « pied à l'étrier » qu'ont connu les natifs des années 1940 succède ce que L. Chauvel (1998) a appelé une « inertie générationnelle ». La

---

[3] D'après J.-P. Terrail (1990, p. 122), qui a étudié les pratiques paternalistes de la Société métallurgique de Normandie, près de Caen, « l'embauche [se] fait systématiquement à la classification d'OS ; la promotion dépend des changements de poste : ce sont ceux-ci qui sont classés, et non les individus. La qualification acquise est particulièrement intransférable hors de l'usine, mais aussi particulièrement précieuse pour elle. »

classe ouvrière, quant à elle, est en « éclats » (Noiriel, 1986); chômage, précarité et nouvelles modalités de gestion de la main-d'œuvre déstructurent le groupe (Beaud et Pialoux, 1999). Comment cette déstructuration se manifeste-t-elle dans les familles ouvrières ? Comment les parentés gèrent-elles cette crise de l'emploi ? En période de stabilité du marché du travail comme au moment de sa crise, quel rôle joue l'autochtonie dans le renouvellement d'une société ouvrière ? Afin d'apporter de premiers éléments de réponse à ces questions, intéressons-nous tout d'abord à la première cohorte de Foulangeois, nés entre 1939 et 1946, afin de caractériser la structure du groupe ouvrier local.

II. Autochtonie et sédentarité : les liens avec la structure sociale

Dans un premier temps, nous étudions la relation entre le comportement migratoire des générations 1939-1946 et l'héritage familial individuel. Une analyse de correspondances multiples (ACM) effectuée sur les individus âgés de 8 à 15 ans résidant dans la commune lors du recensement de 1954, au nombre de 111[4], offre une vue d'ensemble des caractéristiques et comportements de sédentarité de ces membres de la population villageoise (tableau 1). Elle permet de cerner le rôle de l'héritage familial dans le devenir migratoire ou sédentaire du jeune Foulangeois, et aboutit à distinguer deux modèles différents quant au rapport à la mobilité géographique : un modèle d'autochtonie et un modèle de sédentarité. Sur la figure 1, l'axe 1 explique 14,3 % de l'inertie totale du nuage de points, et l'axe 2 en explique 11,1 %.

1. Autochtonie et transmission d'un patrimoine économique

L'axe 1 indique un premier clivage au sein de la population foulangeoise, en fonction du lieu de naissance des parents. D'un côté, les enfants de Foulangeois appartiennent plus souvent à des fratries dont au moins un des membres s'implante localement[5]. Cela se comprend d'autant mieux que les parents ont souvent une profession indépendante et sont détenteurs d'un patrimoine professionnel et foncier à transmettre. Un des fondements

---

[4] L'analyse ne prend en compte que 101 individus en raison des valeurs manquantes. On trouvera dans le tableau 1 la liste des variables introduites dans l'analyse ainsi que les effectifs correspondant à chaque modalité. Précisons que d'autres variables, telles que le sexe, le rang de naissance, l'année de naissance, l'âge du père à la naissance du premier enfant, ou encore la taille de la fratrie, ont été abandonnées parce que les différentes modalités de ces variables se projetaient au centre du graphique, sans corrélation nette avec les axes.

[5] L'unité d'analyse est l'individu, mais nous prenons en compte les caractéristiques des autres membres de la fratrie pour ce qui concerne la mobilité géographique.

de la sédentarité locale réside donc dans la reprise par les individus du patrimoine économique, le plus souvent agricole – les trois quarts des indépendants sont agriculteurs –, de leurs parents. Lorsque l'individu n'est pas le repreneur de l'exploitation, il devient ouvrier non qualifié chez Ribot ; il peut s'agir d'une première insertion dans le marché du travail avant une migration. De l'autre côté de l'axe 1, les individus qui ont migré à plus de 20 km de Foulange sont voisins de ceux qui sont nés de parents non autochtones, de ceux dont le père est ouvrier non qualifié et de ceux dont la mère n'exerce pas d'activité professionnelle.

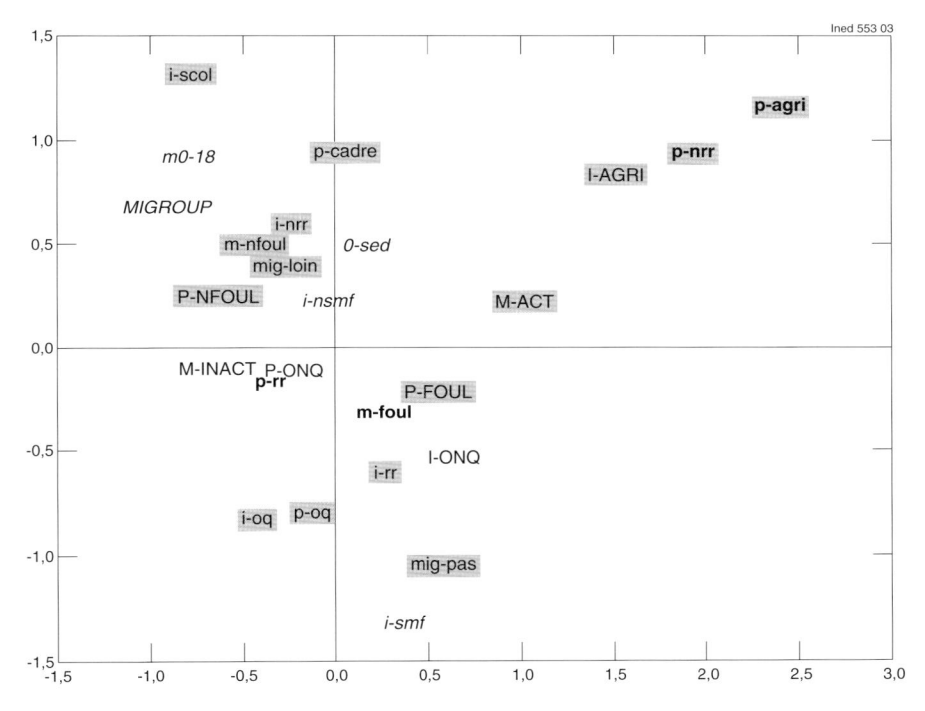

Figure 1.– ACM sur les générations 1939-1946
(premier plan factoriel)

Lecture : les correspondances entre les abréviations et les libellés des modalités figurent dans le tableau 1.
En caractères romains : modalités actives ; en italique : variables supplémentaires.
En majuscules : variables actives qui sont corrélées avec l'axe 1 (sur fond gris si elles ont une forte contribution à la constitution de l'axe).
En minuscules : variables actives qui sont corrélées avec l'axe 2 (sur fond gris si elles ont une forte contribution à la constitution de l'axe).
En gras : modalités qui interviennent dans la détermination des deux axes (sauf dans les cas, compliqués à indiquer graphiquement, où une modalité contribue fortement à la définition d'un axe et est corrélée avec l'autre).
Pour simplifier la présentation, nous n'avons pas reporté : (i) les modalités qui ont des contributions faibles à la détermination des axes (inférieures à la demi-contribution moyenne) ; (ii) les modalités qui se projetaient trop près du centre.
Sources : cf. tableau 2.

TABLEAU 1. – CARACTÉRISTIQUES DES COHORTES FOULANGEOISES

Variable	Abréviation	Première cohorte (générations 1939-1946)		Seconde cohorte (générations 1960-1967)	
		Effectif	Pourcentage	Effectif	Pourcentage
Activité de la mère					
Active	m-act	17	16,8	60	42,9
Inactive	m-inact	84	83,2	80	57,1
Passage du père par RR					
Oui	p-rr	86	85,1	118	84,3
Non	p-nrr	15	14,9	22	15,7
Autochtonie					
Mère foulangeoise	m-foul	62	61,4	55	39,3
Mère non foulangeoise	m-nfoul	39	38,6	85	60,7
Père foulangeois	p-foul	54	53,5	65	46,4
Père non foulangeois	p-nfoul	47	46,5	75	53,6
CSP du père					
Agriculteur ou artisan	p-agri	9	8,9	10	7,1
Cadre supérieur ou profession intermédiaire	p-cadre	12	11,9	18	12,8
Employé	p-empl	5	5,0	1	0,7
Ouvrier qualifié	p-oq	24	23,8	51	36,4
Ouvrier non qualifié	p-onq	51	50,5	60	42,9
Nationalité du père					
Français	Frçs	96	95,0	107	76,4
Polonais (ou pays d'Europe de l'Est)	Pol	5	5,0	9	6,4
Pays d'Europe du Sud	EurS	0	0,0	24	17,1
Passage de l'individu par RR					
Oui	i-rr	50	49,5	27	19,3
Non	i-nrr	51	50,5	113	80,7
Passage de l'individu par SMF ou CCF					
Oui	i-smf	15	14,9	16	11,4
Non	i-nsmf	86	85,1	124	88,6

Variable	Abréviation	Première cohorte (générations 1939-1946)		Seconde cohorte (générations 1960-1967)	
		Effectif	Pourcentage	Effectif	Pourcentage
CSP de l'individu (1er emploi)					
Agriculteur ou artisan	i-agri	5	5,0	2	1,4
Cadre supérieur ou profession intermédiaire	i-cadre	14	13,9	9	6,4
Employé	i-empl	24	23,8	30	21,5
Ouvrier qualifié	i-oq	18	17,8	23	16,4
Ouvrier non qualifié	i-onq	19	18,8	36	25,7
Encore scolarisé	i-scol	9	8,9	31	22,1
Sans activité professionnelle	i-foy	12	11,9	9	6,4
Mobilité (avant 1997)					
Sédentaire	mig-pas	22	21,8	24	17,1
A migré à moins de 20 km	mig-près	17	16,8	20	14,3
A migré à 20 km ou plus	mig-loin	62	61,4	96	68,6
Type de migration					
Au moins un sédentaire dans la fratrie	1-sed	55	54,5	55	39,3
Aucun sédentaire dans la fratrie	0-sed	35	34,7	59	42,1
Migration groupée	migroup	11	10,9	26	18,6
Âge à la migration					
Sédentaire	mig-pas	22	21,8	24	17,1
A migré avant 18 ans	m0-18	12	11,9	38	27,1
A migré entre 19 et 21 ans	m19-21	22	21,8	41	29,3
A migré entre 22 et 24 ans	m22-24	19	18,8	23	16,4
A migré à 25 ans ou plus	m25+	26	25,7	14	10,0
Total		101	100,0	140	100,0

Sources : première cohorte : recensements de la population de 1954 et 1975, listes du personnel de l'entreprise Ribot en janvier 1972, listes des élections prud'homales de 1962 à 1997, enquête Renahy 1997-2000 ; seconde cohorte : recensement de la population de 1975, listes des élections prud'homales de 1979 à 1997, enquête Renahy 1997-2000.

Ce premier axe restitue ainsi une opposition entre *insiders* et *outsiders* (Elias et Scotson, 1997). Les premiers sont nés de pères autochtones et bénéficient de la transmission d'un patrimoine économique qui favorise leur implantation locale. À l'autre extrême, les *outsiders* sont fils d'ouvriers non qualifiés et non autochtones. Leurs pères occupent la plus basse position sur l'échelle sociale locale et n'ont rien à transmettre. La sédentarisation est alors plus rare et un certain nombre de migrations se font en famille[6].

2. Sédentarité et position sociale

Le second axe de l'analyse de correspondances multiples peut s'interpréter comme un axe de sédentarité et comme une échelle sociale. Le pôle ouvrier est nettement représenté en bas, où l'on trouve à la fois les enfants d'ouvriers, les individus qui sont eux-mêmes ouvriers et ceux qui ont travaillé chez Ribot. En haut, les fils de pères cadres ou indépendants se situent à proximité des individus qui ne sont pas passés par l'industrie locale. Cette opposition entre les ouvriers et les autres catégories sociales se double d'une opposition entre migrants et sédentaires, les premiers étant voisins des classes moyennes ou supérieures, les seconds du pôle ouvrier.

La reproduction sociale du groupe ouvrier (enfants ouvriers qualifiés, issus de pères eux-mêmes ouvriers qualifiés) est associée à une forte sédentarité : les individus qui ont accédé à des postes d'ouvriers qualifiés dans l'usine sont plus souvent sédentaires, et ils sont plus souvent nés d'une mère autochtone.

3. Gradation sociale de la mobilité géographique et ordre territorial

L'analyse de correspondances multiples nous permet de mettre en évidence deux modèles villageois différents de sédentarité et de migration. Le premier modèle repose sur l'autochtonie du père. L'un de ses pôles est constitué par les individus les plus sédentaires et ancrés localement : il est composé des agriculteurs qui sont fils d'agriculteurs, dont le père et généralement la mère sont autochtones. À ce pôle sédentaire s'oppose un pôle de migrants, qui semble concerner les fractions les moins établies de la classe ouvrière locale : nés de parents allochtones, leurs pères étant venus à Foulange pour travailler à l'usine en tant qu'ouvriers non qualifiés, ils ne s'implantent pas. Le second modèle concerne les salariés de l'industrie locale, et c'est cette fois l'autochtonie de la mère qui favorise la sédentarité

---
[6] Il s'agit de migrations de longue distance (à plus de 20 km), le plus souvent intervenues dans l'enfance. Elles ne concernent que neuf familles, dans lesquelles les deux parents sont en majorité nés à plus de 20 km de Foulange.

des enfants. Ce modèle renvoie à des résultats d'études antérieures sur la mobilité des populations françaises (Blum *et al.*, 1985 ; Bonvalet et Maison, 1999) qui ont souligné la dichotomie entre mobilité des enfants de cadres moyens ou supérieurs d'un côté et sédentarité des enfants d'ouvriers de l'autre. Tandis que les migrations durant les études s'inscrivent dans la perspective d'une ascension sociale (ou du maintien d'une position élevée), la sédentarité passe par l'emploi à l'usine, et la qualification du père comme celle de l'enfant sont ici déterminantes.

Nous allons focaliser la suite de l'étude sur le cas des enfants dont le père a travaillé à l'usine : ces familles ne disposant pas d'un réel capital économique ou foncier (la grande majorité des salariés de l'usine Ribot était locataire de l'entreprise jusqu'à la fin des années 1970), que peuvent-elles transmettre à leurs enfants ? L'ACM nous permet d'ores et déjà de poser quelques jalons pour l'analyse du groupe ouvrier : les enfants d'ouvriers non qualifiés sont majoritairement nés de parents allochtones et ils ont plus souvent effectué des migrations de longue distance, qui seraient des migrations par défaut (on migre parce que l'usine Ribot offre trop peu d'opportunités d'ascension professionnelle), alors que les enfants d'ouvriers qualifiés, plus établis, restent et valorisent à l'usine une position dans ce qui a été appelé ailleurs un « ordre ouvrier localisé » (Renahy, 2001). Cet ordre ouvrier, qui affirme au sein du groupe une légitimité autochtone, est indissociable de la configuration sociale et professionnelle locale : il n'existe que du fait de la présence conjointe d'un patronat paternaliste, de cadres d'origine plutôt urbaine, d'agriculteurs et d'artisans qui composent un pôle autochtone. C'est l'ensemble de cette configuration que l'on souhaite désigner plus généralement sous l'expression d'*ordre territorial*, dans le sens où sur un tel site industriel de relative petite taille s'établit entre les différentes populations qui y résident une hiérarchie sociale basée à la fois sur les caractéristiques professionnelles des familles et sur l'ancienneté de leur installation.

Cette première analyse ne nous permet pas d'aller plus avant dans la connaissance des pratiques migratoires des enfants d'ouvriers, même s'il est à présent possible de les situer entre le pôle autochtone des agriculteurs et le pôle allochtone des familles ouvrières « de passage » à Foulange. Afin de préciser le lien entre mobilités sociales et géographique des cohortes étudiées, nous proposons à présent de définir un modèle de sédentarité ouvrière. Cela nécessite de travailler spécifiquement sur les enfants dont le père a travaillé à l'usine sans y occuper une position de cadre[7], en excluant ceux qui sont partis dans l'enfance avec leurs parents puisque nous allons situer les décisions de migration affectant des individus par rapport à des configurations familiales. Cette opération s'accompagne d'un changement de base de données (on ajoute aux individus

---

[7] Nous avons cependant conservé dans l'analyse les individus dont le père occupait dans l'usine une position d'agent de maîtrise, parce que dans la génération des pères, les contremaîtres étaient issus du monde ouvrier qu'ils avaient quitté par promotion interne.

recensés leurs frères et sœurs respectifs), d'échelle (on passe d'une cohorte villageoise à des individus situés par rapport à leur ascendance et à leur fratrie) et de méthode (d'une ACM à une analyse probabiliste).

III. Première cohorte : un modèle de transmission de la sédentarité ouvrière

Comme nous l'avons souligné plus haut, le phénomène qui retient notre attention n'est pas tant la migration que la sédentarité. Dès lors, la variable pertinente à étudier est la durée de séjour à Foulange. Pour ce faire, nous recherchons les facteurs qui ont une influence sur les décisions de migration et sur l'âge à la migration. Nous considérons l'ensemble des décisions intervenues avant janvier 1997, les éventuelles migrations ultérieures n'étant donc pas prises en compte.

Nous avons procédé d'une part à l'estimation non paramétrique des fonctions de séjour (Courgeau et Lelièvre, 1989) en stratifiant la population des fratries de Foulangeois nés au cours des années 1939-1946 selon différents critères (voir encadré). Des tests d'homogénéité permettent d'avancer de premiers résultats sur le pouvoir discriminant de ces critères. D'autre part, nous avons estimé des modèles paramétriques, lesquels nous permettent de raisonner toutes choses égales par ailleurs et de tester certaines interactions. Nous avons eu recours à différentes distributions pour étudier la durée de séjour à Foulange : une loi de Weibull, une loi lognormale et une loi log-logistique (cf. encadré). Nous avons aussi spécifié un modèle à risques proportionnels de Cox. Au vu des différents outils à notre disposition, les distributions log-normale et log-logistique paraissent les plus adaptées (annexe 1, figures A1 et B1)[8]. Nous avons estimé quatre modèles différents (tableau 3). Le modèle 1 est le modèle de base, où l'ensemble des dimensions explicatives sont portées, sans interaction entre les variables. Les modèles suivants prennent en compte différentes interactions, afin de mettre en évidence l'existence de combinaisons d'effets. Nous avons successivement introduit le rang dans la fratrie, le rang selon le sexe (en distinguant alors la place parmi les garçons et la place parmi les filles au sein de la fratrie), le passage par Ribot selon le rang dans la fratrie puis selon le degré d'autochtonie (modèles 2 à 4).

---

[8] Le test de Blossfeld, Hamerle et Mayer (1989) vient confirmer le rejet de l'hypothèse de proportionnalité, qui assure la validité du modèle de Cox. De plus, les estimations obtenues sur la base d'une distribution de Weibull présentent systématiquement des Log-vraisemblances plus faibles que celles effectuées en utilisant une distribution log-normale ou log-logistique (elles avoisinent – 140 avec une distribution de Weibull alors qu'elles se situent autour de – 112 avec les deux autres distributions). Pour autant, les estimations obtenues avec les différentes formes paramétriques sont assez cohérentes et en accord avec les résultats de la méthode non paramétrique. Les effets observés semblent donc assez robustes.

> **Quelques repères sur les modèles de durée**
>
> Les modèles de durée (ou modèles biographiques) sont des outils robustes, adaptés à de petits échantillons (pour une présentation détaillée de ces modèles, se reporter à Kalbfleisch et Prentice, 1980) :
> La *fonction de risque* (ou quotient instantané) de la durée de séjour T est :
> $$h(t) = \lim_{\Delta t \to 0} P(t \leq T \leq t + \Delta t | T \geq t)$$
> C'est la limite de la probabilité conditionnelle de sortie d'un état, ici la probabilité de migration. C'est la probabilité instantanée que T soit compris entre t et $t + \Delta t$ sachant que $T \geq t$, Δt tendant vers 0.
> La *fonction de séjour* est la probabilité de ne pas être encore sorti d'un état ou, plus précisément ici, la probabilité que le temps passé à Foulange soit supérieur à t :
> $S(t) = P(T > t)$.
>
> Pour étudier la distribution de T, divers choix sont possibles. Une première solution est d'avoir recours à des *méthodes non paramétriques de type estimateur de Kaplan-Meier*. Dans ce cas, on ne fait aucune hypothèse sur la distribution de T et l'objectif est alors de l'estimer. La limite de cette approche réside dans le fait que l'on ne peut écrire une équation de régression pour évaluer le poids respectif des différents facteurs sur la durée de séjour. On estime alors des fonctions de séjour sur des groupes définis en fonction des critères supposés discriminants. La comparaison de ces fonctions de séjour renseigne sur l'effet du facteur choisi : un groupe ayant une fonction de séjour plus élevée a une probabilité de migrer plus faible. Les statistiques de Savage et de Wilcoxon permettent de tester l'égalité des fonctions de séjour. Ces deux tests diffèrent uniquement par la pondération accordée aux écarts, Wilcoxon donnant plus de poids aux différences en début de période. Si la statistique de Wilcoxon est supérieure à celle de Savage, on dira alors que les différences dans la fonction de séjour s'atténuent avec le temps.
>
> On peut en deuxième lieu choisir la distribution de T dans une *famille paramétrique précise*, par exemple de type Weibull, log-normale ou log-logistique. Selon Ruggiero (1992, p. 36), « cette approche est attrayante, car elle fait appel à des techniques d'estimation connues, comme le principe de maximum de vraisemblance, et produit des résultats d'estimation synthétiques [...]. Cependant, potentiellement, une approche paramétrique n'est pas à l'abri d'un manque de robustesse et d'une perte d'efficacité des estimateurs lorsque la famille paramétrique choisie ajuste mal la distribution des données. Elle oblige surtout l'utilisateur à faire des choix restrictifs sur la distribution qui est l'objet même de son étude ». Dans ces *modèles à sorties accélérées*, les variables ont un effet multiplicatif sur la durée (additif sur son logarithme). La forme générale est la suivante : $Log T = \alpha + z\beta + \sigma W$ où α est une constante, z un vecteur de covariables, β un vecteur de paramètres à estimer, σ un paramètre d'échelle à estimer et W une variable aléatoire dont la loi définit la loi de T.
>
> Les *modèles semi-paramétriques* (Cox et Oakes, 1984) offrent une troisième possibilité qui est un compromis raisonnable entre l'estimateur de Kaplan-Meier et les modèles paramétriques (Greene, 2000). En effet, dans ces modèles dits *à risques proportionnels*, la fonction de risque s'écrit $h(t;z) = h_0(t) \exp(z\beta)$. Les variables explicatives ont un effet multiplicatif sur la fonction de risque. La question est de savoir si l'hypothèse de proportionnalité est vérifiée. Le risque de base $h_0(t)$ représente celui de l'individu de référence (pour lequel des variables sont nulles). Il est non paramétré : le modèle est donc partiellement spécifié et appelé semi-paramétrique. L'estimateur de vraisemblance partielle de Cox permet d'estimer les paramètres β sans inférer de distribution connue à $h_0(t)$, qui est ensuite estimée de façon non paramétrique.

Les fratries de la première cohorte rassemblent 170 individus, parmi lesquels 23,5 % habitent toujours Foulange en 1997 (tableau 2). En raison de quelques données manquantes, les estimations ont été faites sur 166 individus.

TABLEAU 2. – CARACTÉRISTIQUES DE LA PREMIÈRE COHORTE ET PROPORTION
DE SÉDENTAIRES DANS CHAQUE CATÉGORIE (EN %)

Variable	Effectif	Répartition (%)	Proportion de sédentaires en 1997 (%)
Sexe			
Homme	90	53	28,0
Femme	80	47	19,0
Passage par RR			
Oui	94	55	34,0
Non	76	45	10,5
CSP du père			
Non ouvrier	21	12	5,0
Ouvrier qualifié	32	19	37,5
Ouvrier non qualifié	117	69	23,0
Autochtonie			
Père et mère foulangeois	33	20	39,5
Mère foulangeoise, père non foulangeois	37	22	30,0
Père foulangeois, mère non foulangeoise	21	12	19,0
Père et mère non foulangeois	79	46	15,5
Rang dans la fratrie			
Aîné	79	46	25,0
Cadet	91	54	22,0
Total	170	100	23,5

Sources : recensements de la population de 1954 et 1975, listes du personnel de l'entreprise Ribot en janvier 1972, listes des élections prud'homales de 1962 à 1997, enquête Renahy 1997-2000.

Les enfants d'ouvriers qualifiés sont les plus sédentaires, à tous les âges (figure 2). À l'opposé, les individus dont le père exerçait une profession intermédiaire ont été les plus mobiles : à part un (sur 21), tous ont migré en fin de période. Les enfants d'ouvriers non qualifiés migrent jeunes (au même rythme que les enfants dont le père occupait une profession intermédiaire) mais passé 22-23 ans, leur probabilité de migrer diminue. Notons que ces enfants de père ouvrier non qualifié représentent 69 % de l'effectif observé. Qu'ils aient davantage migré que les enfants d'ouvriers qualifiés indique bien la prégnance des pratiques paternalistes, qui visent à attacher les familles les plus « méritantes » à l'entreprise – et donc à la localité – tandis que leur proportion élevée traduit le caractère sélectif et élitiste du système patronal.

L'estimation de modèles paramétriques permet de raisonner toutes choses égales par ailleurs et donc de préciser l'influence de la profession du père sur les décisions de mobilité. Ainsi, la différence entre les enfants d'ouvriers qualifiés et les enfants d'ouvriers non qualifiés n'est plus significative (tableau 3, modèle 1). Si, dans un contexte de stabilité de l'emploi industriel, les premiers ont plus de chances de rester sédentaires, c'est qu'ils possèdent plus de caractéristiques propres aux autochtones foulangeois que les seconds : ils sont partie prenante dans la constitution de l'ordre territorial (les enfants d'ouvriers non qualifiés ayant plus de chances de rester en marge de cet ordre social). Avoir un père exerçant une profession intermédiaire conduit enfin à avoir de plus fortes chances de migrer. Ce résultat est cohérent avec l'analyse générationnelle du paternalisme industriel de J.-P. Terrail (1990) : la première génération sert celui-ci, la seconde s'en sert, la troisième s'en sort. Jusqu'à son déclin, l'usine paternaliste est un lieu de qualification ; ce système est certes sélectif quant au droit d'entrée, mais il doit être compris en termes générationnels puisque c'est lorsqu'une génération l'utilise pour gravir les échelons de la hiérarchie de l'usine que ses enfants pourront la quitter, vraisemblablement pour occuper des emplois tertiaires dans les zones urbaines. Sur la base d'un tel raisonnement générationnel, et étant donnée la position géographique de Foulange, éloigné d'au moins 25 km des premières villes (mais en réalité de plus de 50 km des grands centres urbains), le système d'emploi industriel en vigueur au village jusqu'aux années 1970 peut être qualifié de petit pôle d'emploi rural, qui permet une première acculturation industrielle avant la migration urbaine des générations suivantes.

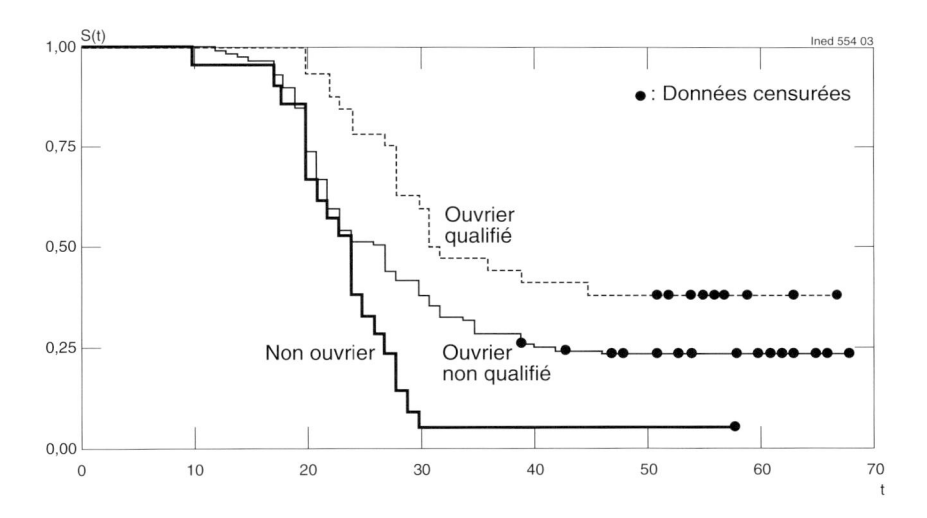

Figure 2. – Fonctions de séjour à Foulange (Kaplan-Meier) selon la profession du père (première cohorte)
Sources : cf. tableau 2.

Les individus qui ont travaillé dans l'industrie locale sont globalement moins mobiles à tous les âges (figure 3 ; les tests de Wilcoxon et de Savage sont très significatifs). Ce résultat est d'autant plus marquant que 55 % des individus de la génération étudiée ont travaillé à un moment ou à

TABLEAU 3. – ANALYSE PARAMÉTRIQUE DE LA DURÉE DE SÉJOUR À FOULANGE DE LA PREMIÈRE COHORTE (COEFFICIENTS DU MODÈLE)

Variables	Modèle 1		Modèle 2		Modèle 3		Modèle 4	
	log-normal	log-logistique	log-normal	log-logistique	log-normal	log-logistique	log-normal	log-logistique
Constante	3,38***	3,32***	3,43***	3,37***	3,49***	3,45***	3,37***	3,29***
Né avant 1946	n.s.	n.s.	n.s.	n.s.	n.s.	n.s.	n.s.	n.s.
Né en 1946 ou après	Réf.	Réf.	Réf.	Réf.	Réf.	Réf.	Réf.	Réf.
Mère non foulangeoise	−0,25***	−0,24***	−0,25***	−0,23***	−0,25***	−0,24***		
Mère foulangeoise	Réf.	Réf.	Réf.	Réf.	Réf.	Réf.		
A travaillé chez RR	0,36***	0,36***	0,35***	0,35***				
N'a pas travaillé chez RR	Réf.	Réf.	Réf.	Réf.				
Père ouvrier non qualifié	n.s.	n.s.	n.s.	n.s.	n.s.	n.s.	n.s.	n.s.
Père profession intermédiaire	−0,27*	−0,26*	−0,28*	−0,28*	−0,29*	−0,29*	n.s.	n.s.
Père ouvrier qualifié	Réf.	Réf.	Réf.	Réf.	Réf.	Réf.	Réf.	Réf.
Aîné	0,12*	0,13*						
Cadet	Réf.	Réf.						
Homme	0,11*	0,12*						
Femme	Réf.	Réf.						
Aîné des garçons			0,24**	0,26***			0,25***	0,27***
Aînée des filles			n.s.	n.s.			n.s.	n.s.
Cadet des garçons			n.s.	n.s.			n.s.	n.s.
Cadette des filles			Réf.	Réf.			Réf.	Réf.
A travaillé chez RR × aîné					0,49***	0,51***		
A travaillé chez RR × cadet					0,30***	0,29***		
N'a pas travaillé chez RR × aîné					n.s.	n.s.		
N'a pas travaillé chez RR × cadet					Réf.	Réf.		
A travaillé chez RR × mère non foulangeoise							n.s.	n.s.
A travaillé chez RR × mère foulangeoise							0,44***	0,49***
N'a pas travaillé chez RR × mère non foulangeoise							n.s.	n.s.
N'a pas travaillé chez RR × mère foulangeoise							Réf.	Réf.
Log-vraisemblance	−112,32	−111,77	−111,68	−111,08	−113,58	−113,08	−111,40	−110,16

Note : coefficient significatif au seuil de 1 % : *** ; ** ; au seuil de 5 % : ** ; au seuil de 10 % : * ; n.s. : non significatif.
Sources : cf. tableau 2.

un autre chez Ribot[9]. Par ailleurs, les fonctions de séjour se distinguent significativement selon le degré d'autochtonie (figure 4). Les enfants dont le père et la mère sont originaires de Foulange sont les moins mobiles à tous les âges et 39 % d'entre eux vivent encore à Foulange en 1997. Viennent ensuite les enfants dont seule la mère est originaire de Foulange. Les enfants dont le père est Foulangeois se différencient peu de ceux des allochtones. L'estimation des fonctions de séjour en distinguant uniquement deux catégories – les enfants dont la mère est Foulangeoise et les autres – met en évidence des comportements significativement différents : les enfants de Foulangeoises migrent moins à tout âge. L'origine de la mère est donc le facteur discriminant et dans les estimations qui suivent, nous considérons uniquement le lieu de naissance de la mère.

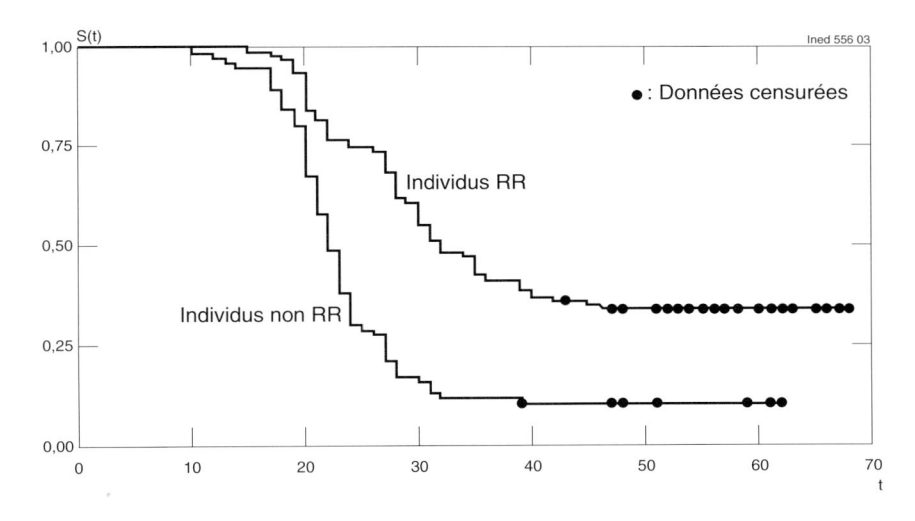

Figure 3.– Fonctions de séjour à Foulange (Kaplan-Meier) selon le passage ou non par Ribot (première cohorte)

Sources : cf. tableau 2.

---

[9] La question du sens de la causalité doit être abordée : faut-il entendre qu'on ne migre pas parce qu'on travaille chez Ribot, ou bien qu'on travaille chez Ribot parce qu'on est immobile ? Si l'on ne peut pas répondre à cette question, nous avons cependant testé la relation réciproque en régressant la variable « avoir ou non travaillé chez RR » sur un vecteur de variables constitué d'un indicateur de mobilité (migre ou non), de la profession du père, de l'indicateur d'autochtonie, du sexe, et de deux groupes d'âges. La variable la plus significative est l'appartenance au premier groupe d'âges (être né avant 1946). La variable relative à la mobilité est significative au seuil de 6 %. On peut se demander si le passage par l'industrie locale n'est pas d'abord le résultat d'une opportunité et si ce n'est pas le fait d'y rester qui résulte d'un choix plus délibéré. Dans ce cas, la relation réciproque entre migration et le fait d'avoir ou non travaillé dans l'industrie locale est moins forte.

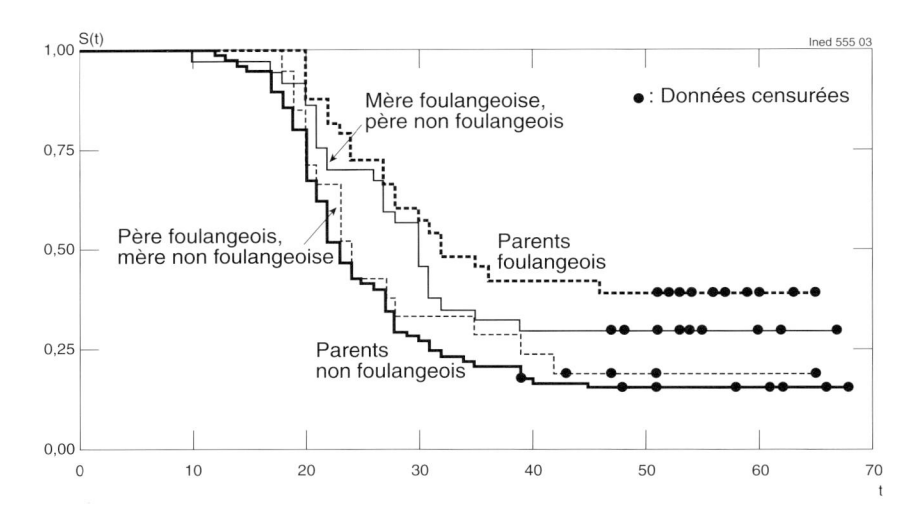

Figure 4.— Fonctions de séjour à Foulange (Kaplan-Meier)
selon l'autochtonie des parents (première cohorte)

Sources : cf. tableau 2.

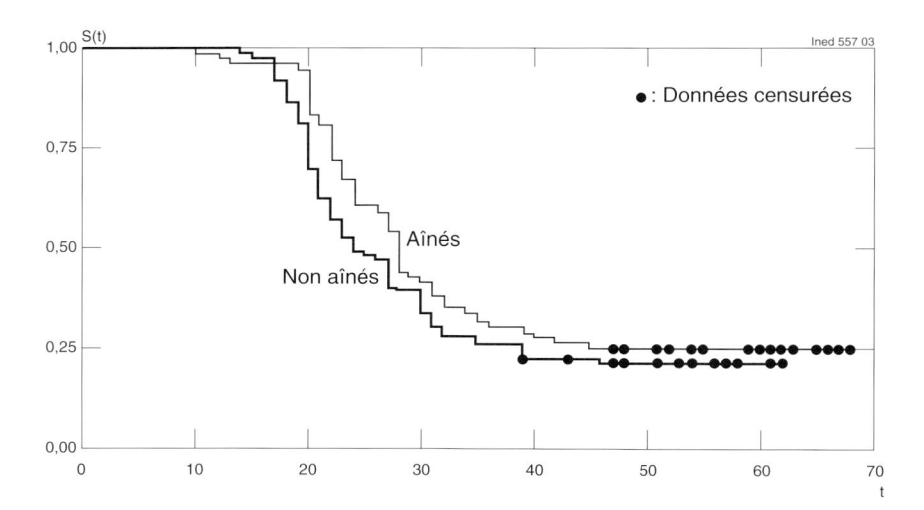

Figure 5.— Fonctions de séjour à Foulange (Kaplan-Meier)
selon le rang dans la fratrie (première cohorte)

Sources : cf. tableau 2.

L'introduction d'interactions entre les variables dans les modèles paramétriques (modèles 2 à 4) indique que la sédentarité est l'affaire d'individus qui combinent deux caractéristiques : avoir travaillé chez Ribot et être autochtone par ascendance maternelle. Ces deux déterminants sont complémentaires. Avoir travaillé à un moment donné à l'usine ne constitue pas en soi un facteur de sédentarité, il faut en plus avoir un ancrage familial à Foulange (modèle 4). Inversement, l'ancrage familial ne suffit pas pour expliquer une moindre mobilité puisque les autochtones qui n'ont pas travaillé chez Ribot ne se distinguent pas des allochtones. Au sein du village, il existe donc bel et bien une logique d'appartenance à l'usine qui recrute non seulement ses salariés en fonction d'une dichotomie entre autochtones et allochtones, mais qui, parce que l'entreprise Ribot assure une première insertion professionnelle des enfants d'ouvriers, a une influence à long terme sur le devenir migratoire de ces derniers.

Il n'y a en revanche pas de différence très marquée entre hommes et femmes en matière de sédentarité. Enfin, si les aînés migrent légèrement moins que leurs cadets en début de vie active (figure 5), les fonctions de séjour des deux sous-populations se rejoignent quand les individus vieillissent[10].

La combinaison du rang dans la fratrie et du sexe (modèle 2), nous permet de préciser le modèle de reproduction sociale ouvrière. Les effets mitigés du sexe et du rang, mis en évidence précédemment, viennent de l'existence d'une interaction. Le facteur qui exerce une influence discriminante sur la sédentarité est le fait d'être l'aîné des garçons d'une fratrie. Les femmes, quel que soit leur rang, et les cadets des hommes ont des comportements qui ne se différencient pas significativement. Nous retrouvons ici un résultat classique de l'anthropologie de la parenté, discipline qui a montré que c'est avant tout à travers les logiques de reproduction masculine que s'effectue la reproduction de l'ordre social (Héritier, 1981). Sans entrer dans les débats entre disciplines et entre courants, notons que ce point est un résultat récurrent des recherches, qu'elles soient fondées sur la démarche structuraliste de F. Héritier ou celle de B. Vernier (1991), lequel s'intéresse d'abord aux « rapports de parenté réels » (en l'occurrence les échanges affectifs familiaux dans l'île grecque de Karpathos) en traitant la famille « comme un système structuré de positions ». Les travaux de démographie historique (Rosental, 1995) ou de sociologie (Zarca, 1993a, 1993b, 1995a et 1995b), fondés sur l'analyse de fratries selon le sexe, démontrent la validité du résultat pour des sociétés dites complexes, qu'il s'agisse de la France rurale du XIXe siècle ou de générations de Français contemporaines. Notons que l'étude du cas foulangeois, parce que nous disposons de données sur les fratries, met en exergue deux facteurs essentiels à la reproduction de l'ordre masculin : l'importance d'être l'aîné et celle de l'ascendance maternelle. L'aîné des garçons ne se posi-

---

[10] Les tests confirment l'observation graphique : on accepte une différence significative avec le test de Wilcoxon et on la refuse avec celui de Savage.

tionne en effet comme légataire privilégié de l'ordre social local que parce qu'il est né d'une mère autochtone. Hérédité patrilignagère et matrilocalité vont de pair : on retrouve, par-delà le cadre domestique (Schwartz, 1990, chap. 3), le rôle-clé de la relation mère/fils à l'intérieur du monde ouvrier, dans une logique de transmission sociale du statut d'autochtone.

Enfin, le croisement entre le rang dans la fratrie et le passage par l'usine (modèle 3) permet de hiérarchiser l'influence de ces deux facteurs sur la sédentarité. Avoir travaillé chez Ribot joue un rôle plus important que le fait d'être l'aîné (la différence entre aîné et cadet lorsqu'il y a passage par Ribot est significative à 1 %). En revanche, parmi les individus qui ne sont pas passés par l'industrie locale, le fait d'être aîné ou cadet ne modifie pas de façon significative la durée de séjour. Ainsi émerge une hiérarchie du plus au moins sédentaire : aîné passé par Ribot, cadet passé par Ribot, non passé par Ribot (quel que soit le rang). Ce dernier constat ne fait que renforcer la conclusion de l'existence d'une logique lignagère au sein du salariat de l'industrie foulangeoise : la relation à l'entreprise est partie intégrante d'un patrimoine transmissible.

Le modèle de sédentarité/migration ainsi mis en évidence opère au niveau des lignées ; il favorise la sédentarisation des enfants d'ouvriers qui disposent d'un ancrage local par leur mère et, au contraire, la migration des personnes dont le père occupait une profession intermédiaire. Cet univers ouvrier localisé possède sa propre logique reproductrice puisqu'il y a transmission du statut parmi les hommes formés à l'usine et, au sein de ceux-ci, d'abord aux aînés des garçons. Du point de vue des familles ouvrières, l'impératif pour le groupe domestique de « transmettre à la génération suivante, maintenus ou augmentés, les pouvoirs et les privilèges qu'il a lui-même hérités » (Bourdieu, 2002, p. 205) s'accomplit au sein de la société foulangeoise à travers la transmission de l'emploi ouvrier du père à l'aîné des fils et le maintien au village de la lignée, forte d'un « stock professionnel familial » (Rosental, 1999, p. 111) territorialisé. Au-delà de la nécessité de préserver un patrimoine lignager, se dessine ainsi une dimension strictement liée à la socialisation enfantine des garçons aînés comme garants de la perpétuation de l'identité familiale à travers la dimension professionnelle de celle-ci. Cette *charge lignagère* peut être, selon les configurations particulières, perçue de manière positive – « chance d'être aîné », pouvoir symbolique sur la fratrie, engagement privilégié dans la reproduction sociale, etc. – tout autant que négative – « pression » parentale, soumission à la logique lignagère, etc. De même, en ce qui concerne les fils cadets, peut-on tout à la fois parler de désengagement et d'exclusion de la reproduction de la lignée. C'est dans tous les cas un mode de transmission de la charge lignagère qui s'établit au sein d'un marché local du travail stable. Quelle a été la pérennité de ce modèle ? Comment a-t-il évolué au cours des années 1980 avec la crise de l'emploi industriel ?

IV. Seconde cohorte : fin d'un modèle et changement de stratégies migratoires

À première vue, la crise ne semble guère affecter les comportements de migration dans la mesure où les proportions de sédentaires restent constantes : dans la seconde cohorte (générations 1960-1967), 28 % des hommes et 16 % des femmes résident toujours à Foulange en 1997 (tableau 4), contre 28 % et 18 % respectivement pour la première cohorte (tableau 2). Pourtant, le groupe ouvrier s'est modifié : on perçoit très clairement une féminisation de la classe ouvrière locale. Si 21 % des filles étaient femmes au foyer dans les générations 1939-1946, ce n'est plus le cas que de 9 % d'entre elles dans les générations 1960-1967. Et tandis que dans les deux cohortes, la part des femmes parmi les ouvriers qualifiés est négligeable, la proportion de femmes chez les ouvriers non qualifiés augmente significativement : elles représentent la moitié des effectifs

TABLEAU 4. – CARACTÉRISTIQUES DE LA SECONDE COHORTE ET PROPORTION DE SÉDENTAIRES DANS CHAQUE CATÉGORIE (EN %)

Variable	Effectif	Répartition (%)	Proportion de sédentaires en 1997 (%)
Sexe			
Homme	105	45,0	28,0
Femme	127	55,0	16,0
Passage par SMF ou CCF			
Oui	29	12,5	45,0
Non	203	87,5	17,0
Passage par RR			
Oui	48	21,0	14,5
Non	184	79,0	22,0
CSP du père			
Non ouvrier	46	20,0	13,0
Ouvrier qualifié	87	37,5	22,0
Ouvrier non qualifié	99	42,5	22,0
Autochtonie			
Père et mère foulangeois	19	8,0	21,0
Mère foulangeoise, père non foulangeois	21	9,0	5,0
Père foulangeois, mère non foulangeoise	84	36,0	17,0
Père et mère non foulangeois	108	47,0	26,0
Rang dans la fratrie			
Aîné	95	41,0	16,0
Cadet	137	59,0	23,0
Total	232	100,0	20,0

Sources : recensement de la population de 1975, listes des élections prud'homales de 1979 à 1997, enquête Renahy 1997-2000.

d'ouvriers non qualifiés dans les générations 1939-1946 et les trois quarts dans les générations 1960-1967 (alors que la part des femmes dans la population totale est de 52 % dans la première cohorte et de 60 % dans la seconde). Ce phénomène résulte en partie des modifications de la structure d'emploi locale, dans la mesure où CCF, l'une des deux PME qui ont succédé à Ribot dans les années 1980, emploie majoritairement des femmes non qualifiées. On retrouve ici le processus de féminisation du salariat français « que vingt-cinq ans de chômage et de rationnement du travail n'ont pas entamé » (Maruani, 2003, p. 3). La SMF, seconde PME, ne peut quant à elle absorber l'ensemble de la jeune main-d'œuvre ouvrière masculine, dont l'insertion professionnelle est difficile et s'effectue à présent soit dans l'artisanat des environs du village, soit directement dans l'industrie urbaine.

1. Crise du modèle...

Comme pour la première cohorte, nous avons procédé à l'estimation des fonctions de séjour[11] et des modèles de durée (annexe 2). Un premier constat s'impose : le modèle de sédentarité décrit pour la première cohorte ne se vérifie pas pour la seconde. La profession du père n'exerce plus d'influence sur les comportements de sédentarité. De même, le rang selon le sexe ne joue plus aucun rôle dans la sédentarisation des individus de la seconde cohorte. Enfin, le passage par l'industrie locale (ici SMF ou CCF), dont nous avons vu l'importance avec Ribot dans le modèle de sédentarité établi précédemment, joue bien encore un rôle significatif dans le fait de rester sédentaire. Mais si la majorité de la première cohorte connaissait une insertion professionnelle par l'usine (55 %), seulement 12,5 % des individus de la seconde cohorte sont passés par les nouvelles entreprises SMF ou CCF. Les modèles de durée indiquent que rien ne distingue plus significativement les autochtones des allochtones parmi ceux qui ont travaillé dans ces entreprises (modèle 4). Le système professionnel localement concentré que constituait le marché de l'emploi des usines Ribot jusqu'aux années 1970 disparaît avec l'usine paternaliste[12]. Le modèle mis en évidence pour la première cohorte doit donc bien être rattaché à une époque particulière, les années 1960, et à un type d'industrie rurale dans lequel l'efficacité du système paternaliste était à son apogée.

---

[11] Graphiques disponibles in Renahy et al. (2003).
[12] Ce résultat est confirmé par l'ACM réalisée sur la seconde cohorte (cf. annexe 2, figure A2) qui montre que la reproduction sociale du monde ouvrier ne s'accompagne plus de sa reproduction locale.

2. ... et changement des stratégies familiales ouvrières

Cette disparition d'un modèle de sédentarité propre à un lieu et à une époque, progressive mais néanmoins manifeste, a des conséquences sur les différentes composantes de la classe ouvrière. La distinction entre populations autochtone et allochtone vaut toujours pour la seconde cohorte. Mais ce sont les enfants dont la mère est native de Foulange ou de ses environs immédiats qui migrent le plus (voir annexe 2). L'ancrage territorial de la famille devient ainsi facteur de mobilité.

Les familles autochtones changent donc de stratégie de reproduction. Alors que le marché de l'emploi local n'offre plus aux lignées ouvrières de possibilité d'ascension sociale au sein d'un système mono-industriel, ce sont plus souvent les allochtones qui restent au village. Les autochtones pris dans une ancienne logique lignagère d'ascension sociale s'orientent rapidement vers d'autres marchés du travail, vraisemblablement urbains[13]. L'ancrage territorial, auparavant ressource mobilisable dans un espace connu, paraît ainsi devenir un poids, poussant à rompre, par la migration, avec une logique de reproduction dépassée. Il a littéralement « perdu de la valeur », et c'est le sens même de la sédentarité qui change : tandis qu'elle favorisait l'ascension sociale pour les membres de la première cohorte, elle devient un handicap à l'insertion professionnelle pour des générations qui entrent principalement dans le marché du travail au cours des années 1980. Face à ce que L. Boltanski et S. Chiapello (1999) nomment « l'impératif de mobilité » qui s'impose aux salariés de la fin du XXe siècle, les plus aptes à répondre semblent être ceux qui disposent d'un ancrage lignager préalable. Comme l'avait montré S. Moscovici (1959) à propos de la qualification ouvrière, la crise de l'emploi pousse à migrer ceux qui sont dotés de ressources.

Nous sommes à présent en mesure de mieux comprendre le caractère exemplaire de la lignée de Jean Dupuis. Nous avons vu dans la première partie que l'aîné de ses fils et les trois enfants de ce dernier travaillent eux aussi dans l'industrie locale. Mais, contrairement à Jean Dupuis, ils n'ont pu bénéficier du système paternaliste de formation interne à l'usine, et sont tous les quatre aujourd'hui ouvriers non qualifiés. Cette déqualification intergénérationnelle s'inscrit dans la continuité du modèle de sédentarité décrit précédemment : pour les ouvriers autochtones, les modifications de la structure du marché de l'emploi local obligent soit à quitter le village, soit à accepter un emploi non qualifié. Jean Dupuis, en entretien, traduit fort bien cette déqualification à travers le ressentiment qu'il masque mal devant la sédentarité déqualifiante de ses descendants :

— *Vos enfants, plusieurs sont rentrés à l'usine ?*

---

[13] Étant donnée la situation géographique de Foulange décrite plus haut et dans la mesure où plus des deux tiers des membres des générations 1960-1967 ont migré à plus de 20 km de leur village d'origine (cf. tableau 1).

— C'est le Luc, qui a commencé...
— *Et comment ça s'est passé ?*
— (*rit*) C'est parce qu'il avait envie d'aller à l'usine, il ne voulait pas aller ailleurs ! (*dépité*) Jamais pu l'envoyer au centre ! (*d'apprentissage à 10 km de Foulange*). Il ne voulait pas quitter Foulange ! Il avait la possibilité d'apprendre, mais rien à faire... Il voulait rester là, il a essayé à l'usine !
— [...] *Et vos petits-fils qui sont encore à l'usine, alors, ça vous fait quoi ?*
— S'il y a du boulot... Qu'ils soient à l'usine ou ailleurs... Le principal, c'est qu'ils aient du boulot, hein ?
— *Parce que Loïc* (fils aîné de Luc), *il a l'air attaché au village, à travailler à l'usine, à être pompier...*
— Ah ! Ben ça... (*silence*)

Le sarcasme qui précède le silence de Jean Dupuis traduit sa déception face à la situation professionnelle de ses petits-enfants, qui paient cher, en termes de renoncement à une qualification, leur choix de rester au village.

Conclusion

Le capital social que constitue l'autochtonie n'est à présent plus mobilisable dans le monde professionnel ; Luc et Loïc cherchent à entretenir la renommée du patronyme Dupuis principalement en dehors de l'usine, dans les activités de loisirs. Tenter sa chance ailleurs ou accepter un statut déqualifié : telle est l'alternative devant laquelle les héritiers de l'aristocratie ouvrière locale sont à présent placés. Cette aristocratie ouvrière sédentaire constituait le pendant du paternalisme industriel : les mécanismes de sédentarité et de migration mis en évidence pour des générations nées dans les années 1940 et en grande majorité employées par une mono-industrie traditionnelle apparaissent *in fine* dépendre étroitement d'un système d'emploi et d'une configuration villageoise. Nous avons pu faire émerger un modèle qui correspond à un premier âge d'émigration ouvrière : à une structure d'emploi paternaliste correspond un ordre territorial ouvrier organisant la sédentarisation d'une partie des individus et l'émigration des autres. Cette sédentarisation découle de l'accès des pères à des postes d'ouvrier qualifié et de leur alliance avec des femmes autochtones. Au sein de leur descendance, le plus souvent, l'aîné des garçons assume sur place la charge lignagère, tandis que les cadets peuvent quitter le village, mieux préparés à entrer dans un marché du travail urbain et tertiaire. Dans ce cadre, le Foulange industriel des années 1960 apparaît comme un pôle de formation d'une main-d'œuvre rurale.

La déstructuration observée dans les générations suivantes est le fruit de « l'impératif de mobilité » imposé par les nouvelles modalités de gestion de la main-d'œuvre. Mais c'est au sein des familles ouvrières qu'elle est vécue, avec l'impossibilité de perpétuer une ascension sociale intergénérationnelle basée sur la stabilité du marché du travail et la sédentarité des descendants. La construction de l'ascension professionnelle était en effet basée sur l'autochtonie, c'est-à-dire plus précisément, sur la filiation à une mère née au village ou dans ses environs proches. Dans un tel cadre d'interconnaissance résidentielle, la réputation des lignées constituait un atout au sein même du monde du travail. La disparition de la fonction de formation d'une main-d'œuvre industrielle ne doit pas être négligée, au vu de l'importance des marchés locaux du travail dans la constitution du salariat ouvrier par rapport à d'autres types de salariat comme celui des services[14]. À présent, ce que l'on peut dénommer « capital d'autochtonie » paraît devoir jouer un moindre rôle : tout se passe comme si les réseaux d'ouvriers autochtones étaient dépossédés de leur pouvoir d'influence sur le marché de l'emploi.

Inversement, le fait que l'on passe, entre les deux cohortes étudiées, d'une transmission de la sédentarité à l'aîné des garçons à une indifférenciation du devenir migratoire parmi les membres d'une fratrie semble indiquer, sur ce site, un affaiblissement de formes traditionnelles de transmission au sein de la parenté. Ce constat rejoint les résultats plus généraux établis par B. Zarca (1999), qui relève « un affaiblissement ou une disparition de la plupart des phénomènes de complémentarité » de l'héritage professionnel parental au sein des fratries d'enfants de même sexe comme à travers l'alliance homogamique, phénomènes qui « ne semblent pas résister aux changements de différents ordres qui ont affecté les familles au cours des dernières décennies ». L'intrication étroite entre logiques de parenté et logiques professionnelles est telle que l'instabilité du marché du travail nous paraît être un facteur prépondérant dans la déstabilisation des logiques de transmission familiale.

Remerciements. Nous remercions Pierre Fournier, Agnès Gramain, Michel Pialoux, Paul-André Rosental et Florence Weber ainsi que deux relecteurs anonymes de cet article pour leurs remarques et suggestions.

---

[14] Selon Savage (1988, p. 574) : « *Service class careers seem to be increasingly tied to a regional labour and housing market, whilst working-class ones are tied to a local labour market.* »

ANNEXE 1
Choix de la distribution de la durée de séjour à Foulange pour la première cohorte (générations 1939-1946)

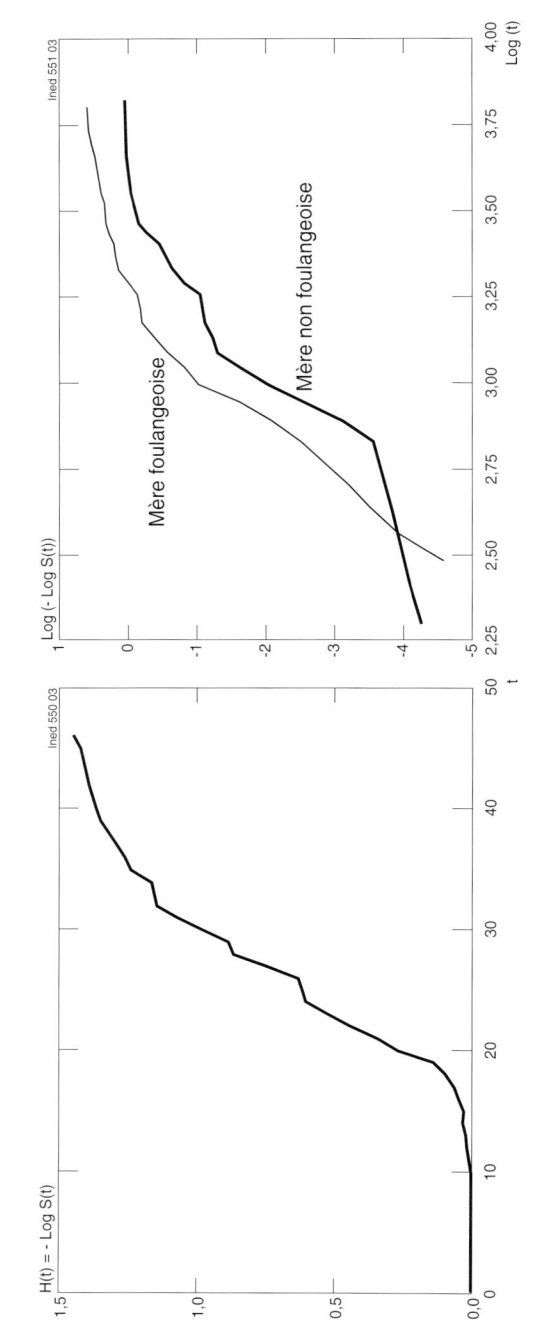

Figure A1. – Représentation de l'opposé du log de la fonction de séjour (LS) à Foulange en fonction de l'âge à la migration (première cohorte)

Figure B1. – Représentation du log de l'opposé du log de la fonction de séjour (LLS) à Foulange en fonction du log de l'âge à la migration (première cohorte)

Commentaire : la forme des quotients cumulés LS = $H(t)$ = – Log $S(t)$ en fonction de t et de LLS = Log ($H(t)$) = Log (– Log $S(t)$) en fonction de Log t permet de faire des hypothèses sur les formes paramétriques les plus adaptées pour modéliser la durée de séjour, ainsi que sur la proportionnalité de l'effet des différentes variables étudiées (Courgeau et Lelièvre, 1989 ; Lelièvre et Bringé, 1998). Si la distribution de l'âge à la migration suit une loi exponentielle, la fonction $H(t)$ est approximativement linéaire depuis l'origine, ce qui n'est pas le cas. Pour pouvoir utiliser une loi de Weibull, la fonction Log ($H(t)$) doit approximativement être linéaire et si les modèles à risques proportionnels sont adaptés à la distribution de l'âge à la migration, les courbes correspondant aux différentes modalités d'un facteur doivent être parallèles. Ici, celle du groupe constitué par les individus dont la mère est foulangeoise et celle des individus dont la mère ne l'était pas ne présentent pas ces caractéristiques.
Sources : cf. tableau 2.

ANNEXE 2
Résultats concernant la seconde cohorte
(générations 1960-1967)

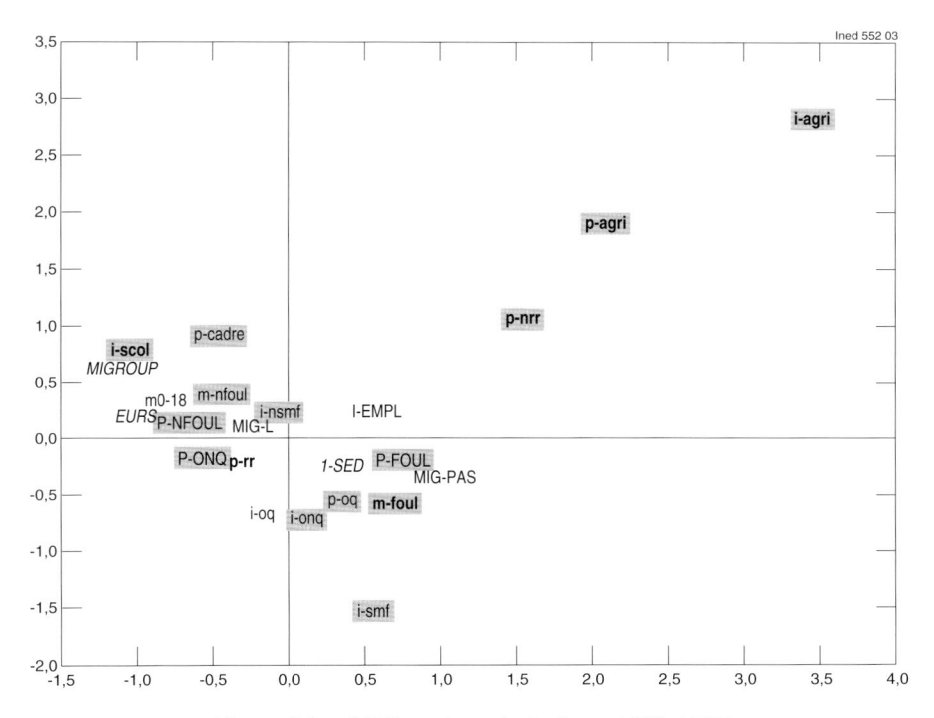

Figure A2.— ACM sur les générations 1960-1967
Premier plan factoriel

Lecture : cf. figure 1.
Commentaire : l'analyse des correspondances multiples pour les générations 1960-1967 a été effectuée selon les mêmes critères que pour la première cohorte[1]. La figure A2 représente le premier plan factoriel ; l'axe 1 explique 15,3 % de l'inertie totale du nuage de points, et l'axe 2 en explique 11,2 %.
L'axe 1 et l'axe 2 gardent sensiblement la même orientation pour les générations 1960-1967 que pour les générations 1939-1946, et l'on peut en faire la même interprétation. L'axe 1 est toujours un axe d'autochtonie, où la sédentarité des enfants d'agriculteurs s'oppose à la mobilité des enfants d'ouvriers non qualifiés. L'axe 2 est davantage modifié : si la dimension « échelle sociale » est encore nettement représentée sur cet axe, il n'est plus structuré par l'opposition entre migrants et sédentaires, qui est cette fois-ci superposée à l'axe 1 (les sédentaires du côté des autochtones). En outre, tandis que dans la première cohorte, le pôle ouvrier était constitué par les individus qualifiés, il l'est maintenant avant tout par les individus non qualifiés (même si les ouvriers qualifiés figurent du même côté mais avec un poids moindre). Si la reproduction sociale du groupe ouvrier est toujours observable (pères et fils ouvriers se projettent toujours en bas de l'axe 2), elle est dissociée de sa reproduction locale.
Sources : cf. tableau 4.

---

[1] On a toutefois interverti les variables « individu a travaillé chez Ribot » et « individu a travaillé chez SMF-CCF ». La première était une variable active dans la première analyse, elle est ici une variable supplémentaire et vice-versa. L'usine Ribot fermant en 1981, seuls les individus les plus âgés de la seconde cohorte étaient susceptibles d'y avoir travaillé.

TABLEAU A2.– ESTIMATION DES PARAMÈTRES DE LA RÉGRESSION DE LA DURÉE DE SÉJOUR À FOULANGE EN SUPPOSANT UNE DISTRIBUTION LOG-LOGISTIQUE (SECONDE COHORTE)

Variables	Modèle 1	Modèle 2	Modèle 3	Modèle 4
Constante	3,03***	3,04***	3,07***	3,00***
Né avant 1966	n.s.	n.s.	n.s.	n.s.
Né en 1966 ou après	Réf.	Réf.	Réf.	Réf.
Mère non foulangeoise	0,11**	0,11**	0,10*	
Mère foulangeoise	Réf.	Réf.	Réf.	
A travaillé chez SMF ou CCF	0,41**	0,38**		
N'a pas travaillé chez SMF ou CFF	Réf.	Réf.		
A travaillé chez RR	n.s.	n.s.	n.s.	
N'a pas travaillé chez RR	Réf.	Réf.	Réf.	
Père ouvrier non qualifié	n.s.	n.s.	n.s.	n.s.
Père profession intermédiaire	n.s.	n.s.	n.s.	n.s.
Père ouvrier qualifié	Réf.	Réf.	Réf.	Réf.
Aîné	n.s.			
Cadet	Réf.			
Homme	0,11***			
Femme	Réf.			
Aîné des garçons		0,12**		0,11**
Aînée des filles		n.s.		n.s.
Cadet des garçons		0,09**		0,10**
Cadette des filles		Réf.		Réf.
A travaillé chez SMF ou CCF × aîné			0,33***	
A travaillé chez SMF ou CCF × cadet			0,14**	
N'a pas travaillé chez SMF ou CCF × aîné			n.s.	
N'a pas travaillé chez SMF ou CCF × cadet			Réf.	
A travaillé chez SMF ou CCF × mère non foulangeoise				0,33***
A travaillé chez SMF ou CCF × mère foulangeoise				0,36***
N'a pas travaillé chez SMF ou CCF × mère non foulangeoise				0,14**
N'a pas travaillé chez SMF ou CCF × mère foulangeoise				Réf.
Log-vraisemblance	– 51,48	– 51,36	– 46,83	– 41,59

Note : coefficient significatif au seuil de 1 % : ***; au seuil de 5 % : **; au seuil de 10 % : *; n.s. : non significatif.
Sources : cf. tableau 4.

RÉFÉRENCES

BACCAÏNI Brigitte, 2001, « Les migrations internes en France de 1990 à 1999 : l'appel de l'Ouest », *Économie et Statistique*, 344, p. 39-79.

BACCAÏNI Brigitte, COURGEAU Daniel, DESPLANQUES Guy, 1993, « Les migrations internes en France de 1982 à 1990. Comparaison avec les périodes antérieures », *Population*, 48(6), p. 1771-1790.

BEAUD Stéphane, PIALOUX Michel, 1999, *Retour sur la condition ouvrière. Enquête aux usines Peugeot de Sochaux-Montbéliard*, Paris, Fayard, 468 p.

BLOSSFELD Hans-Peter, HAMERLE Alfred, MAYER Karl, 1989, *Event History Analysis*, New Jersey, Lawrence.

BLUM Alain, de la GORCE Gilles, THÉLOT Claude, 1985, « Mobilité sociale et migration géographique », *Population*, 40(3), p. 397-434.

BOLTANSKI Luc, CHIAPELLO Ève, 1999, *Le nouvel esprit du capitalisme*, Paris, Gallimard, 843 p.

BONVALET Catherine, MAISON Dominique, 1999, « Famille et entourage : le jeu des proximités », in C. Bonvalet, A. Gotman, Y. Grafmeyer (éd.), *La famille et ses proches. L'aménagement des territoires*, Paris, Ined-Puf, p. 27-67.

BOURDIEU Jérôme, POSTEL-VINAY Gilles, ROSENTAL Paul-André, SUWA-EISENMANN Akiko, 2000, « Migrations et transmissions inter-générationnelles dans la France du XIXe et du début du XXe siècle », *Annales HSS*, 4, p. 749-789.

BOURDIEU Pierre, 2002, « Les stratégies matrimoniales dans le système des stratégies de reproduction », *Le bal des célibataires*, Paris, Seuil, p. 167-205 [1972].

BURDY Jean-Paul, 1990, *Le Soleil Noir. Un quartier de Saint-Etienne, 1840-1940*, Lyon, Presses universitaires de Lyon, 270 p.

CHAUVEL Louis, 1998, *Le destin des générations*, Paris, Puf, 301 p.

COURGEAU Daniel, 2000, « Le départ de chez les parents : une analyse démographique sur le long terme », *Économie et Statistique*, 337-338, p. 37-60.

COURGEAU Daniel, LELIÈVRE Éva, 1989, *Analyse démographique des biographies*, Paris, Ined, 270 p.

COX David R., OAKES David, 1984, *Analysis of Survival Data*, Londres, Chapman and Hall.

DÉTANG-DESSENDRE Cécile, PIGUET Virginie, SCHMITT Bertrand, 2002, « Les déterminants micro-économiques des migrations urbain-rural : leur variabilité en fonction de la position dans le cycle de vie », *Population-F*, 57(1), p. 35-62.

ELIAS Norbert, SCOTSON John L., 1997, *Logiques de l'exclusion*, Paris, Fayard (Agora), 342 p. [1965].

GREENE William, 2000, *Econometric Analysis* (4e édition), New Jersey, Prentice Hall International.

GREENWOOD Michael J., 1997, « Internal migration in developed countries », in M.R. Rosenzweig, O. Stark (éd.), *Handbook of Population and Family Economics*, Amsterdam, Elsevier, p. 647-720.

GRIBAUDI Maurizio, 1987, *Itinéraires ouvriers. Espaces et groupes sociaux à Turin au début du XXe siècle*, Paris, EHESS, 264 p.

HÉRITIER Françoise, 1981, *L'exercice de la parenté*, Paris, Hautes Études/Gallimard-Le Seuil, 199 p.

JAYET Hubert, 1996, « L'analyse économique des migrations : une synthèse critique », *Revue économique*, 3, p. 194-226.

KALBFLEISCH Jack, PRENTICE R., 1980, *The Statistical Analysis of Failure Time Data*, New York, Wiley.

LELIÈVRE É., BRINGÉ A., 1998, *Manuel pratique pour l'analyse statistique des biographies. Présentation des modèles de durée et utilisation des logiciels SAS®, TDA® et STATA®* [bilingue : *A Practical Guide to Life Event History Analysis Using SAS®, TDA® and STATA®*] (Méthodes et Savoirs, n° 2), Paris, Ined, 189 p.+187 p.

MARUANI Margaret, 2003, *Travail et emploi des femmes*, Paris, La Découverte, 122 p. [2000].

MAUGER Gérard, 1991, « Enquêter en milieu populaire », *Genèses*, 6, p. 125-143.

MOSCOVICI Serge, 1959, « La résistance à la mobilité géographique dans les expériences de reconversion », *Sociologie du travail*, 1(1), p. 24-36.

NOIRIEL Gérard, 1986, *Les ouvriers dans la société française, XIXe-XXe siècle*, Paris, Seuil, 321 p.

RENAHY Nicolas, 1999, « *Vivre et travailler au pays ?* » *Parentèles et renouvellement des groupes ouvriers dans un village industriel*, thèse de doctorat de sociologie de l'EHESS, multigr., 483 p.
RENAHY Nicolas, 2001, « Générations ouvrières et territoire industriel. La transmission d'un ordre ouvrier localisé dans un contexte de précarisation de l'emploi », *Genèses*, 42, p. 47-71.
RENAHY Nicolas, DÉTANG-DESSENDRE Cécile, GOJARD Séverine, 2003, « Parenté et sédentarité dans un village industriel », *document de travail du CESÆR*, 8, 27 p.
ROSENTAL Paul-André, 1995, « Une fratrie ou deux fratries ? La migration des frères et la migration des sœurs en France au XIXe siècle », *Cahiers d'économie et de sociologie rurales*, 34-35, p. 123-143.
ROSENTAL Paul-André, 1999, *Les sentiers invisibles*, Paris, EHESS, 255 p.
RUGGIERO Michèle, 1992, « Ancienneté au chômage et principaux facteurs associés », *Économie et Prévision*, n° 105, p. 35-52.
SANTELLI Emmanuelle, 2001, *La mobilité sociale dans l'immigration. Itinéraires de réussite des enfants d'origine algérienne*, Presses universitaires de Marseille, 305 p.
SAVAGE Mike, 1988, « The missing link? The relationship between spatial mobility and social mobility », *The British Journal of Sociology*, XXXIX(4), p. 554-577.
SAYAD Abdelmalek, 1977, « Les "trois âges" de l'émigration algérienne en France », *Actes de la recherche en sciences sociales*, 15, p. 59-79.
SCARDIGLI Victor, MERCIER Pierre-Alain, 1978, *Ascension sociale et pauvreté. La différenciation progressive d'une génération de fils d'ouvriers*, Paris, CNRS (ATP n° 28), 159 p.
SCHWARTZ Olivier, 1990, *Le monde privé des ouvriers. Hommes et femmes du Nord*, Paris, Puf, 531 p.
TERRAIL Jean-Pierre, 1990, *Destins ouvriers. La fin d'une classe ?*, Paris, Puf, 275 p.
VERNIER Bernard, 1991, *La genèse sociale des sentiments. Aînés et cadets dans l'île grecque de Karpathos*, Paris, EHESS, 312 p.
WEBER Florence, 1995, « L'ethnographie armée par les statistiques », *Enquête*, 1, p. 153-165.
WEBER Florence, 2001, « Settings, interactions and things. A plea for multi-integrative ethnography », *Ethnography*, 2(4), p. 475-499.
ZARCA Bernard, 1993a, « L'héritage de l'indépendance professionnelle selon les lignées, le sexe et le rang dans la fratrie », *Population*, 48(2), p. 275-306.
ZARCA Bernard, 1993b, « L'héritage de l'indépendance professionnelle : un ou plusieurs élus au sein de la fratrie ? », *Population*, 48(4), p. 1015-1042.
ZARCA Bernard, 1995a, « L'héritage et la mobilité sociale au sein de la fratrie. I. L'héritage et la mobilité sociale différentielle des frères », *Population*, 50(2), p. 331-356.
ZARCA Bernard, 1995b, « L'héritage et la mobilité sociale au sein de la fratrie. II. L'activité professionnelle et la mobilité sociale différentielle des sœurs », *Population*, 50(4-5), p. 1137-1154.
ZARCA Bernard, 1999, « Proximités socioprofessionnelles entre germains et entre alliés. Une comparaison dans la moyenne durée », *Population*, 54(1), p. 37-72.

RENAHY Nicolas, DÉTANG-DESSENDRE Cécile, GOJARD Séverine.– **Deux âges d'émigration ouvrière. Migration et sédentarité dans un village industriel**

À partir de l'étude d'une cohorte d'individus nés de 1939 à 1946, recensés en 1954 dans un village industriel de l'Est de la France, cet article met en évidence un modèle de sédentarisation de la main-d'œuvre ouvrière. Celui-ci voit l'intégration d'ouvriers non qualifiés par l'alliance avec des femmes autochtones, puis la reproduction locale du statut d'ouvrier par l'aîné des fils. Une aristocratie ouvrière émerge ainsi, à travers des mécanismes de parenté correspondant à un état donné du marché du travail.

Ce résultat est obtenu en combinant enquête ethnographique (reconstitution de trajectoires de lignées dans l'espace et dans le système d'emploi) et travail statistique (ACM et modèles de durée). La même opération, réalisée sur une cohorte d'individus nés dans les années 1960, indique que le modèle ne fonctionne plus. L'autochtonie, véritable clé d'entrée dans ce marché local du travail au cours des années 1960, pousse dans les années 1980 à la migration en raison de la crise de l'emploi local.

RENAHY Nicolas, DÉTANG-DESSENDRE Cécile, GOJARD Séverine.– **Two Ages of Worker Emigration. Migration and Non-Migration in an Industrial Village**

Based on the study of a cohort of individuals born between 1939 and 1946 enumerated in an industrial village in eastern France in the 1954 census, this article presents a model of working-class non-migration. The integration of unskilled workers is shown to proceed by marriage with local-born women, followed by the local social reproduction of worker status by firstborn sons. A labour aristocracy thus emerges, through kinship mechanisms that correspond to a given state of the labour market.

This result is obtained by combining an ethnographic survey (reconstruction of the trajectories of lines of descent in space and in an employment system) and statistical analysis (MCA and failure-time models). The same operation conducted on a cohort of individuals born in the 1960s indicates that the model no longer functions. As a result of the local unemployment crisis, the local origins that were the key to access to the local labour market in the 1960s become an incentive to migration in the 1980s.

RENAHY Nicolas, DÉTANG-DESSENDRE Cécile, GOJARD Séverine.– **Dos etapas de emigración obrera. Migración y sedentarismo en un municipio industrial**

A partir del análisis de una cohorte de individuos nacidos entre 1939 y 1946 y censados en 1954 en un municipio del este de Francia, este artículo presenta un modelo de sedentarismo de la mano de obra trabajadora. En base a este modelo, la integración de los obreros no calificados se produce a través de la alianza con las mujeres autóctonas, y la reproducción local del status de obrero a través del hijo mayor. Es así que aparece una aristocracia obrera, a través de mecanismos de parentesco que corresponden a una situación determinada del mercado de trabajo.

Estos resultados se obtienen combinando una encuesta etnográfica (para reconstituir las trayectorias familiares en el espacio y en lo referente al empleo) y análisis estadístico (ACM y modelos de duración). Sin embargo, el modelo deja de funcionar si se toma como base una cohorte de individuos nacidos durante los años sesenta. El hecho de ser autóctono, clave para la entrada en el mercado de trabajo local durante los años sesenta, empuja a la migración durante los ochenta, debido a la crisis del empleo local.

Nicolas RENAHY, Inra-CESÆR, 26 bd du Dr Petitjean, BP 87999, 21079 Dijon, France, tél. : 03 80 77 26 17, fax : 03 80 77 25 71, courriel : renahy@enesad.inra.fr

FACTEURS D'ÉVOLUTION DE LA FÉCONDITÉ EN AFRIQUE

A. Guillaume	—Le rôle de l'avortement dans la transition de la fécondité à Abidjan au cours des années 1990
S. Randall, T. LeGrand	—Stratégies reproductives et prise de décision au Sénégal : le rôle de la mortalité des enfants
S. Lardoux, E. van de Walle	—Polygamie et fécondité en milieu rural sénégalais

Le rôle de l'avortement dans la transition de la fécondité à Abidjan au cours des années 1990

Agnès GUILLAUME*

> *Cet article aborde le problème délicat, complexe et largement méconnu de l'avortement en Afrique à l'aide de données d'enquête originales, qui viennent compléter celles des enquêtes démographiques et de santé. Plus précisément, Agnès* GUILLAUME *s'intéresse ici aux déterminants du recul de la fécondité dans une métropole africaine, Abidjan. Dans un pays où l'avortement est illégal et l'accès à la planification familiale restreint, elle explore les relations entre le recours à l'avortement et les pratiques contraceptives (naturelles ou populaires versus modernes). Elle met en évidence le rôle de l'avortement dans les stratégies de régulation de la fécondité, dont les conséquences s'avèrent parfois très lourdes pour les femmes et pour la société dans son ensemble.*

Dans la plupart des pays africains, la fécondité est entrée dans une phase de transition dont le rythme, l'intensité ainsi que les déterminants sont variables : parmi les 31 pays d'Afrique sub-saharienne dans lesquels une enquête démographique et de santé (EDS) a été réalisée durant les années 1990-2000, la fécondité était comprise entre 4 et 4,9 enfants par femme dans 10 pays, entre 5 et 5,9 enfants dans 11 pays, et elle était supérieure à 6 enfants dans les 10 autres pays, le niveau le plus élevé étant observé au Niger avec 7,2 enfants. La fécondité est plus faible en Afrique du Nord, où elle est inférieure à 4 enfants par femme.

La fécondité a davantage baissé dans les populations qui ont bénéficié de l'amélioration et de la modernisation de leurs conditions de vie : l'urbanisation, la scolarisation, l'accès aux médias et les progrès sanitaires sont autant de facteurs qui influencent fortement ces changements (Vimard *et al.*, 2001). Une « diversification croissante des systèmes de reproduction africains » se profile entre les pays, voire à l'intérieur même des

---

* IRD (Laboratoire Population-Environnement-Développement, UMR 151, IRD-Université de Provence).

pays ; elle se traduit par d'importantes disparités régionales ou entre groupes socio-économiques (Tabutin et Schoumaker, 2001), la réduction de la fécondité étant plus nette dans les groupes urbains et les plus instruits (Cosio-Zavala, 2000).

La divergence des évolutions au sein même des différentes populations conduit à s'interroger sur le rôle de chacun des déterminants de la transition démographique. Les comportements traditionnels d'espacement des naissances par le biais de l'abstinence *post-partum* et de l'allaitement sont mis en avant au Kenya, au Ghana, au Sénégal et au Soudan, où ils expliquent 37 % à plus de 44 % de la réduction de la fécondité (Vimard *et al.*, 2001 ; Jolly et Gribble, 1996). Le retard des premiers mariages joue un rôle prépondérant dans certains pays, tandis que dans d'autres, c'est la contraception moderne qui constitue le principal moteur de cette évolution, notamment dans les pays d'Afrique anglophone où les gouvernements ont apporté un soutien prononcé aux programmes de planification familiale (Mboup, 2000).

Des études sur la baisse de la fécondité, en particulier dans les pays où la pratique contraceptive reste faible mais où les femmes expriment une demande de régulation de leur fécondité, laissent supposer que d'autres facteurs interviennent, notamment le recours à l'avortement (Nations unies, 2001). Dans certains pays et plus spécifiquement dans certaines villes africaines, « la fécondité a rapidement baissé, mais sans utilisation importante de la contraception » (Tabutin et Schoumaker, 2001). Bien que l'avortement soit l'une des composantes du modèle de Bongaarts, modèle couramment utilisé pour mettre en évidence le poids des différentes variables dans la diminution de la fécondité, rares sont les études qui l'ont véritablement intégré. Le rôle de l'avortement dans cette évolution est en effet pressenti, mais rarement quantifié à cause du manque de données disponibles (Desgrées du Loû *et al.*, 1999 ; Locoh, 1994). Illégal dans la majorité des pays africains, l'avortement reste un phénomène mal connu, les enquêtes étant rares sur le sujet. Pourtant, des études sur les complications des avortements et sur la mortalité maternelle qui leur est imputable ont souligné l'importance de cette pratique (Thonneau *et al.*, 2002 ; Organisation mondiale de la santé *et al.*, 1998 ; Benson *et al.*, 1996). D'autres travaux l'ont abordée sous l'angle de la charge croissante que représentent pour les hôpitaux les complications des avortements provoqués de façon illicite (Huntington *et al.*, 1998). Le recours fréquent à l'avortement dans certaines capitales africaines et particulièrement chez les jeunes femmes a d'ailleurs déjà été mis en évidence (Desgrées du Loû *et al.*, 1999 ; Guillaume, 2003 ; Konate *et al.*, 1999 ; Locoh, 1994).

Dans un contexte africain où la transition démographique revêt des modalités diversifiées, cet article se propose d'étudier le poids des pratiques abortives dans le cas particulier de la population de la ville d'Abidjan. En effet, si un processus de baisse de la fécondité s'est récemment engagé en Côte d'Ivoire, le phénomène est beaucoup plus marqué en zone urbaine, notamment à Abidjan, que dans le reste du pays. Entre les deux enquêtes démographiques et de santé (EDS) de 1994 et de 1998-1999, l'indice synthétique de fécondité a diminué de 0,5 enfant par femme pour l'ensemble du pays, passant de 5,7 à 5,2 enfants par femme (tableau 1). L'écart entre la ville d'Abidjan, où l'indice est tombé à 3,4 enfants par femme à la fin des années 1990 (en diminution de 0,7 enfant), et les zones rurales, où il atteint 6 enfants, s'est accentué au cours de la période.

Les femmes souhaitent avoir moins d'enfants qu'elles n'en ont actuellement : en 1998, le nombre d'enfants désiré est de 4,5 enfants pour l'ensemble du pays et de 3 à Abidjan. La demande de planification familiale confirme ce souhait pour les femmes vivant en union : selon les données de l'EDS de 1998-1999, un peu plus de la moitié des Abidjanaises désirent planifier leur descendance, soit 17 % pour la limiter et 34 % pour espacer les naissances. Ces changements dans les idéaux reproductifs des femmes résultent probablement en partie des évolutions socio-économiques de ce pays touché à la fois par la crise économique et l'impact des plans d'ajustement structurels, qui contribuent à un renchérissement de l'accès aux services sociaux (santé, éducation, etc.).

La pratique contraceptive a augmenté entre les deux EDS mais reste toujours très faible : en 1998, 21 % des Ivoiriennes et 35 % des Abidjanaises utilisaient la contraception, soit une augmentation respective de 4 points et de 6 points depuis 1994. Cependant, le recours aux méthodes modernes de contraception ne progresse guère. En effet, à Abidjan, 17 % des femmes utilisent des méthodes naturelles[1] de contraception et cette prévalence est restée pratiquement stable entre les deux enquêtes ; elle est de 10 % dans l'ensemble du pays. Les méthodes naturelles restent plus répandues que les méthodes modernes bien que leur efficacité soit limitée puisque seulement 36 % des femmes ont une connaissance exacte de leur période féconde (Institut national de la statistique et ORC Macro, 2001).

En 1998-1999, les méthodes médicalisées (pilule, stérilet, injection) ne sont employées que par 7,6 % des femmes à Abidjan et 5,1 % dans l'ensemble du pays. La progression des méthodes modernes est surtout due au préservatif, dont l'utilisation a été multipliée par trois en l'espace de cinq ans à Abidjan (2,4 % en 1994, 7,8 % en 1998) et par plus de deux pour l'ensemble du pays (1,9 % en 1994 et 4,4 % en 1998). Les campagnes d'information qui ont résulté de la forte prévalence du VIH en Côte d'Ivoire, estimée à 15 % chez les femmes à Abidjan (Welffens-Ekra *et al.*, 1996), expliquent en partie cet accroissement du recours au préservatif, utilisé à des fins de prévention des infections sexuellement transmissibles, mais qui n'est sans doute pas sans effet sur la diminution des conceptions.

---

[1] Les méthodes naturelles comprennent notamment la méthode des cycles (Ogino) et le retrait. Les méthodes modernes regroupent la pilule, le stérilet, les injections, les spermicides, le préservatif masculin ou féminin, le norplant, etc. Les méthodes populaires correspondent aux méthodes indigènes (plantes, amulettes, gris-gris, etc.).

TABLEAU 1. – ÉVOLUTION DE LA FÉCONDITÉ, DES VARIABLES DU *POST-PARTUM*, DE LA PRATIQUE CONTRACEPTIVE ET DE L'ÂGE AU MARIAGE EN CÔTE D'IVOIRE AU COURS DES ANNÉES 1990

	EDS 1994				EDS 1998-1999			
	Abidjan	Ensemble urbain	Ensemble rural	Ensemble du pays	Abidjan	Ensemble urbain	Ensemble rural	Ensemble du pays
ISF 15-49 ans	4,1	4,7	6,4	5,7	3,4	4,0	6,0	5,2
% de femmes stériles (40-49 ans)	4,6	3,4	2,1	2,6	3,3	2,4	0,8	1,8
Durée médiane (en mois)								
Aménorrhée *post-partum*	8,3	10,6	12,9	12,3	7,9	9,3	12,5	10,6
Abstinence *post-partum*	8,5	9,3	12,2	11,8	9,1	10,1	18,9	11,8
Insusceptibilité *post-partum*	15,0	16,0	17,2	16,6	12,4	13,9	20,2	18,9
Allaitement	17,9	18,7	21,3	20,3	15,9	17,6	21,6	20,5
Utilisation actuelle de la contraception* (en %)								
Aucune	71,4	74,7	89,9	83,5	65,0	69,0	86,7	79,3
Ogino, retrait	17,2	15,0	5,8	9,8	17,7	14,7	6,2	9,7
Pilule	5,4	4,7	1,0	2,5	5,8	6,0	2,1	3,7
Préservatif	2,4	2,3	1,7	1,9	7,8	7,0	2,5	4,4
Stérilet	0,7	0,5	0,1	0,3	0,6	0,4	0,2	0,3
Injection	1,0	1,0	0,4	0,7	1,2	1,3	1,0	1,1
Autre (y c. méthodes populaires)	1,9	1,8	1,0	1,4	1,9	1,7	1,3	1,5
Âge médian à la 1re union (femmes de 25-49 ans)	19,4	18,7	17,9	18,1	20,2	19,2	18,2	18,7

* Parmi l'ensemble des femmes.
Source : Institut national de la statistique de Côte d'Ivoire, EDS 1994 et 1998-1999.

Si des données sur la contraception en Côte d'Ivoire existent, les informations disponibles sur l'avortement se limitent à quelques études ponctuelles auprès de populations spécifiques ou sont issues de l'analyse des complications des avortements. Quelques études sur la santé de la reproduction ont permis de poser aux femmes une question sur le nombre d'avortements qu'elles avaient subis durant leur vie féconde. Dans quatre régions de Côte d'Ivoire (Aboisso, Tanda, Centre-Nord et Niakaramandougou), de 7 % à 16 % des femmes déclarent avoir eu recours à au moins un avortement (tableau 2). Et ce pourcentage augmente au fur et à mesure que le niveau d'instruction des femmes progresse : dans la région d'Aboisso (Sud-Est de la Côte d'Ivoire), les femmes ayant un niveau d'instruction secondaire déclarent quatre fois plus souvent que les femmes sans instruction avoir subi au moins un avortement (Guillaume *et al.*, 1999). Cette pratique est également plus fréquente en zone urbaine qu'en zone rurale : dans la ville d'Aboisso, 18 % des femmes ont mentionné au moins un avortement ; à Abidjan, cette proportion atteint 30 %, qu'il s'agisse des résultats d'une enquête effectuée auprès de femmes en consultation prénatale (Desgrées du Loû *et al.*, 1999) ou d'une enquête réalisée auprès de femmes de militaires de cette ville (Koffi et Fassassi, 1997). Desgrées du Loû *et al.* (1999) ont souligné le poids de cette pratique chez les jeunes femmes dès le début de leur vie féconde.

TABLEAU 2. – PROPORTION DE FEMMES AYANT DÉJÀ AVORTÉ SELON LE NOMBRE D'AVORTEMENTS ET LA ZONE D'HABITAT (EN %)

	Abidjan, militaires	Abidjan, consultation prénatale*	Aboisso	Tanda	Centre-Nord	Niakaramandougou
Année d'enquête	1996	1997	1993	1994	1995	1998
% de femmes ayant subi						
1 avortement	18,7	17,8	10,2	8,1	4,6	6,0
2 avortements ou plus	13,5	12,7	5,8	2,0	1,9	1,8
Au moins 1 avortement	32,2	30,5	16,0	10,1	6,5	7,8
Dont :						
Zone rurale	–	–	13,6	–	4,9	5,5
Zone urbaine	–	–	17,8	–	9,8	9,0
Effectif total	2 183	1 200	1 900	1 578	1 055	1 684

* Parmi les femmes ayant été au moins une fois enceintes.
Sources : Guillaume *et al.*, 1999 ; Desgrées du Loû *et al.*, 1999.

Dans cet article, nous nous appuyons sur une étude réalisée auprès de personnes ayant consulté dans des centres de santé de la ville d'Abidjan, qui nous fournit des éléments pour comprendre les changements de la fécondité. Nous étudierons tout d'abord l'état de la pratique contraceptive et des pratiques abortives, puis les relations qui existent entre avortement et contraception pour conclure sur la liaison entre l'avortement et la baisse de la fécondité.

I. Population et données

1. *Objectif de l'enquête*

L'étude réalisée à Abidjan en 1998 s'inscrit dans un programme de recherche appliquée sur la planification familiale dont l'objectif était d'analyser l'offre de services de planification familiale et la demande de maîtrise de la fécondité à partir d'enquêtes effectuées dans des centres de santé auprès des personnels et des patients ayant consulté. Les personnels ont été interrogés pour voir comment ils étaient confrontés, dans leur pratique quotidienne, à la question de l'avortement. Les données présentées ici ont été recueillies auprès de 2 400 femmes âgées de 15 à 49 ans ayant consulté dans quatre formations sanitaires urbaines à vocation communautaire (FSU-Com), situées dans les quartiers de Yopougon et d'Abobo, deux quartiers populaires d'Abidjan.

Le choix de travailler auprès de femmes qui s'adressent à des centres de santé plutôt qu'auprès d'un échantillon en population générale se justifie par le fait que l'avortement est un sujet délicat à aborder car sa pratique est illégale. Il est plus facile pour une femme de répondre à des questions sur ses pratiques contraceptives et abortives dans un environnement médicalisé qu'à l'occasion d'un entretien à domicile. De plus, dans un centre de santé, la confidentialité est en principe assurée.

Ces femmes, choisies aléatoirement au moment de la consultation, ont été interrogées quel que soit le motif de leur présence dans ces centres, leur visite pouvant être motivée par une raison autre que le contrôle des naissances. Elles pouvaient ainsi s'adresser au centre pour un problème de santé personnel (17 %), de santé d'un enfant (28 %) ou d'un autre membre de la famille (15 %), pour un suivi prénatal (26 %) ou post-natal (1 %), une pesée, une vaccination ou même un accouchement, etc. (13 %).

L'enquête FSU a été réalisée à l'aide d'un questionnaire fermé axé sur les connaissances et les pratiques contraceptives et sur le recours éventuel à l'avortement ; s'il y avait eu avortement, étaient alors abordées les raisons de l'avortement, ainsi que l'utilisation de la contraception avant et après cet avortement. L'histoire complète de la vie génésique des femmes (naissances vivantes, fausses couches, avortements, mort-nés) a en outre été retracée. D'une façon plus globale, les femmes ont aussi été interrogées sur leurs représentations et leurs opinions en matière de légalisation de l'avortement. Cette étude, qui a duré deux mois, a été réalisée par des enquêtrices spécialisées dans les enquêtes sur la santé de la reproduction.

2. Profil des femmes enquêtées

La population enquêtée diffère selon les centres de santé et reflète la structure sociale des quartiers (tableau 3). L'échantillon est composé essentiellement de femmes jeunes (52 % ont moins de 25 ans) et de faible niveau d'instruction : 39 % des femmes n'ont jamais été scolarisées et environ un tiers (32 %) ont seulement atteint le niveau primaire. Plus des deux tiers des femmes (69 %) vivaient en union au moment de l'enquête. Elles sont en majorité de religion catholique (41 %) ou musulmane (36 %).

TABLEAU 3. – CARACTÉRISTIQUES SOCIO-DÉMOGRAPHIQUES DES FEMMES INTERROGÉES À ABIDJAN DANS LES QUATRE CENTRES DE SANTÉ FSU ET À L'EDS EN 1998-1999 (EN %)

	Centres de santé FSU					EDS Abidjan
	Toit rouge	Abobo Sagbe	Abobo Avocatier	Ouassakara	Ensemble	
Âge						
15-24 ans	39	49	62	57	52	51
25- 34 ans	43	39	32	36	37	29
35 ans ou plus	18	12	6	7	11	20
Niveau d'instruction						
Non scolarisée	24	56	34	41	39	34
Primaire	29	28	37	33	32	33
Secondaire ou plus	47	16	29	26	29	33
Religion						
Chrétienne	53	25	50	36	41	51
Musulmane	22	56	32	34	36	34
Autre	25	19	18	30	23	15
Situation matrimoniale						
Ne vit pas en union	36	18	42	27	31	56
Vit en union	64	82	58	73	69	44
Ethnie						
Akan	41	22	44	34	35	33
Krou	25	9	14	16	16	16
Mandé nord	8	6	5	10	7	13
Mandé sud	6	19	14	16	14	7
Voltaïque	7	13	10	8	10	10
Autre	13	31	13	16	18	21
Effectif	600	600	600	600	2 400	766

Sources : enquête FSU 1998 et EDS 1998-1999.

Notre échantillon ne prétend pas être représentatif de la population de la ville d'Abidjan puisque les femmes qui ne fréquentent pas les centres de santé n'en font pas partie. À Abidjan, la couverture sanitaire est relativement bonne, comme en témoignent les résultats de l'EDS de 1998-1999 selon lesquels 82 % des femmes abidjanaises ont accouché dans un établissement sanitaire et seulement 2,8 % n'ont pas bénéficié d'un suivi prénatal durant leur grossesse. Les centres de santé choisis pour cette étude sont situés dans deux quartiers populaires de la ville d'Abidjan qui sont les plus peuplés. Les soins et traitements dispensés dans ces centres sont peu onéreux et donc abordables pour une large population.

Pour situer la population sur laquelle nous avons travaillé, nous avons comparé ses caractéristiques avec la population enquêtée lors de l'EDS de 1998-1999 à Abidjan. Si la proportion de femmes âgées de 15 à 24 ans est identique (52 %), notre population comprend davantage de femmes de 25-34 ans que celle de l'EDS. Les femmes enquêtées dans les centres de santé sont aussi moins instruites : 39 % n'ont jamais été scolarisées (34 % pour l'EDS) et 30 % ont fait des études secondaires ou supérieures (33 % pour l'EDS). Les proportions de musulmanes sont similaires dans ces deux populations (34 % contre 36 %). En revanche, nous avons rencontré une proportion plus faible de femmes de religion chrétienne dans les centres de santé (41 % contre 51 %). En ce qui concerne la composition ethnique des deux échantillons, on trouve une proportion équivalente de femmes krou (16 %), voltaïque (10 %) et très proche d'akan (35 % et 33 %). Les femmes du groupe mandé se répartissent de façon opposée dans les deux échantillons : parmi les patientes des centres de santé, 7 % appartiennent au groupe mandé-Nord et 14 % au groupe mandé-Sud, contre respectivement 13 % et 7 % pour l'enquête EDS. Enfin, davantage de femmes étrangères ont été interrogées lors de l'EDS.

Ce qui différencie considérablement les deux populations est la présence dominante de femmes vivant en union parmi les consultantes des centres de santé (69 % contre 44 % dans l'EDS). Cette différence s'explique par la difficulté à fréquenter des centres de planification familiale pour les jeunes femmes qui ne sont pas en couple, aussi bien pour des raisons économiques que de confidentialité, et par le choix d'interroger les femmes quel que soit leur motif de consultation, ce qui tend à surreprésenter les mères, et donc les femmes mariées.

II. La contraception : une utilisation très modérée

À Abidjan, le niveau de connaissance de la contraception des femmes interrogées dans les centres de santé est élevé puisque la quasi-totalité d'entre elles déclarent connaître au moins une méthode : 96 % pour l'ensemble des méthodes et 95 % pour les méthodes modernes (tableau 4). Ces résultats sont proches de ceux de l'EDS de 1998-1999.

Les méthodes contraceptives modernes les plus connues sont la pilule (89 %), le préservatif (57 %), le stérilet (29 %) et l'injection (6 %). La proportion de femmes qui connaissent les autres méthodes modernes telles que le Norplant, le préservatif féminin ou les spermicides n'excède pas 5 %. Outre les nombreuses campagnes d'information sur les préservatifs mises en place dans le cadre de la prévention contre le sida, les Abidjanaises ont aussi bénéficié de la promotion par l'ensemble des médias de la pilule contraceptive « Confiance »[2]. Pour les autres méthodes, l'information dépend essentiellement des centres de santé ou des réseaux informels d'information, ce qui explique une moindre sensibilisation à ces méthodes. Les méthodes naturelles semblent moins connues puisque seulement un peu plus de la moitié des femmes les mentionnent.

TABLEAU 4. – CONNAISSANCE ET UTILISATION ACTUELLE DE LA CONTRACEPTION À ABIDJAN EN 1998 (EN %)

	Connaissance	Utilisation actuelle
Méthode quelconque	96	28
Méthode naturelle	55	17
Méthode moderne	95	12
Pilule	89	4
Stérilet	29	1
Injection	6	1
Préservatif	57	5

Champ : ensemble des femmes ($n = 2400$).
Source : enquête FSU 1998.

Connaître l'existence de la contraception ne signifie pas pour autant avoir une appréciation correcte du mode d'action des différentes méthodes et de leurs éventuels effets secondaires. Près de la moitié des femmes déclarent avoir obtenu leurs informations sur la contraception via des réseaux informels (parents, amis). Ces réseaux, s'ils permettent de diffuser des connaissances, risquent parfois de transmettre des informations erronées ou de colporter des rumeurs qui peuvent engendrer un phénomène de résistance à la planification familiale (Ngom, 2000).

Être (bien ou mal) informé ne suffit donc pas, comme le montre l'écart entre le nombre de femmes déclarant connaître les méthodes contraceptives et celles qui les utilisent. À Abidjan, le recours à la contraception reste peu fréquent parmi les patientes des centres de santé : 17 % utilisent une méthode naturelle (essentiellement la méthode des cycles) et 12 % une méthode moderne, en premier lieu le préservatif (5 %), puis la pilule (4 %). Les méthodes naturelles sont donc plus souvent employées que les méthodes modernes malgré leur moindre efficacité, surtout quand les femmes n'ont pas une bonne connaissance de leur période féconde. Ces résultats sont proches de ceux de l'EDS de 1998-1999 selon lesquels 18 % des femmes utilisent une méthode naturelle, 8 % le préservatif et 6 % la pilule, tandis que rares sont celles qui recourent à l'injection (1,2 %) ou au stérilet (0,5 %). On peut donc conclure à un faible recours aux méthodes médicalisées de contraception, quelle que soit leur forme.

---

[2] Les pilules Confiance ont fait l'objet de campagnes de sensibilisation lors de leur mise sur le marché en Côte d'Ivoire et sont vendues dans des kiosques et des centres de santé.

La pratique contraceptive diffère selon les caractéristiques des femmes comme le montre l'analyse multivariée (tableau 5). Le niveau d'instruction joue un rôle déterminant dans l'utilisation de la contraception moderne et naturelle : le recours à ces méthodes est plus élevé chez

TABLEAU 5. – RÉSULTATS D'UNE RÉGRESSION LOGISTIQUE SUR L'UTILISATION ACTUELLE DE LA CONTRACEPTION ET LE RECOURS À L'AVORTEMENT SELON LES CARACTÉRISTIQUES DES FEMMES À ABIDJAN EN 1998 (ODDS RATIOS)

Caractéristiques socio-démographiques	Méthode quelconque	Méthode moderne	Méthode naturelle	Au moins 1 avortement
Âge				
15-24 ans	0,92	0,85	0,85	13,31***
25-34 ans	0,97	0,96	0,75	8,33***
35 ans ou plus (Réf.)	1,00	1,00	1,00	1,00
Niveau d'instruction				
Non scolarisée	0,40***	0,38***	0,46***	0,34***
Primaire	0,69***	0,65***	0,79	0,49***
Secondaire ou plus (Réf.)	1,00	1,00	1,00	1,00
Religion				
Chrétienne (Réf.)	1,00	1,00	1,00	1,00
Musulmane	0,81*	0,95	0,63**	0,31***
Autre	0,71***	0,74*	0,68	0,98
Activité				
Élève ou étudiante	1,09	1,13	0,85	0,44***
Ménagère	0,90	0,72	0,98	0,60***
Commerçante	0,90**	0,75	1,00	0,64***
Secteur tertiaire (hors commerce)	0,95	0,84	0,92	1,18
Artisane (Réf.)	1,00	1,00	1,00	1,00
Situation matrimoniale				
Ne vit pas en union	2,20***	1,66***	2,00***	2,36***
Vit en union (Réf.)	1,00	1,00	1,00	1,00
Nombre total de grossesses	1,05*	0,99	1,03	1,75***
Lieu d'enquête				
Toit rouge	1,48***	1,25	1,68**	1,83***
Abobo Sagbe	0,29***	0,34***	0,37***	0,73*
Abobo Avocatier	1,51***	0,78	1,99***	1,13
Ouassakara (Réf.)	1,00	1,00	1,00	1,00
Utilisation passée de la contraception				
Non (Réf.)				1,00
Oui				3,33***

$n = 2\,400$ femmes ; significatif : *** au seuil de 1 %, ** au seuil de 5 %, * au seuil de 10 %.
Lecture : pour les femmes qui ne vivent pas en union, le rapport entre la proportion de celles qui utilisent une méthode quelconque de contraception et la proportion de celles qui n'en utilisent aucune est 2,2 fois plus élevé que pour celles qui vivent en union (Réf.), toutes choses égales par ailleurs.
Source : enquête FSU 1998.

les femmes instruites que chez celles qui n'ont jamais été scolarisées et le rapport des chances (odds ratio) est presque deux fois plus élevé pour les femmes ayant un niveau d'instruction primaire comparativement aux femmes non scolarisées.

L'influence de la scolarisation sur l'adoption de la contraception moderne a d'ailleurs été soulignée dans de nombreuses études qui ont montré que les femmes instruites et résidant en zone urbaine s'avèrent pionnières en matière de régulation de leur fécondité (Nations unies, 2001 ; Vimard *et al.*, 2001).

Le recours à la contraception est également beaucoup plus fréquent chez les femmes qui ne vivent pas en union que chez celles qui sont en union, le rapport des chances atteignant 2,2. Les musulmanes pratiquent moins la contraception que les chrétiennes, résultat conforme à ceux des enquêtes EDS. Les variables comme l'âge, le nombre de grossesses, l'activité économique des femmes ont dans notre étude un lien plus limité avec les comportements de planification familiale.

Enfin, les différences de pratique contraceptive selon les lieux d'enquête sont importantes ; elles peuvent s'expliquer par le profil des femmes mais aussi par l'offre de planification familiale proposée dans ces centres.

Une offre insuffisante de planification familiale

La faiblesse de la prévalence contraceptive, en particulier pour les méthodes modernes, soulève la question de l'accès à la planification familiale à Abidjan. La Côte d'Ivoire a mis en place tardivement (en 1997) une politique de population affichant des objectifs de maîtrise de la fécondité grâce à un accroissement de la prévalence contraceptive (Ministère délégué auprès du Premier ministre, 1997). L'offre de planification familiale reste cependant assez limitée. Dans certains des centres de santé étudiés, aucune prestation n'était délivrée car le personnel n'avait pas été formé : les femmes étaient redirigées vers les cliniques de l'Association ivoirienne pour le bien-être familial qui assurent ce type de prestation. Dans les structures où le personnel était formé, les sages-femmes prescrivaient essentiellement la pilule, les méthodes injectables et les préservatifs[3].

Lors des entretiens, les personnels des centres de santé ont souligné l'existence d'une demande réelle de planification familiale de la part des femmes, en particulier des jeunes femmes, à la fois pour espacer les naissances et pour une contraception d'arrêt. Si 88 % des femmes interrogées désirent d'autres enfants, une majorité d'entre elles expriment le souhait d'attendre au moins deux ans avant une nouvelle naissance. Les sages-femmes répondent d'autant plus à cette demande de planification familiale

---

[3] Le stérilet est rarement prescrit par manque de matériel dans les centres de santé (stérilisateur, etc.) et parce que les sages-femmes n'ont pas reçu de formation pour la pose de ces stérilets.

qu'elles y voient le moyen de limiter le recours à l'avortement en cas de grossesse non désirée, et d'éviter ainsi toutes les complications sanitaires qui peuvent survenir après des manœuvres abortives ayant échoué (fausses couches, mort-nés, infections, décès maternels, etc.).

La faiblesse du recours à la contraception en Côte d'Ivoire semble résulter autant de l'insuffisance de l'offre que des représentations que les femmes se font de son usage : quand on les interroge sur leurs réticences, on constate qu'elles n'entretiennent guère des rapports positifs à ces méthodes. Leur opinion négative, en particulier la crainte des effets secondaires, se construit sur leur propre expérience ou sur celle de femmes de leur entourage. Cette méfiance vis-à-vis de la contraception moderne s'explique clairement par l'insuffisance des informations fournies lors de la prescription des méthodes. Ainsi, lors de la prescription de la méthode injectable, les femmes ne sont pas toujours informées des aménorrhées qu'elle provoque, ni des risques de saignements non prévus. Or, les règles sont un repère cyclique auquel les femmes (voire leur mari ou leur mère) ont du mal à renoncer. En général, la prescription est rapide et les conseils adaptés aux besoins de chaque femme font largement défaut. Le choix de la méthode par le prescripteur est souvent lié au profil qu'il suppose de sa patiente, tout autant qu'il reflète ses préférences personnelles ou sa familiarité avec certaines méthodes. Cette pratique routinière de la prescription ne permet guère de s'adapter au vécu sexuel et à la physiologie de la consultante, laissant par là-même une grande place à l'échec de la méthode ou à la non-observance. Les idées reçues sont rarement remises en cause : ainsi en va-t-il de la tendance à prescrire la pilule aux femmes instruites et à réserver systématiquement les méthodes injectables aux femmes peu scolarisées, dont on pense qu'elles n'auront pas la capacité de suivre la posologie prescrite. Enfin, le coût de la contraception peut constituer pour certaines femmes un obstacle, en particulier pour les jeunes filles qui ont des ressources limitées. La contraception est en effet assez onéreuse : au coût des produits contraceptifs (environ 100 francs CFA[4] pour un mois de pilule, 600 francs CFA pour une méthode injectable d'une durée de deux à trois mois et environ 1 500 francs CFA pour un stérilet) s'ajoutent ceux des consultations et des matériels (seringue, gants pour les examens, etc.).

Dans un tel contexte de diffusion insuffisante et d'utilisation imparfaite des méthodes contraceptives modernes, il semble nécessaire, pour mieux comprendre la diminution des naissances, d'étudier de manière approfondie le rôle de l'avortement : l'avortement intervient-il comme mode de régulation de la fécondité dans un contexte de recours limité à la contraception ?

---

[4] 1 euro = 657 francs CFA.

III. Quelle pratique de l'avortement à Abidjan ?

Dans tous les pays d'Afrique de l'Ouest, où le recours à l'avortement est interdit, les recherches sur les pratiques clandestines se heurtent à des phénomènes classiques de sous-déclaration. Ce risque est d'autant plus élevé que l'événement est ancien, particulièrement pour les femmes en fin de vie féconde qui ont eu une descendance nombreuse. Aucune source de données complémentaires (statistiques sanitaires par exemple) ne permet de vérifier la complétude des données puisque les avortements ne sont pas recensés comme tels dans les statistiques sanitaires. Seules les hospitalisations pour des complications d'avortement fournissent quelques informations mais elles introduisent un fort biais, en donnant une vision très partielle du phénomène lui-même. Toutes les femmes qui ont eu recours à l'avortement n'ont pas systématiquement eu des complications nécessitant une hospitalisation, et la nature et l'importance de ces complications sont très dépendantes du type de méthode abortive utilisée. Sans prétendre fournir une bonne évaluation des pratiques abortives, l'enquête FSU permet au moins, à travers les déclarations des femmes, d'émettre une hypothèse basse de la prévalence du phénomène. En outre, elle donne des informations sur les méthodes abortives utilisées et les relations que les femmes établissent entre contraception et avortement. La mesure de l'avortement que l'on obtient n'est pas représentative de l'ensemble de la population, mais fournit de précieuses informations sur les circonstances et les tendances du recours à l'avortement, qui sont d'autant plus utiles que ce phénomène semble prendre de l'importance et est peu documenté (Desgrées du Loû *et al.*, 1999).

1. *Un recours fréquent à l'avortement...*

Un tiers des femmes interrogées déclarent avoir subi au moins un avortement au cours de leur vie féconde, et cela concerne environ 40 % des femmes qui ont été au moins une fois enceintes. Ces résultats sont comparables à ceux de deux études réalisées à Abidjan en 1997 et en 1996 (voir *supra*) dans des centres et santé et auprès d'une population de femmes de militaires (Desgrées du Loû *et al.*, 1999 ; Koffi et Fassassi, 1997).

Le recours à l'avortement n'apparaît donc pas comme un événement exceptionnel au cours des trajectoires féminines. Une femme sur cinq a avorté une fois au cours de sa vie féconde, 18 % des femmes deux fois ou plus. Une femme interrogée a interrompu volontairement 9 de ses 12 grossesses. Si l'on considère les femmes ayant été au moins deux fois enceintes, 4 % ont interrompu toutes leurs grossesses par un avortement.

L'avortement intervient dès le début de la vie féconde : il s'agit alors de différer la première naissance. Parmi les femmes qui ont été enceintes une seule fois, 19 % ont mis un terme à cette unique grossesse. Cette pratique concerne essentiellement des jeunes femmes qui déclarent avoir avorté par crainte de la réaction de leurs parents, mais aussi pour pouvoir poursuivre leurs études.

Comme le montre l'analyse multivariée (tableau 5), les comportements des femmes à l'égard de l'avortement diffèrent selon leurs caractéristiques sociodémographiques, et ces différences se retrouvent lorsqu'on analyse les rapports des mêmes femmes à la contraception. Le niveau d'instruction joue un rôle déterminant dans le recours à l'avortement, comme dans la pratique de la contraception, laissant supposer l'émergence de comportements novateurs en matière de régulation de la fécondité chez les femmes les plus instruites.

Les différences selon l'âge sont en revanche beaucoup plus marquées qu'en matière de contraception ; les très jeunes femmes recourent plus souvent à l'avortement en comparaison des femmes de 35 ans ou plus et même par rapport à celles de 25-34 ans. Les musulmanes avortent moins que les chrétiennes : ces femmes musulmanes souscrivent à l'idéal d'une fécondité élevée et pratiquent moins la contraception et l'avortement.

Les femmes qui ne vivent pas en union au moment de l'enquête ont un rapport des risques près de 2,4 fois plus élevé que les femmes en couple de recourir à l'avortement, ce qui s'explique par le fait que les grossesses extraconjugales restent socialement mal acceptées. Le risque d'avortement s'accroît à chaque grossesse supplémentaire et, surtout, il est plus élevé chez les femmes qui ont utilisé par le passé la contraception.

Si l'on considère leur activité économique, ce sont les femmes travaillant dans le secteur tertiaire et les artisanes qui ont la plus forte probabilité d'avorter, tandis que les ménagères, les commerçantes et les élèves recourent moins à l'avortement. Le rapport des risques plus faible des élèves et des étudiantes peut sembler surprenant dans la mesure où l'on a vu que ce sont les femmes les plus instruites qui avortent le plus. Cela s'explique par des grossesses moins fréquentes chez ces dernières : 46 % des élèves n'ont jamais été enceintes, contre moins de 15 % des autres femmes. Quand on ne prend en compte que les femmes ayant été au moins une fois enceintes, 64 % des élèves, une proportion équivalente de femmes employées dans le secteur tertiaire et 53 % des artisanes ont subi au moins un avortement, contre environ 30 % des ménagères et des commerçantes.

Les différences de recours à l'avortement s'éclairent quand on analyse les raisons qui justifient ces interruptions de grossesses. Les deux principaux motifs avancés sont d'abord la poursuite des études – ce qui permet de mieux comprendre le taux élevé d'avortement chez les femmes les plus instruites – et, ensuite, la crainte de la réaction des parents mentionnée par les jeunes femmes. Elles « cachent » ainsi à leur entourage une sexualité hors union socialement stigmatisée, que cette grossesse dévoilerait. C'est donc la situation matrimoniale – c'est-à-dire le fait de ne pas être mariée ou d'être dans une union peu stable – ainsi que le refus du père de reconnaître l'enfant qui expliquent le recours à l'avortement. Toutefois, les raisons économiques (coût d'un enfant ou impossibilité de poursuivre la grossesse en raison de l'activité de la mère) ainsi que la volonté de limiter ou d'espacer les naissances sont également citées comme motifs d'avortement, mais plutôt de la part des femmes en union stable.

2. ...avec des méthodes abortives variées

De tout temps, les femmes ont fait appel à une gamme diversifiée de méthodes pour réguler leur fécondité, même si l'efficacité de ces techniques n'est pas prouvée et si elles ne reposent pas toujours sur des bases qui nous apparaissent scientifiques (McLaren, 1990). Les méthodes connues et utilisées varient selon les pays tout comme l'offre de produits contraceptifs ou abortifs, que ce soit sur le marché formel ou le marché informel. Les manœuvres abortives se soldent parfois par un échec ; certaines femmes peuvent alors accepter de poursuivre leur grossesse tandis que d'autres recherchent une technique plus efficace. Il arrive aussi que des complications surviennent (hémorragie, infection, perforation de l'utérus, etc.) et provoquent des problèmes de santé, de stérilité ou, dans des cas extrêmes, la mort de la femme (Strickler et al., 2001).

Dans la pharmacopée traditionnelle, certaines plantes sont réputées pour leurs propriétés abortives ou contraceptives. Dans le cas des avortements, ces plantes, vendues sur les marchés, sont généralement utilisées sous forme de lavements (18 %), d'infusions (5 %) ou comme ovule végétal (9 %) (tableau 6). L'avortement par insertion de tiges ou d'objets n'a été pratiqué que par 4 % des femmes, tandis que 12 % ont utilisé d'autres méthodes, c'est-à-dire des produits chimiques (eau de javel, bleu à linge, détergent, etc.) ou manufacturés (boissons alcoolisées, coca-cola, sucre ou produits acides consommés en excès) censés avoir des propriétés abortives (*The Alan Guttmacher Institute*, 1999).

TABLEAU 6.– MÉTHODE ABORTIVE UTILISÉE LORS DU DERNIER AVORTEMENT, ABIDJAN, 1998 (EN %)

	Méthode utilisée*
Infusion	5
Lavement	18
Tige de plante	4
Ovule végétal	9
Produits pharmaceutiques	10
Méthode médicalisée	62
Autre	12

* Différentes méthodes peuvent être citées.
n = 805 femmes.
Source : enquête FSU 1998.

Dans 10 % des cas, les femmes déclarent avoir utilisé des produits pharmaceutiques. Il s'agit souvent de médicaments déconseillés en cas de grossesse et qui sont utilisés en surdosage : les anti-paludéens (nivaquine, quinine), l'aspirine, le paracétamol, les antibiotiques, mais aussi certains produits hormonaux tels que le crynex et le synergon. Rappelons que la pilule abortive n'est pas disponible en Côte d'Ivoire.

Cependant la majorité des femmes, soit près des deux tiers, ont eu recours à une méthode médicalisée. Il s'agit principalement d'avortements par curetage. Ils sont le plus souvent pratiqués par un personnel médical plus ou moins qualifié (gynécologues, médecins généralistes, mais aussi infirmiers et personnels hospitaliers, etc.), dans des conditions sanitaires variables selon les lieux (hôpital, clinique ou cabinet privé, infirmerie de quartier). Dans 3 % des cas, ces interventions font suite à des tentatives d'avortement par des méthodes traditionnelles qui ont échoué.

Certaines de ces méthodes présentent des risques pour la santé des femmes, en particulier les méthodes traditionnelles : ainsi, à partir d'une étude réalisée dans les services de gynécologie de la ville d'Abidjan sur les complications du premier trimestre de la grossesse, Goyaux *et al.* (1999) ont montré que les complications des avortements consécutives à l'utilisation de méthodes « locales » (infusion et insertion de tiges de plantes) étaient la cause d'un nombre important de décès maternels : 8 % des admissions et 3,6 % des décès sont dus à des avortements.

IV. L'articulation entre contraception et avortement

Dans un contexte d'illégalité de l'avortement et d'accès limité à la contraception, la question de l'articulation entre ces deux modes de régulation de la fécondité se pose. Certaines femmes ont expliqué leur avortement par un besoin de limiter (3 %) ou d'espacer (9 %) les naissances, exprimé par le jugement que « le dernier enfant était trop petit ». Les grossesses non désirées résultent soit d'une absence de contraception, soit de l'échec d'une méthode. Cette situation est caractéristique de la période du *post-partum* pendant laquelle les femmes pensent ne pas être exposées au risque d'une nouvelle grossesse car elles se sentent protégées par l'allaitement. Les entretiens avec des personnels de santé, notamment des sages-femmes, soulignent l'importance du risque encouru. Dans notre étude, parmi les femmes qui ont été enceintes au moins deux fois, 9 % des grossesses ont pour issues successives une naissance vivante suivie d'un avortement provoqué et, dans plus de 20 % des cas, cet avortement s'est produit moins d'un an après l'accouchement. Or, à Abidjan, l'insusceptibilité *post-partum*[5] et la durée médiane d'allaitement ont respectivement diminué de 2,6 et 2 mois entre les deux enquêtes démographiques et de santé (voir tableau 1), ce qui augmente l'exposition des jeunes mères à un risque de grossesse car la prescription d'une contraception aux femmes qui allaitent est extrêmement rare à Abidjan.

La liaison entre pratiques contraceptives et abortives est bien mise en évidence par les résultats de l'analyse multivariée (tableau 5). En effet, les femmes qui ont utilisé une contraception à un moment quelconque de leur vie ont un rapport des risques trois fois plus élevé d'avoir subi au moins un avortement que celles qui n'y ont jamais eu recours. S'inscrivant clairement dans une stratégie de régulation de leur fécondité, elles utilisent la contraception et, en cas d'échec, recourent à l'avortement. À l'inverse, celles qui n'avaient jamais utilisé la contraception peuvent y recourir à la suite de l'expérience, qu'elles ne souhaitent pas renouveler, d'un avortement. Ainsi, parmi les femmes qui ont utilisé la contraception durant leur vie, 24 % ont subi un seul avortement et 22 % en ont subi deux ou plus, contre respectivement 8 % et 4 % des non-utilisatrices.

Pour mieux cerner les relations entre contraception et avortement, nous avons interrogé les femmes sur leurs pratiques contraceptives avant et après le dernier avortement (tableau 7).

TABLEAU 7.– PRATIQUE CONTRACEPTIVE APRÈS LE DERNIER AVORTEMENT SELON LA MÉTHODE UTILISÉE AVANT LE DERNIER AVORTEMENT À ABIDJAN EN 1998 (POUR 100 UTILISATRICES DE CHAQUE MÉTHODE AVANT L'AVORTEMENT)

Utilisation avant l'avortement	Utilisation après l'avortement			Total
	Aucune méthode	Méthode naturelle ou populaire	Méthode moderne	
Aucune méthode (61 %)	43 %	23 %	34 %	100 %
Méthode naturelle ou populaire (25 %)	20 %	56 %	24 %	100 %
Méthode moderne (14 %)	33 %	20 %	47 %	100 %
Ensemble	35 %	31 %	34 %	100 %

n = 805 femmes.
Source : enquête FSU 1998.

La majorité des femmes (61 %) n'utilisaient pas de contraception avant l'avortement. Elles l'expliquent soit par un manque d'information sur ces méthodes, soit par un refus de les utiliser. 43 % d'entre elles ne modifient pas leur pratique après avoir avorté ; 23 % adoptent une méthode naturelle ou populaire et 34 % une méthode moderne.

Parmi les femmes qui utilisaient une méthode naturelle ou populaire de contraception (25 %) avant d'avorter, plus de la moitié (56 %) continuent à utiliser une méthode de ce type malgré son échec, tandis que 20 %

---

[5] L'insusceptibilité *post-partum* correspond à la période pendant laquelle la femme n'est pas soumise au risque de grossesse en raison de l'aménorrhée *post-partum* ou de l'abstinence *post-partum*.

d'entre elles abandonnent toute contraception et 24 % adoptent une méthode plus efficace.

Si l'on considère les femmes qui utilisaient une méthode moderne avant l'avortement (14 % seulement), un tiers abandonnent toute contraception à la suite de son échec, 20 % changent de contraception pour utiliser une méthode naturelle ou populaire et 47 % continuent à utiliser une méthode moderne.

L'expérience d'un avortement induit donc des changements dans les modes de régulation de la fécondité : la proportion de femmes qui n'utilisent pas de contraception est pratiquement divisée par deux, passant de 61 % à 35 %. Mais cette expérience n'entraîne pas un recours massif à la contraception moderne puisque des proportions quasiment identiques de femmes recourent à ce type de méthode (34 %), n'en utilisent aucune (35 %) ou choisissent une contraception naturelle ou populaire (31 %).

L'absence de contraception après un avortement s'explique en grande partie par la carence des conseils de prévention (*counselling post-abortum*) : deux tiers des femmes n'ont reçu aucun conseil pour éviter une nouvelle grossesse ; dans 13 % des cas, il a été conseillé à la femme d'utiliser une méthode moderne et dans 11 % des cas seulement, elle lui a été prescrite. L'avortement est pratiqué de façon clandestine en Côte d'Ivoire et bien qu'il le soit souvent par du personnel médical, dans la majorité des cas, ces praticiens n'assurent pas de prise en charge *post-abortum*.

Pourtant, le recours à l'avortement après l'échec de la contraception montre un réel désir de maîtrise de leur fécondité chez certaines femmes. Elles utilisent d'abord la contraception pour éviter une grossesse non désirée et, logiquement, si elle survient, décident alors d'avorter avant de revenir à leurs pratiques contraceptives. Pour elles, avortement et contraception sont deux outils de régulation de la fécondité utilisés de façon complémentaire.

Plus complexe est la situation des femmes qui n'utilisent aucun moyen contraceptif. Cela peut correspondre à une période où la femme ne ressentait pas le besoin d'utiliser une méthode (allaitement, absence de partenaire ou relation très irrégulière). Mais cela peut aussi renvoyer à la situation des jeunes femmes qui ne sont pas en union stable. Dans le contexte abidjanais, et plus généralement celui de l'Afrique de l'Ouest, la contraception est principalement proposée dans le cadre de la protection maternelle et infantile, ce qui n'est pas adapté à leur demande. L'irrégularité éventuelle de la sexualité des jeunes filles peut aussi expliquer leur faible recours à la contraception, et notamment aux méthodes médicalisées, car elles privilégient alors les méthodes à l'acte comme le préservatif. Cette méthode est d'ailleurs largement promue par les campagnes de prévention du sida, mais elle place la jeune fille en situation de dépendance vis-à-vis de son partenaire, qui peut refuser de l'utiliser. Enfin, certaines femmes n'utilisent pas la contraception car elles trouvent ces méthodes contraignantes et disent « préférer » l'avortement qui est

« efficace » et définitif. Toutefois, ce choix n'est pas sans risque puisque l'accès à des méthodes d'avortement médicalisé est difficile dans le contexte ivoirien où l'avortement reste illégal.

V. Taux de fécondité et d'avortement : une évolution inverse

L'enquête FSU confirme la baisse de l'indice synthétique de fécondité observée lors de l'EDS 1998-1999 (tableau 8). Pour les femmes âgées de 15 à 34 ans, il est passé de 3,8 enfants par femme durant la période située 10 à 14 ans avant l'enquête (1983-1987), à 3,5 enfants pour la période intermédiaire (1988-1992), puis à 3,2 enfants au cours des cinq dernières années (1993-1997). Pour les femmes âgées de 15 à 39 ans, la diminution de l'indice synthétique de fécondité est un peu plus forte : l'indicateur est passé de 4,2 enfants pour la période 1988-1992 à 3,7 pour les années 1993-1997.

TABLEAU 8. – TAUX DE FÉCONDITÉ ET D'AVORTEMENT À ABIDJAN AU COURS DE DIFFÉRENTES PÉRIODES AYANT PRÉCÉDÉ L'ENQUÊTE SELON L'ÂGE DE LA MÈRE

Groupe d'âges	Enquête FSU – 1998						EDS 1998-1999
	Période précédant l'enquête						
	0-4 ans		5-9 ans		10-14 ans		0-2 ans
	Fécondité	Avortement	Fécondité	Avortement	Fécondité	Avortement	Fécondité
	Taux (p. 1 000)						
15-19 ans	125	89	114	51	135	47	50
20-24 ans	160	73	193	58	190	35	157
25-29 ans	194	45	197	33	220	38	152
30-34 ans	150	37	199	23	219	14	157
35-39 ans	113	28	144	23			125
40-44 ans	65	5					43
	Indice synthétique (par femme)						
15-44 ans	4,0	1,4					3,4
15-39 ans	3,7	1,4	4,2	0,9			3,2
15-34 ans	3,2	1,2	3,5	0,8	3,8	0,7	2,6

Sources : enquête FSU 1998 et EDS 1998-1999.

En revanche, l'indice synthétique d'avortement a augmenté : de 15 à 34 ans, après avoir légèrement progressé de 0,7 à 0,8 avortement par femme entre 1983-1987 et 1988-1992, il a atteint 1,2 durant les cinq dernières années. Pour les femmes de 15 à 39 ans, la progression est encore plus nette, de 0,9 avortement par femme à 1,4 durant les dix dernières années. Ainsi, pour les femmes âgées de moins de 40 ans, la fécondité a diminué de 0,5 enfant en dix ans tandis que le nombre d'avortements par femme augmentait de 0,5.

La croissance du recours à l'avortement s'observe à tous les âges, mais selon une intensité variable. La progression du taux d'avortement est particulièrement forte chez les jeunes femmes de moins de 20 ans : au cours des deux dernières périodes quinquennales, le taux est passé de 51 ‰ à 89 ‰, soit une multiplication par 1,7, alors qu'aux autres âges le coefficient multiplicateur n'excède pas 1,4, sauf à 30-34 ans (1,6).

Plus les femmes sont jeunes et plus les taux d'avortement sont élevés : au cours de la période la plus récente, le taux est trois fois plus élevé entre 15 et 19 ans qu'à 35-39 ans (figure 1). Le recours à l'avortement tend à décroître au fur et à mesure que l'âge augmente ; pour la période intermédiaire, le taux enregistre un léger pic à 20-24 ans et diminue ensuite rapidement. Ces évolutions traduisent une pratique différentielle de l'avortement au cours de la vie féconde. Les avortements sont plus fréquents lors des premières grossesses : 23,5 % des femmes ont interrompu leur première grossesse et 21,5 % la deuxième, alors que cette proportion n'excède pas 20 % pour les grossesses de rang supérieur.

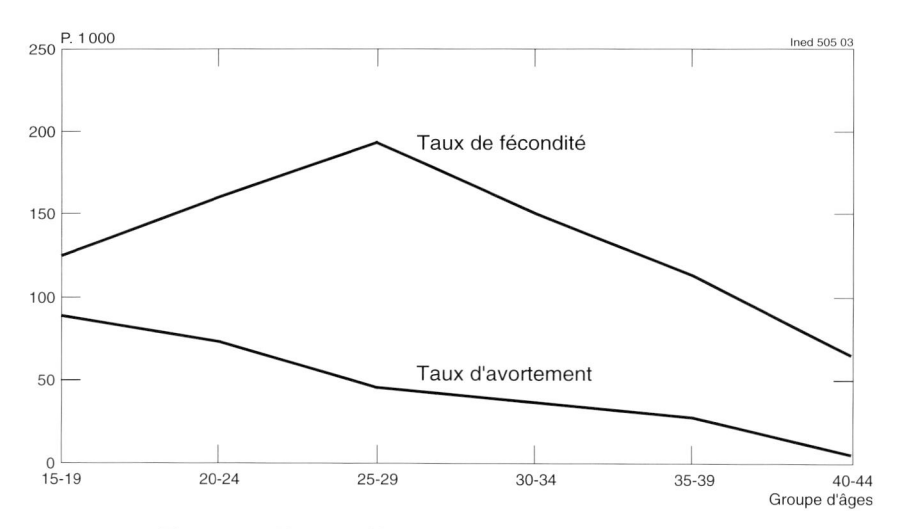

Figure 1.– Taux de fécondité et d'avortement à Abidjan
durant les cinq dernières années précédant l'enquête (p. 1 000 femmes)
Source : enquête FSU 1998.

Les taux de fécondité ont quant à eux diminué (tableau 8) : cette tendance est très nette durant les dix années précédant l'enquête (de 10 à environ 50 enfants pour 1 000 femmes selon le groupe d'âges). Pour les femmes âgées de 20 à 24 ans, la chute du taux s'est opérée durant les cinq années précédant l'enquête. Pour les femmes plus âgées, le déclin de la fécondité a été continu, mais d'une intensité variable selon les périodes.

Ces résultats diffèrent légèrement de ceux de l'EDS selon lesquels l'indice synthétique de fécondité est moins élevé (3,4 enfants par femme à 15-44 ans pour les trois années précédant l'enquête) tout comme l'intensité de la fécondité selon l'âge : les taux de fécondité à l'EDS sont plus faibles à tous les âges sauf à 30-39 ans mais les écarts sont surtout marqués à 15-19 ans, 25-29 ans et à plus de 40 ans (tableau 8). La plus grande représentation des femmes mariées dans notre étude explique certainement en partie ces différences.

Le poids de l'avortement relativement à la fécondité s'est donc accru pendant les cinq dernières années (figure 2). Pour les jeunes femmes, 70 avortements ont été pratiqués pour 100 naissances durant la période récente, ce qui souligne le rôle joué par l'avortement dans le calendrier de constitution de la descendance. Pour les femmes âgées de 20 à 24 ans, la part de l'avortement est de 45 % pour la période la plus récente, mais le même constat d'une accentuation du poids de l'avortement ces dernières années peut être fait.

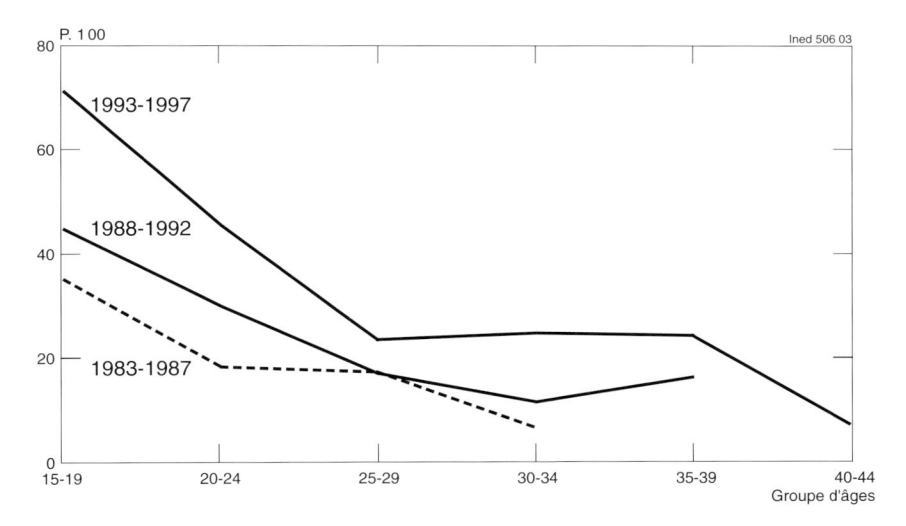

Figure 2.– Rapport entre le nombre d'avortements et celui des naissances vivantes selon le groupe d'âges des femmes par période de cinq ans précédant l'enquête (en %)
Source : enquête FSU 1998.

La part de l'avortement comparativement aux naissances vivantes est plus faible chez les femmes de 25-39 ans et varie peu : ces femmes en milieu de vie féconde sont dans une phase active de constitution de leur descendance. Chez les femmes en fin de vie féconde, les avortements représentent seulement 8 % des naissances.

L'ampleur de ces évolutions révèle l'importance des changements de comportements ; elles montrent que l'avortement occupe une place croissante dans la vie reproductive des femmes, notamment pour retarder la constitution de la descendance. Les taux d'avortement ont d'ailleurs toujours été plus élevés en début de vie féconde et leur prééminence ne fait que se confirmer. Même si l'on peut supposer que les avortements sont mieux déclarés pour la période récente, l'ampleur de l'augmentation observée traduit la plus grande fréquence du recours à l'avortement, qui est confirmée par d'autres études réalisées à Abidjan (Desgrées du Loû et al., 1999).

Quelle place occupe l'avortement dans la réduction de la fécondité ?

Quel serait le niveau potentiel de la descendance des femmes en l'absence d'avortement à Abidjan ? Un avortement n'évite pas une naissance, compte tenu du délai moyen de conception $\left(\frac{1}{p}\right)$, de la durée de gestation (g_m) et du temps mort *post-partum* (t_m) (Leridon, 2002). Le nombre d'avortements N nécessaires pour éviter une naissance est égal à :

$$\frac{\left[\frac{1}{p(1-E)}\right] + g_m + t_m}{\left[\frac{1}{p(1-E)}\right] + g_a + t_a}$$

où E est l'efficacité de la contraception, g_a et t_a sont respectivement les durées de gestation et de temps mort *post-partum* en cas d'avortement.

Le délai de conception $\left(\frac{1}{p}\right)$ est estimé à 4 mois, la durée de gestation (g_m) est de 9 mois ; elle est ramenée à 3 mois en cas d'avortement (g_a). Nous ne disposons pas des données sur les variables du *post-partum* dans notre étude mais nous supposons que pour la population étudiée, cette durée est proche de celle mesurée à Abidjan lors de la dernière EDS, soit une durée médiane d'insusceptibilité *post-partum* (t_m) de 12,4 mois ; cette durée est égale à 1 mois en cas d'avortement. L'efficacité de la contraception (E) a été calculée à partir de la prévalence des différents types de méthodes contraceptives observée dans notre étude[6] : elle s'élève à 49 %. La variable N prend donc la valeur 2,48, ce qui signifie qu'il faut 2,48 avortements pour éviter une naissance. Ce modèle a été appliqué à nos données (tableau 9) et il montre que l'avortement réduit l'indice synthétique de fécondité des femmes de 15-44 ans de 12 %, soit de 0,6 enfant par femme.

TABLEAU 9. – IMPACT DE L'AVORTEMENT SUR LES TAUX
ET L'INDICE SYNTHÉTIQUE DE FÉCONDITÉ À ABIDJAN EN 1998

Groupe d'âges	Avortement (1)	Fécondité « évitée* » (2) = (1)/N	Fécondité (3)	Fécondité potentielle sans avortement (4) = (2) + (3)	Réduction de la fécondité potentielle due à l'avortement (en %)
Taux (p. 1 000)					
15-19 ans	89	36	125	161	– 22
20-24 ans	73	29	160	189	– 16
25-29 ans	45	18	194	212	– 9
30-34 ans	37	15	150	165	– 9
35-39 ans	28	11	113	124	– 9
40-44 ans	5	2	65	67	– 3
Indice synthétique (par femme)					
15-44 ans	1,4	0,6	4,0	4,6	– 12

* $N = 2,48$; $1 - E = 0,51$.
Source : enquête FSU 1998.

Cette réduction est d'ampleur inégale selon le groupe d'âges : le taux de fécondité des femmes de 15-19 ans est réduit de 22 % et celui des femmes de 20-24 ans de 16 %, ce qui confirme le rôle de l'avortement pour différer la constitution de la descendance chez ces jeunes femmes. Cet impact n'est que de 9 % entre 25 et 39 ans et de 3 % à 40-44 ans. La pratique de l'avortement n'est donc pas constante dans la vie des femmes, mais intervient surtout en début de vie féconde. Quel est le rôle de l'avortement comparativement aux autres déterminants de la fécondité ?

Pour mettre en évidence le rôle de l'avortement et de la contraception dans l'évolution de la fécondité, nous avons appliqué le modèle de Bongaarts (selon la version revue par Jolly et Gribble) aux données des deux enquêtes EDS pour l'ensemble de la Côte d'Ivoire et la ville d'Abidjan ainsi qu'à celles de notre enquête dans les centres de santé d'Abidjan. Ce modèle permet de mesurer les effets inhibiteurs sur la fécondité des différents déterminants que sont les variables du *post-partum* (abstinence, aménorrhée et allaitement), la nuptialité, la contraception, la stérilité primaire et l'avortement. Rappelons qu'aucune donnée sur l'avortement n'est disponible dans les EDS en Côte d'Ivoire.

D'après les données des enquêtes EDS, l'infécondabilité du *post-partum* joue le rôle le plus important dans la réduction de la fécondité puisqu'elle explique pour l'ensemble du pays 44 % de la réduction de la fécondité (tableau 10). Son impact s'est atténué à Abidjan entre les deux

---

(6) « Le taux moyen d'efficacité de l'utilisation d'une méthode de contraception est égal à la moyenne pondérée des niveaux d'efficacité d'utilisation par méthode, les pondérations correspondant à la proportion de femmes utilisant une méthode donnée » : les niveaux d'efficacité sont de 1 pour la stérilisation, 0,95 pour le stérilet, 0,90 pour la pilule, 0,70 pour les autres méthodes modernes et 0,3 pour les méthodes traditionnelles (Jolly et Gribble, 1996).

enquêtes, passant de 42 % à 37 % : la durée médiane de l'insusceptibilité *post-partum* a diminué de 15 à 12,4 mois et la durée d'allaitement s'est également raccourcie (tableau 1). En 1998, sur la base d'une fécondité théorique de 15,3 enfants, le nombre de naissances vivantes est réduit de 3,4 enfants[7] à Abidjan par l'effet de ces variables du *post-partum*. En l'absence de contraception de relais, la réduction du temps mort *post-partum* risque d'exposer les femmes à une grossesse et de contribuer à une augmentation de la fécondité.

Le deuxième facteur le plus important de baisse de la fécondité est la nuptialité, qui explique 22 % de la réduction pour l'ensemble du pays et 28 % à Abidjan en 1998-1999. L'âge médian au premier mariage a légèrement augmenté, passant de 18,1 ans en 1994 à 18,7 ans en 1998-1999 pour l'ensemble de la Côte d'Ivoire et de 19,4 ans à 20,2 ans à Abidjan, tandis que l'effet des naissances hors union sur la fécondité cumulée est en progression de 12 % à 18 %.

Bien que son poids reste élevé comparativement aux autres variables, la contraception joue un rôle plus faible dans les évolutions de la fécondité : l'indice de contraception passe de 0,86 à 0,83 à Abidjan et de 0,93 à 0,91 dans l'ensemble du pays.

L'écart entre, d'une part, l'indice synthétique de fécondité observé et, d'autre part, l'indice estimé sur la base d'une fécondité potentielle de 15,3 enfants diminuée des différents effets inhibiteurs calculés est particulièrement important à Abidjan où il passe de 1,1 à 2,3 enfants par femme entre les deux EDS alors qu'il se situe aux alentours de 1 enfant pour l'ensemble du pays (tableau 10). Ces écarts peuvent s'expliquer par des facteurs non inclus dans le modèle, notamment l'avortement.

L'enquête FSU permet de prendre en compte ce rôle ; pour estimer son impact, nous avons fait l'hypothèse que pour les variables du *post-partum*, les données de l'enquête EDS de 1998 pour la ville d'Abidjan s'appliquaient à nos résultats. L'insusceptibilité *post-partum* reste bien évidemment le déterminant principal : elle réduit la fécondité théorique de 37 %. La contraception, le mariage et l'avortement ont un poids sensiblement égal dans la réduction de la fécondité (entre – 15 % et – 13 %). Ainsi, sur la base d'une fécondité potentielle de 15,3 enfants, la contraception réduirait le nombre de naissances de 1,06, le mariage de 0,99 et l'avortement de 0,91. La diminution imputable à l'avortement serait plus marquée si l'on considérait les taux d'avortement pour l'ensemble des femmes, au lieu de ne prendre en compte que les femmes en union : le nombre de naissances vivantes évitées atteindrait alors 1,15.

---

[7] Pour un facteur donné, les naissances évitées sont calculées en effectuant le produit de la contribution de tous les autres facteurs et de la fécondité cumulée théorique (15,3) auquel on soustrait la fécondité estimée. Ainsi, les « naissances évitées » du fait du poids du *post-partum* sont égales à $(C_m \times C_c \times I_p \times C_a \times 15,3)$ – fécondité estimée. Par exemple, le nombre de naissances évitées à Abidjan d'après l'EDS 1998-1999 du fait du *post-partum* est égal à $(0,73 \times 0,83 \times 0,99 \times 15,3) - 5,7 = 3,4$ enfants par femme.

TABLEAU 10.– EFFETS INHIBITEURS DE LA NUPTIALITÉ, DE LA CONTRACEPTION, DE L'INSUSCEPTIBILITÉ *POST-PARTUM*, DE LA STÉRILITÉ ET DE L'AVORTEMENT EN CÔTE D'IVOIRE AU COURS DES ANNÉES 1990

	EDS 1994		EDS 1998-1999		FSU 1998
	Abidjan [a]	Ensemble du pays [b]	Abidjan [a]	Ensemble du pays [b]	Abidjan [a]
Indice ajusté de mariage C'_m	0,66	0,74	0,61	0,70	0,75
Naissances hors union M_0	1,12	1,13	1,18	1,13	1,15
Indice de mariage C_m	0,74 (26,4)	0,84 (16,5)	0,73 (27,7)	0,78 (21,9)	0,86 (14,2)
Indice de contraception C_c	0,86 (13,7)	0,93 (6,6)	0,83 (16,6)	0,91 (9,5)	0,85 (15,0)
Indice de *post-partum* C_i	0,58 (42,1)	0,56 (43,8)	0,63 (37,0)	0,56 (44,2)	0,63 (37,0)*
Indice de stérilité I_p	0,93 (7,4)	1,00 (0,5)	0,99 (1,0)	1,05 (– 4,5)	0,98 (2,0)
Indice d'avortement C_a	n.d.	n.d.	n.d.	n.d.	0,87 (13,2)
ISF estimé à partir d'une fécondité cumulée de 15,3 enfants	5,2	6,7	5,7	6,0	6,0
Différence ISF estimé – ISF observé	1,1	1,0	2,3	0,8	1,6

Lecture : les chiffres entre parenthèses indiquent le pourcentage d'inhibition.
n.d. : non disponible.
* Pour le calcul de C_i, nous avons appliqué les données de l'insusceptibilité *post-partum* issues de l'EDS 1998-1999 pour Abidjan, ces données n'étant pas disponibles dans l'enquête FSU.
[a] Nos propres calculs.
[b] Vimard *et al.*, 2001.
Sources : EDS 1994 et 1998-1999; enquête FSU 1998.

En définitive, l'étude de la transition de la fécondité à Abidjan montre que les femmes régulent leur fécondité de plusieurs façons. Ainsi la population étudiée peut-elle être divisée en quatre groupes distincts selon leur recours à la contraception et/ou à l'avortement (Guillaume et Desgrées du Loû, 2002).

Un premier groupe de femmes (27 %) élaborent des stratégies que l'on pourrait qualifier de traditionnelles, sans recours à la contraception ni à l'avortement, ne cherchant à contrôler leur descendance que grâce aux pratiques du *post-partum* (abstinence et allaitement). Il s'agit surtout de femmes mariées, peu instruites et de religion musulmane. Mais les pratiques du *post-partum* tendent à s'éroder à Abidjan puisque la période d'insusceptibilité *post-partum* a diminué de 2,5 mois entre 1994 et 1998. À terme, si une contraception de relais n'intervient pas, ces femmes risquent de voir leur fécondité augmenter.

À l'opposé, un deuxième groupe de femmes (30 %) ont utilisé à la fois la contraception et l'avortement pour éviter toute grossesse non prévue ou non désirée. Ces femmes ont en majorité moins de 35 ans, un niveau d'instruction plutôt élevé et sont pour la plupart chrétiennes. Les deux méthodes sont utilisées de façon complémentaire : l'avortement fait suite à l'échec d'une méthode contraceptive, souvent une méthode naturelle, ou c'est l'expérience d'un avortement qui les incite à utiliser la contraception. Ces comportements attestent d'une volonté des femmes de réguler leur fécondité à l'aide de toutes les techniques disponibles.

Un troisième groupe est constitué des femmes qui n'ont utilisé que la contraception durant leur vie féconde (39 %) : elles utilisent peut-être efficacement ces méthodes et il est possible qu'elles soient opposées à l'avortement en cas d'échec de la contraception. Ces femmes sont dans l'ensemble jeunes (une majorité ont moins de 25 ans) et se situent à tous les niveaux d'instruction.

Enfin, le dernier groupe (3 %) comprend des femmes qui ne recourent qu'à l'avortement. Il s'agit surtout de femmes qui débutent leur vie féconde et qui ne peuvent assumer la charge d'un enfant à ce moment-là. Trop jeunes pour être mères, elles rencontrent de grandes difficultés d'accès à la contraception et ne se savaient peut-être pas exposées au risque d'une grossesse.

Cette typologie sommaire atteste que les femmes manifestent de plus en plus clairement leur volonté de réguler leur fécondité, tout en soulignant la prégnance des pratiques traditionnelles d'espacement des naissances.

Conclusion

Les comportements reproductifs des femmes abidjanaises apparaissent en pleine évolution : la baisse sensible de la fécondité résulte à la fois de la progression lente mais continue de la contraception et du recours croissant à l'avortement. Le recours diversifié aux techniques contraceptives et abortives renvoie à la fois à l'évolution des idéaux de procréation des femmes, à leur adhésion à l'idée de la planification familiale mais aussi à leurs situations économique, familiale et sociale qui modèlent le désir d'enfant. Les femmes ne disposent pas toujours d'une autonomie totale dans leur choix en matière de fécondité comme dans l'adoption de méthodes préventives. Toutefois le contexte ivoirien actuel ouvre un certain nombre de perspectives, puisque le gouvernement a adopté une politique en faveur de la maîtrise de la fécondité et que des activités de planification familiale commencent à se développer dans certains centres de santé.

L'accès aux techniques de contrôle des naissances, en Côte d'Ivoire comme dans bien d'autres pays africains, reste d'autant plus limité que le contexte économique accroît les difficultés de fonctionnement du système de santé. Cela se traduit par une élévation du coût de la santé pour la population en raison des politiques de recouvrement des coûts. Le coût de la contraception moderne peut ainsi apparaître comme un facteur de blocage pour certaines femmes, les incitant plutôt à recourir aux méthodes naturelles en raison de leur « gratuité ».

Au-delà des coûts financiers, la question de l'information contraceptive et de l'accès aux différentes méthodes soulève celle du *counselling*, qui s'avère sans aucun doute insuffisant, particulièrement en période *post-partum*. Et dans la mesure où les informations sur la contraception sont essentiellement diffusées auprès des femmes venant en consultation prénatale ou post-natale, elles ne peuvent atteindre les jeunes femmes qui ne vivent pas en union et celles qui n'ont pas encore d'enfant. C'est surtout pour les adolescentes que l'accès à la planification familiale est difficile, car leur sexualité n'est pas toujours socialement acceptée, et les personnels de santé sont parfois réticents à leur prescrire des contraceptifs.

Sans une amélioration des conditions d'information et de diffusion des programmes de planification familiale, le recours aux méthodes modernes restera faible car les femmes demeurent relativement réticentes devant ces méthodes qu'elles connaissent mal et dont elles craignent les effets secondaires. D'une manière générale, en Afrique, la maîtrise de la fécondité dépend donc encore largement des méthodes naturelles ou populaires (qui représentent de 3 % des méthodes utilisées en Afrique du Sud jusqu'à 70 % en Afrique centrale).

Pour que la transition de la fécondité se produise réellement en Afrique de l'Est, centrale et de l'Ouest, une augmentation d'au moins un point par an du recours à la contraception moderne serait nécessaire, à la condition que les autres déterminants de la fécondité agissent dans le même sens. Durant les dix dernières années, l'utilisation de la contraception, toutes méthodes confondues, n'a respectivement augmenté que de 0,4 % et 0,5 % par an en Afrique centrale et de l'Ouest et de 1,0 % et 1,3 % en Afrique du Sud et de l'Est (Guengant et May, 2001).

Dans ce contexte de faible couverture contraceptive, en raison même de la modification des aspirations des femmes en matière de descendance, le recours à l'avortement risque de perdurer et d'intervenir en lieu et place de la contraception. Son rôle dans la transition de la fécondité, mis en évidence à Abidjan, est d'ailleurs de plus en plus souvent souligné pour expliquer les diminutions de la fécondité observées dans différentes capitales africaines (Amegee *et al.*, 2001 ; Konate *et al.*, 1999). L'augmentation des avortements nécessite d'autant plus une analyse approfondie qu'ils ont non seulement des conséquences sur la fécondité mais aussi sur la morbidité et la mortalité maternelles (Thonneau *et al.*, 1996).

Un autre facteur susceptible d'influer sur l'évolution de la fécondité en Côte d'Ivoire est le sida. Les conséquences de cette épidémie risquent d'être particulièrement graves dans une ville comme Abidjan où l'on estime que 15 % des femmes enceintes sont séropositives (Welffens-Ekra *et al.*, 1996). La mortalité fœtale est plus élevée chez les femmes infectées par le VIH (Welffens-Ekra *et al.*, 2000 ; Zaba et Simon, 1998). Celles-ci risquent de modifier leurs projets procréatifs d'une part à cause du risque de contamination des enfants, dont la mortalité augmente, d'autre part par peur que ces enfants deviennent précocement orphelins. L'apparition du sida et la nécessité de s'en protéger ont également provoqué l'émergence de nouveaux comportements : utilisation de méthodes préventives, difficultés de remariage des veuves, changement dans les pratiques d'abstinence *post-partum* et d'allaitement, modification des comportements sexuels, etc. (Guengant et May, 2001 ; Zaba et Simon, 1998). Les campagnes de lutte contre le sida, qui ont contribué à une meilleure diffusion du préservatif, augmentent en même temps son impact pour prévenir les grossesses. À Abidjan, l'usage du préservatif a été multiplié par deux durant les cinq dernières années. Chez les adolescentes non mariées et sexuellement actives, le préservatif représente dans certains pays d'Afrique plus de 80 % des méthodes modernes utilisées (Guillaume, 2002). Tous ces éléments participent à une modification des idéaux et des comportements reproductifs qui reste cependant difficile à évaluer.

La contraception, l'avortement et l'infection par le VIH vont certainement jouer un rôle majeur dans les évolutions de la fécondité en Côte d'Ivoire, surtout si les pratiques du *post-partum* tendent à s'éroder au fil du temps. Mais il importe d'approfondir l'étude du rôle de l'avortement pour mieux en mesurer l'impact dans la population générale et comprendre les relations entre contraception et avortement afin d'identifier les éventuels blocages dans l'accès à la planification familiale.

Remerciements. L'auteur remercie pour leurs remarques et conseils lors de la rédaction de cet article ses collègues de l'IRD, de l'Ined, de l'Inserm, de l'université de Versailles-Saint-Quentin-en-Yvelines et plus particulièrement Michèle Ferrand de l'Iresco.

RÉFÉRENCES

AMEGEE K., SALAMI-ODJO R., BOUKPESSI B., 2001, « Les déterminants de la baisse de la fécondité au Togo entre 1988 et 1998 », in K. Vignikin, D. Gbetoglo (dir.), *Analyse approfondie de l'enquête démographique et de santé au Togo*, Lomé, Unité de recherche en démographie, p. 11-66.

BENSON J., NICHOLSON L. A. et al., 1996, « Complications of unsafe abortion in Sub-Saharan Africa: a review », *Health Policy and Planning*, 11(2), p. 117-131.

COSIO-ZAVALA M.-E., 2000, « Préface », in P. Vimard, B. Zanou (dir.), *Politique démographique et transition de la fécondité en Afrique*, Paris, L'Harmattan (Coll. Populations), p. V-VII.

DESGRÉES du LOÛ A., MSELLATI P., VIHO I., WELFFENS-EKRA C., 1999, « Le recours à l'avortement provoqué à Abidjan : une cause de la baisse de la fécondité ? », *Population*, 54(3), p. 427-446.

GOYAUX N., YACE-SOUMAH F., WELFFENS-EKRA C., THONNEAU P., 1999, « Abortion complications in Abidjan (Ivory Coast) », *Contraception*, 60(2), p. 107-109.

GUENGANT J.-P., MAY J.F., 2001, « Impact of the proximate determinants on the future course of fertility in sub-Saharan Africa », présenté au *Workshop on Prospects for Fertility Decline in High Fertility Countries*, 9-11 juillet 2001, New York.

GUILLAUME A., 2002, « L'avortement en Afrique : une pratique fréquente chez les adolescentes ? », communication au colloque de l'Aidelf, *Enfants d'aujourd'hui. Diversité des contextes, pluralité des parcours*, 9-12 novembre 1999, Dakar.

GUILLAUME A., DESGRÉES du LOÛ A., 2002, « Contraception and/or abortion? A study of fertility regulation strategies among Abidjan women », *International Family Planning Perspectives*, 28(3), p. 159-166.

GUILLAUME A., DESGRÉES du LOÛ A., KOFFI N., ZANOU B., 1999, « Le recours à l'avortement : la situation en Côte d'Ivoire », Abidjan, Ensea/IRD, 50 p.

GUILLAUME A. (en collaboration avec W. Molmy), 2003, *L'avortement en Afrique. Une revue de la littérature des années 1990 à nos jours*, Paris, Ceped, CD-Rom.

HUNTINGTON D., NAWAR L., HASSAN E.O., YOUSSEF H., ABDEL-TAWAB N., 1998, « The postabortion caseload in egyptian hospitals: a descriptive study », *International Family Planning Perspectives*, 24(1), p. 25-31.

INSTITUT NATIONAL DE LA STATISTIQUE DE CÔTE D'IVOIRE, Macro International Inc., 1995, *Enquête démographique et de santé 1994*, Côte d'Ivoire, Abidjan, Calverton, Maryland, 294 p.

INSTITUT NATIONAL DE LA STATISTIQUE, ORC MACRO, 2001, *Enquête démographique et de santé Côte d'Ivoire 1998-1999*, Abidjan, Calverton, 298 p.

JOLLY C., GRIBBLE J.N., 1996, « Les déterminants proches de la fécondité », in K. Foote, A. Hill, L.G. Martin (éd.), *Changements démographiques en Afrique sub-saharienne*, Paris, Ined (Coll. Travaux et documents, Cahier 135), p. 71-117.

KOFFI N., FASSASSI R., 1997, *Fécondité et planification familiale au sein des corps habillés, militaires et paramilitaires*, Abidjan, Ensea, 155 p.

KONATÉ M.K., SISSOKO F., GUEYE M., TRAORÉ B., DIABATE DIALLO F.S., 1999, *Les conséquences sociales de l'avortement provoqué à Bamako*, Bamako, CILSS/INSAH/Cerpod, 91 p.

LERIDON H., 2002, « Les facteurs de la fécondabilité et du temps mort », in G. Caselli, J. Vallin, G. Wunsch (dir.), *Démographie : analyse et synthèse. II – Les déterminants de la fécondité*, Paris, Ined, p. 191-211.

LOCOH T. 1994, « Will the decline in fertility in sub-saharan Africa last? A time of uncertainty », in T. Locoh, V. Hertrich (éd.), *The Onset of Fertility Transition in Sub-saharan Africa*, Liège, IUSSP, Derouaux Ordina Editions, p. 105-133.

MBOUP G., 2000, « Transition de la fécondité et pratique contraceptive en Afrique anglophone », in P. Vimard, B. Zanou (dir.), *Politique démographique et transition de la fécondité en Afrique*, Paris, L'Harmattan (Coll. Populations), p. 133-170.

McLaren A., 1990, *A history of contraception. From antiquity to the present day*, Oxford, Cambridge, Mass, Basil Blackwell, 276 p.

Ministère délégué auprès du Premier ministre, 1997, *Déclaration de politique nationale de population*, Abidjan, Unfpa/Fnuap, 40 p.

Nations unies, Division de la population, 2001, « The demographic situation in high fertility countries », présenté au *Workshop on Prospects for Fertility Decline in High Fertility Countries*, 9-11 juillet 2001, New York.

Ngom P., 2000, « Réseaux informels de communication et santé de la reproduction au Sénégal », in M. Pilon, A. Guillaume, *Maîtrise de la fécondité et planification familiale au Sud*, Paris, IRD Éditions, p. 193-206.

Organisation mondiale de la santé, Maternal and New Born Health et al., 1998, *Unsafe abortion. Global and regional estimates of incidence and mortality due to unsafe abortion with a listing of available country data*, Genève, Organisation mondiale de la santé, 109.

Strickler J., Heimburger A., Rodriguez K., 2001, « Clandestine abortion in Latin America: a clinic profile », *International Family Planning Perspectives*, 27(1), p. 34-36.

Tabutin D., Schoumaker B., 2001, « Une analyse régionale des transitions de fécondité en Afrique sub-saharienne », communication présentée au XXIVe Congrès général de l'UIESP, Salvador de Bahia, Brésil, 20-22 août 2001.

The Alan Guttmacher Institute, 1999, *Sharing Responsibility Women Society and Abortion Worldwide*, New York, 66 p.

Thonneau P., Goyaux N. et al., 2002, « Abortion and maternal mortality in Africa », *New England Journal of Medicine*, 347(24), p. 1984-1985.

Thonneau P., Djanhan Y., Tran M., Welffens-Ekra C., Papiernik E., 1996, « The persistence of a high maternal mortality rate in the Ivory Coast », *American Journal Public Health*, 86, p. 1478-1479.

Vimard P., Fassassi R., Talnan R., 2001, « Le début de la transition de la fécondité en Afrique sub-saharienne : un bilan autour des exemples du Kenya, du Ghana et de la Côte d'Ivoire », communication présentée au XXIVe Congrès général de l'UIESP, Salvador de Bahia, Brésil, 20-22 août 2001.

Welffens-Ekra C., Desgrées du Loû A., Leroy V., Dabis F., 2000, « L'inégalité homme-femme face au sida », in A. Berrebi (éd.), *Sida au féminin*, Paris, éditions Douin.

Welffens-Ekra C., Philippe M., Gnou T. et al., 1996, « HIV testing among african pregnant women in the context of a tolerance study on AZT in Abidjan, Côte d'Ivoire », communication présentée à la XIe Conférence internationale sur le sida, Vancouver, Canada, 7-12 juillet 1996.

Zaba B., Simon G., 1998, « Measuring the impact of HIV on fertility in Africa », *AIDS*, 12(suppl. 1), p. 41-50.

GUILLAUME Agnès.– **Le rôle de l'avortement dans la transition de la fécondité à Abidjan au cours des années 1990**

À l'image de nombreux pays africains, la Côte d'Ivoire est entrée dans une phase de transition de la fécondité particulièrement marquée en milieu urbain. Ces changements se produisent dans un contexte de faible prévalence contraceptive, soulevant la question du rôle des autres déterminants de la baisse de la fécondité, en particulier de l'avortement.

Une étude réalisée à Abidjan auprès de femmes qui consultent dans des centres de santé a permis d'analyser en détail les modes de régulation de la fécondité et les relations entre avortement et fécondité. L'avortement est une pratique de plus en plus fréquente, malgré son illégalité, notamment chez les jeunes femmes et dès le début de la vie féconde. Contraception et avortement sont parfois utilisés de façon complémentaire, l'avortement intervenant en cas d'échec de la contraception (en particulier d'une méthode naturelle). Dans certains cas, il semble que l'expérience d'un avortement entraîne le recours à des méthodes efficaces, bien que cela ne soit pas systématique. Les données présentées ici montrent qu'il n'est pas possible de comprendre la baisse de la fécondité à Abidjan sans prendre en compte le rôle majeur des pratiques abortives.

GUILLAUME Agnès.– **The Role of Abortion in the Fertility Transition in Abidjan (Côte d'Ivoire) during the 1990s**

Like many African countries, Côte d'Ivoire has entered a phase of fertility transition which is particularly pronounced in urban areas. These changes are occurring in a context of low contraceptive prevalence, raising the question of the contribution of other determinants, particularly abortion, to the fertility decline.

A study conducted in Abidjan on women consulting at health centres has been used to make a detailed analysis of the methods of fertility regulation and of the link between abortion and fertility. Despite being illegal, the practice of abortion is increasingly common, particularly among young women and from the beginning of reproductive life. Contraception and abortion are sometimes complementary, with abortion being resorted to following contraceptive failure (particularly of natural methods). In some cases it seems that the experience of an abortion leads to adoption of effective methods, although this is not systematic. The data presented here show that fertility decline in Abidjan cannot be understood without taking into account the major contribution of abortion practices.

GUILLAUME Agnès.– **El papel del aborto en la transición de la fecundidad en Abidjan durante los años noventa**

Al igual que muchos países africanos, la Costa de Marfil ha entrado en una fase de transición de la fecundidad que es particularmente marcada en el medio urbano. Estos cambios se producen en un contexto de baja prevalencia del uso de anticonceptivos, con lo cual entra en cuestión el papel de otros determinantes de la baja de la fecundidad, especialmente del aborto.

Un estudio llevado a cabo en Abidjan entre las pacientes de centros de salud ha permitido analizar en profundidad los métodos de regulación de la fecundidad y las relaciones entre aborto y fecundidad. A pesar de ser ilegal, la práctica del aborto va en aumento, especialmente entre las mujeres jóvenes y desde el inicio de la etapa fecunda. En ciertas ocasiones, anticoncepción y aborto se usan de forma complementaria, recurriendo al aborto cuando fallan los anticonceptivos (en particular los métodos naturales). En algunos casos, la experiencia del aborto lleva al uso de métodos eficaces, aunque no sistemáticamente. Los datos que se presentan en este artículo demuestran que para entender la disminución de la fecundidad en Abidjan hay que tener en cuenta el papel importante que han jugado las prácticas abortivas.

Agnès GUILLAUME, Laboratoire Population-Environnement-Développement, UMR 151, IRD - Université de Provence, Ceped, Campus du Jardin tropical de Paris, Pavillon Indochine, 45 bis avenue de la Belle Gabrielle, 94736 Nogent-sur Marne, tél. : 01 43 94 72 93, fax : 01 43 94 72 92, courriel : guillaume@ceped.cirad.fr

Stratégies reproductives et prise de décision au Sénégal : le rôle de la mortalité des enfants

Sara RANDALL* et Thomas LEGRAND**

> *Au Sénégal, la fécondité a commencé à baisser, même si elle reste élevée (5,2 enfants par femme à la fin des années 1990). La mortalité infantile a fortement reculé, y compris en milieu rural. La théorie de la transition démographique postule une relation entre la réduction de la mortalité infantile et la baisse de la fécondité. Mais de quelle nature est ce lien ? À partir de données qualitatives recueillies dans des contextes locaux différenciés au Sénégal,* Sara RANDALL *et* Thomas LEGRAND *montrent que les raisonnements conscients et les calculs explicites concernant les risques de décès des enfants ou la baisse de la mortalité interviennent peu dans les pratiques de fécondité, qui continuent à être rarement présentées comme des décisions. En milieu urbain, les considérations sur le coût des enfants et la difficulté croissante de les élever sont mises en avant pour justifier l'aspiration à une fécondité plus réduite, cependant qu'en milieu rural, le souci de préserver la santé de la mère a acquis une certaine légitimité et motive le souhait d'un espacement plus grand des naissances.*

> « Toute société confrontée à la très forte mortalité qui caractérise l'ère pré-moderne ne peut survivre que grâce à une fécondité élevée. De telles sociétés se sont ainsi ingénieusement arrangées pour obtenir les naissances requises. »
>
> (Notestein, 1945)

Depuis les premiers travaux sur la transition démographique, la plupart des auteurs ont fait l'hypothèse que le déclin de la mortalité infantile et juvénile était un facteur important de la baisse de la fécondité. Sans remettre en cause la contribution, amplement démontrée, des autres déterminants de la transition de la fécondité (Bulatao, 2001), la baisse de la mortalité a souvent été considérée plus largement comme un élément de

---
* Département d'anthropologie, University College, Londres.
** Département de démographie, université de Montréal.
Traduit par Florence Waïtzenegger-Lalou.

premier plan dans l'explication du changement social et certains démographes tels que Cleland (2001) en font l'élément central de la baisse de la fécondité. Dans ce domaine, les études empiriques ont privilégié l'analyse des effets physiologiques et des stratégies de remplacement, montrant finalement leur assez faible influence sur les niveaux de fécondité. Quelques rares études ont tenté d'évaluer l'effet d'assurance, dont on peut supposer qu'il joue un rôle essentiel en matière de fécondité, et les nombreux autres mécanismes par lesquels la mortalité des enfants peut affecter la fécondité ont été peu explorés. Dans l'ensemble, on sait peu de choses sur la façon dont les individus et les familles s'adaptent, selon les contextes, au risque de décès ou à la perte d'un enfant, sur la conscience qu'ils ont de l'évolution de ces risques et sur la manière dont ces derniers sont pris en compte dans les stratégies reproductives. Cette étude vise à approfondir ces questions en recourant à une approche qualitative. Elle s'appuie sur une enquête réalisée au Sénégal.

D'après la littérature démographique, la mortalité des enfants peut induire différents types de comportements de reproduction. D'une part, ces comportements peuvent être le produit de choix « conscients » sur la taille finale de la famille, impliquant la prise en compte de l'expérience ou des risques de décès des enfants, ces stratégies étant fondées sur d'autres considérations elles-mêmes susceptibles d'être influencées par l'évolution de la mortalité. D'autre part, les comportements de reproduction peuvent ne pas résulter de calculs ou de stratégies délibérées (LeGrand et Sandberg, 2004, à paraître). Ces différents comportements reproductifs ne sont pas mutuellement exclusifs, mais peuvent, pour certains d'entre eux, coexister au sein d'une population ou chez un même individu. En effet, les aspirations et ce que les individus perçoivent comme étant dans leur intérêt varient assez fortement entre les hommes et les femmes, entre les jeunes et les anciennes générations, entre les riches et les pauvres, et il en résulte des stratégies de reproduction différentes. De plus, si l'on considère que ces stratégies s'inscrivent dans un contexte de transformations sociales et de développement; qu'en parallèle, les évolutions des normes sociales ont un impact sur les choix en matière de reproduction et qu'enfin les individus réagissent en fonction de leurs propres expériences, de leur capacité à agir (*agency*) et de leurs priorités (*agenda*), il faut s'attendre à des conduites diverses, dont les effets se recouvrent et sont parfois décalés.

Dans l'ensemble, trois perspectives théoriques dominent la littérature démographique relative aux effets de la mortalité sur la fécondité : le remplacement, l'assurance et l'analyse en termes de compromis entre la qualité et la quantité des enfants[1].

La stratégie de remplacement signifie que la perte d'un enfant sera suivie par l'arrivée d'un nouveau-né, soit en différant l'arrêt de la procréation, soit en réduisant l'espacement des naissances. Cette stratégie ne peut être mise en œuvre qu'après la naissance d'un premier enfant et suppose un contrôle volontaire de la fécondité. En effet, la venue d'un nouvel enfant doit être un choix consécutif au décès d'un enfant précédent ; inversement, en cas de survie des enfants, le choix de limiter sa descendance doit également être possible. Ainsi, dans un régime de fécondité naturelle, il ne peut y avoir de stratégie de remplacement. On peut penser que cet effet joue un faible rôle (Preston, 1978), dans la mesure où certaines familles ne souhaitent pas nécessairement remplacer la perte d'un enfant et où certaines femmes peuvent ne pas parvenir à concevoir d'autres enfants. D'ailleurs, les études empiriques ont généralement conclu dans ce sens.

La stratégie d'assurance implique la constitution d'une « réserve » d'enfants en prévision des décès éventuels pendant l'enfance. Telle que présentée classiquement par les démographes, cette analyse stipule que les couples, conscients des plus grandes chances de survie de leurs enfants, estiment qu'ils peuvent en avoir moins tout en s'assurant un nombre idéal ou acceptable d'enfants. Cette hypothèse soulève deux questions essentielles. Il faut tout d'abord s'interroger sur la justesse des perceptions des individus au regard des niveaux et tendances de la mortalité. Ensuite, il importe de se demander dans quelle mesure ces informations sont prises en compte dans les décisions en matière de fécondité. Les données d'enquête par questionnaire ne sont pas les plus adéquates pour répondre à ces questions. En effet, il est moins aisé de procéder à une évaluation personnelle des risques de mortalité de ses enfants, qui relèverait d'une stratégie d'assurance, que de prendre en compte sa propre expérience de la perte d'un enfant, dont dépend l'hypothèse de remplacement. Les quelques études portant sur cette question indiquent que les individus évaluent de façon assez imprécise l'intensité et l'évolution de la mortalité (Montgomery, 1998 ; Mahy, 1999 ; Watkins, 2000 ; Carvalho *et al.*, 2001).

Au niveau de la société, il existe aussi des mécanismes qui ont une fonction d'assurance. En effet, des normes et des codes de comportements peuvent se mettre en place en réponse à une mortalité élevée. On peut penser notamment au mariage précoce des femmes, aux attitudes pronatalistes, à la prolongation de l'allaitement et de l'abstinence. Cette perspective est au cœur des travaux de Notestein (1945) sur la transition démographique ainsi que de ceux de Lloyd et d'Ivanov (1988) sur l'effet de

---

[1] Pour les revues de littérature, voir les travaux de LeGrand et Sandberg (2004, à paraître) et de Cohen et Montgomery (1998). Plusieurs autres mécanismes peuvent être à l'origine d'un lien de nature comportementale entre mortalité et fécondité. La baisse de la mortalité conduit à une croissance plus rapide de la population et finalement à des densités de population plus élevées, lesquelles peuvent réduire la valeur économique des enfants pour leurs familles ou mener à la mise en place de politiques visant à limiter les naissances. Bledsoe *et al.* (1998) ont cependant démontré qu'en Gambie, les stratégies reproductives des femmes sont basées sur une compréhension différente des liens entre les enfants mort-nés, les décès d'enfants et la survie des enfants avec pour conséquence que les femmes qui ont perdu beaucoup d'enfants ou eu de nombreux enfants mort-nés retardent la venue de l'enfant suivant. L'épidémie de VIH/Sida, qui met en relation mort d'un enfant, perspectives de survie des enfants à venir et survie et santé à long terme des parents, semble modifier les stratégies reproductives dans certaines régions d'Afrique (Ainsworth *et al.*, 1998 ; Grieser *et al.*, 2001), bien qu'elle ait, jusqu'à présent, très peu d'effets sur la fécondité au Sénégal.

transition. Elle va également dans le sens des courants évolutionnistes concernant la reproduction humaine (Mace, 2000). Ces comportements traditionnels ne sont pas gouvernés par des stratégies « conscientes » des individus ou des familles, bien qu'ils permettent d'assurer un nombre d'enfants suffisamment élevé pour compenser les effets de leur forte mortalité. Selon Lloyd et Ivanov (1988), le degré d'incertitude quant à la taille finale de la famille est si élevé dans un contexte de forte mortalité qu'il interdit en général toute planification à long terme de la constitution de la famille. Il en résulte un régime de fécondité naturelle caractérisé par des normes et des pratiques sociales et culturelles favorisant la famille nombreuse. Dans ce contexte, le besoin de planifier la taille finale de la famille ne se fait pas sentir et le fait de désirer un nombre spécifique d'enfants semble même être étranger aux façons de penser habituelles (van de Walle, 1992). Mais Lloyd et Ivanov soutiennent que le déclin de la mortalité des enfants a permis aux couples de prendre conscience de leur capacité à planifier le nombre de leurs enfants, et du fait qu'en changeant leur comportement, ils pouvaient constituer leur famille de manière plus raisonnée. Cela engendre le développement de stratégies de fécondité conscientes qui peuvent être fondées sur des objectifs de remplacement ou d'assurance. De plus, l'évolution des institutions et des normes sociales qui guidaient auparavant les comportements de constitution de la famille et les modifications de l'environnement sont des facteurs qui ont suscité l'émergence d'aspirations et de stratégies nouvelles.

La nuptialité est un facteur intermédiaire qui joue un rôle majeur dans la relation entre la mortalité et la fécondité (Notestein, 1945 ; Preston, 1978). Les recherches de LeGrand et Barbieri (2002) ont mis en évidence une forte association statistique entre la mortalité des enfants au niveau de la communauté et l'âge au premier mariage et à la première naissance chez les femmes d'Afrique sub-saharienne. Cette relation peut relever de stratégies individuelles ou d'effets d'assurance au niveau de la société. À titre d'exemple, il est concevable que dans un contexte de forte mortalité, des parents cherchent à marier leurs enfants précocement afin d'accroître leur descendance potentielle. On peut considérer cette stratégie comme une variante de l'effet d'assurance, dans la mesure où elle opère à travers l'âge au mariage. Des liens plus mécaniques peuvent aussi découler de coutumes traditionnelles, telles que le sororat ou le lévirat qui n'impliquent pas nécessairement des stratégies conscientes, ou d'une pénurie de conjoints potentiels sur le marché matrimonial[2].

Le compromis entre la quantité et la qualité des enfants : la diminution des risques de décès et, plus généralement, l'amélioration de la santé des enfants vont accroître les préférences des parents pour une plus grande « qualité » des enfants (par rapport à leur quantité ou à leur nombre), les encourageant finalement à limiter le nombre d'enfants compte tenu des investissements qui leur sont consacrés (Schultz, 1981 ; Cohen et Montgomery, 1998)[3]. Le concept de qualité de l'enfant recouvre classiquement l'éducation et parfois la santé, même si d'autres types d'investissements pourraient aussi être pris en compte. Cette évolution des préférences devrait être particulièrement significative lorsque les progrès sanitaires dont bénéficient les enfants se conjuguent à de nouvelles perspectives en termes économiques et sociaux, qui accroissent la valeur des investissements consentis pour l'éducation des enfants.

Par ailleurs, Cleland (2001) et Davis (1963) soutiennent que, dans un contexte de baisse de la mortalité, les coûts d'opportunité augmentent avec le nombre d'enfants. Ainsi, selon ces auteurs, les parents perçoivent la hausse progressive du nombre d'enfants survivants comme une entrave à la réalisation de leurs aspirations et à leur capacité à tirer profit des nouvelles perspectives au plan économique. Dans la mesure où le nombre d'enfants augmente au sein de la communauté, les mécanismes traditionnels mis en place pour faire face aux familles nombreuses – comme le partage des coûts et des ressources associés aux enfants avec d'autres familles plus petites – se révèlent par ailleurs moins efficaces. Un nombre accru d'enfants peut enfin entraîner un plus grand morcellement des terres familiales et perturber, de diverses façons, l'organisation traditionnelle de la famille (VanLandingham et Hirschman, 2001; Casterline, 1999). Ces processus peuvent conduire à une régulation de la croissance démographique par une demande d'enfants plus faible ou par la migration d'enfants à l'âge adulte.

Une des difficultés rencontrées pour tester empiriquement les relations supposées entre la mortalité et la fécondité résulte du fait qu'elles sont liées à des phénomènes qui surviennent de façon simultanée dans la plupart des pays en voie de développement et qui sont partie intégrante des processus interdépendants de développement socio-économique, de modernisation et de globalisation. Les études quantitatives qui mettent en évidence des corrélations statistiques ou des associations temporelles conformes à ces hypothèses théoriques ne devraient pas, en elles-mêmes, être considérées comme des preuves légitimes, en raison du grand nombre d'explications concurrentes qui peuvent être avancées. Pour l'Europe du XIXe et du début du XXe siècle, Knodel et van de Walle (1979) ont montré

---

(2) La baisse de la mortalité des enfants conduit progressivement à un rajeunissement de la structure par âge, toutes choses étant égales par ailleurs. En Afrique, les épouses sont souvent beaucoup plus jeunes que leurs maris; cet écart d'âge entre les conjoints peut provoquer un excédent numérique de candidates au mariage par rapport aux hommes. Un tel déséquilibre sur le marché matrimonial pourrait conduire à une augmentation de l'âge au mariage des femmes et à une réduction de l'écart d'âge entre les conjoints (pour des résultats empiriques, voir Hertrich, 2002; Blanc et Gage, 2000), ainsi qu'à un recul de l'âge à la première naissance. D'autres études ont montré que l'existence d'une pénurie de conjoints potentiels sur le marché matrimonial avait contribué à la baisse de la fécondité dans certaines régions d'Asie (Fernando, 1975; Caldwell *et al.*, 1983; Mari-Bhat et Halli, 1999).

(3) Schultz note aussi que, dans un contexte de baisse de la mortalité des enfants, le coût moyen d'un enfant survivant (en termes d'argent, de temps et de santé de la mère, etc.) devrait diminuer et que le nombre d'enfants survivants souhaités par les parents devrait augmenter. L'effet global sur la fécondité de ces mécanismes qui sont liés à la fois à la survie et à la mortalité des enfants est ambigu.

que malgré un tableau d'ensemble caractérisé par la concomitance de l'industrialisation, de l'urbanisation, des progrès de l'instruction et du déclin de la fécondité et de la mortalité, les liens temporels entre ces phénomènes ont fortement varié selon les pays. Par conséquent, une relation de cause à effet valable pour une population peut ne pas l'être pour une autre, même si elles sont toutes deux en phase de changements sociaux et démographiques rapides.

De plus, la plupart des études statistiques utilisent des données issues de contextes très différents couvrant un ou plusieurs pays. Dans l'ensemble, ces études ne prennent pas en compte la très forte hétérogénéité sociale, régionale et ethnique que connaît actuellement l'Afrique. Tout au plus cette disparité est-elle approchée par l'utilisation de quelques variables de contrôle (résidence urbaine ou rurale, etc.). Cependant, la variabilité des contextes et leurs effets complexes et multidimensionnels sur les perceptions, les attitudes et les comportements des individus ne peuvent pas ressortir correctement à partir de quelques coefficients de régression. Ainsi, au regard de la distinction entre l'urbain et le rural en Afrique, les capitales offrent un environnement relativement moderne, et sont dotées d'infrastructures sanitaires et éducatives ; elles bénéficient également de liaisons intra-urbaines et vers l'extérieur satisfaisantes ainsi que de la diversité des médias ; enfin, une proportion importante des citadins sont employés dans l'économie de marché ou dans le secteur moderne. À l'opposé, il existe dans une grande partie de l'Afrique des zones rurales à économie de subsistance qui semblent, tout au moins en apparence, s'être peu transformées au cours des dernières décennies, même si, là encore, on constate une prédominance de l'économie monétaire et une amélioration de l'accès aux soins, en particulier à la vaccination. Dans ces zones, la migration de travail est un moteur du changement social à la fois parce qu'elle véhicule des idées et des attitudes nouvelles et qu'elle favorise l'insertion dans l'économie mondiale moderne. Finalement, dans des contextes aussi contrastés, les populations vivent probablement de façon très différente la baisse de la mortalité, les progrès de l'instruction et bien d'autres changements qui en découlent. Un défi à relever consiste à déterminer si les décisions en matière de reproduction prises au niveau de l'individu ou du couple, qui sont propres à chaque contexte, correspondent aux corrélations établies par les études statistiques.

Au total, il importe sans doute de comprendre si les populations raisonnent suivant les mêmes hypothèses et font appel aux mêmes logiques que celles énoncées par les théories démographiques. Dans le cadre de cette étude, des données qualitatives ont été collectées auprès de trois communautés du Sénégal, toutes différentes du point de vue de leur développement socio-économique et de leur insertion dans la société moderne. Cette étude a pour objet d'analyser les effets de la perte d'un enfant et de la perception du risque de décès sur les décisions prises au sein du couple en matière de reproduction. Le mariage est un sujet complexe qui recouvre l'entrée en union, le divorce, le remariage, la polygamie, etc. Il fera l'objet d'une analyse approfondie dans une prochaine étude et sera donc peu abordé dans cet article.

I. L'évolution de la mortalité des enfants et de la fécondité au Sénégal

Les caractéristiques démographiques du Sénégal sont très semblables à celles de nombreux autres pays de la région (Ndiaye *et al.*, 1997; Pison *et al.*, 1995). Depuis la fin de la seconde guerre mondiale, la mortalité infanto-juvénile (*i.e.* des enfants de moins de 5 ans) a baissé de près des deux tiers, passant d'un taux de près de 400 ‰ à environ 140 ‰ au milieu des années 1990. La baisse de la mortalité a démarré avant les années 1950 dans les grandes villes tandis que dans les zones rurales, la mortalité infanto-juvénile est restée élevée jusqu'au début des années 1970 avec un taux d'environ 350 ‰, puis elle a chuté pendant les deux décennies suivantes, en partie grâce aux campagnes de vaccination. Alors que dans cette période, les progrès ont été plus modestes en milieu urbain, il n'en reste pas moins que les chances de survie sont à l'avantage des citadins par rapport aux enfants issus du monde rural; de même, le risque de décéder est, chez les enfants de mère instruite, inférieur à celui de ceux qui ont une mère non instruite. L'analyse de l'enquête ESIS[4] de 1999 et de l'EDS de 1997 a montré que la survie des enfants de moins de 5 ans n'a que peu progressé pendant les années 1990, et indique même une tendance récente à la stagnation.

La fécondité demeure élevée au Sénégal malgré l'amorce d'une baisse. Au niveau national, l'indice synthétique de fécondité était évalué à 7,1 enfants par femme au milieu des années 1970 (enquête mondiale de fécondité de 1978), à 6,0 à la fin des années 1980 et au début des années 1990 (EDS-II) et à 5,2 à la fin des années 1990 (ESIS). Jusqu'à présent, cette baisse est essentiellement due aux femmes instruites vivant dans les zones urbaines. De plus, jusqu'en 1997, la fécondité a surtout baissé parmi les femmes de moins de 30 ans, en raison essentiellement du recul de l'âge au mariage et à la première naissance (Pison *et al.*, 1995; Mahy et Gupta, 2002). L'analyse des données issues de l'ESIS de 1999 montre que la transition de la fécondité sénégalaise se caractérise par un changement radical du calendrier de la fécondité à la fin des années 1990, avec une baisse très nette de la fécondité chez les femmes de plus de 30 ans. Le recours à la contraception moderne a progressé, passant de moins de 1 % en 1978 à 7 % en 1999, mais cette utilisation reste trop faible pour expliquer, à elle seule, la baisse de la fécondité.

---

[4] L'enquête sénégalaise sur les indicateurs de santé (ESIS) comporte de nombreuses questions semblables à celles posées lors des enquêtes démographiques et de santé (EDS).

II. Valider les théories démographiques à partir de données qualitatives

L'explication démographique des évolutions de la mortalité des enfants et de la fécondité est un préalable à notre enquête qualitative qui vise à examiner le rôle de ces facteurs démographiques dans les comportements et les stratégies de constitution de la famille.

Pourquoi utilise-t-on des données qualitatives ? Les théories présentées plus haut concernant les effets de la mortalité infantile et juvénile sur la fécondité sont fondées sur des corrélations quantitatives. Selon l'hypothèse de base, les sociétés prétransitionnelles étaient organisées pour faire face à un environnement très incertain, marqué notamment par de hauts niveaux de mortalité. Les transformations importantes du contexte, notamment le recul de la mortalité avec ses conséquences, engagent dorénavant ces sociétés dans une nécessaire adaptation. Cependant, des logiques diverses à l'échelle individuelle ou communautaire peuvent conduire à des stratégies reproductives qui ne sont pas nécessairement conformes aux théories démographiques. De plus, il est difficile d'établir une causalité à partir de corrélations statistiques et une relation causale peut prendre diverses formes. Le comportement, tel qu'il est observé, est la plupart du temps expliqué en termes de prise de décision en matière de reproduction, même si la responsabilité de cette prise de décision, ses motivations et la concordance entre la décision et le comportement sont des éléments qui ne sont pas toujours bien cernés. Si nous cherchons à identifier les mécanismes de la prise de décision en matière de reproduction – en termes de choix « conscient » émanant d'une stratégie au niveau de l'individu –, alors la validation des théories sur les relations entre la mortalité et la fécondité ne peut pas se satisfaire des données quantitatives. Il faut également examiner les croyances et les modes de raisonnement des populations sur ces questions.

Cette étude s'appuie sur des entretiens semi-structurés, complétés par des discussions de groupe. Notre objectif était de vérifier l'existence des différentes stratégies reproductives conscientes, susceptibles de témoigner d'une diversité des réponses comportementales, que nous avons présentées plus haut. L'analyse qualitative a porté une attention particulière aux trois questionnements suivants :

— En premier lieu, les individus raisonnent-ils de façon aussi explicite qu'on le suppose ? Expriment-ils clairement l'idée de remplacer un enfant décédé par un nouvel enfant ? Modifient-ils leurs comportements pour avancer une naissance ou pour avoir un enfant supplémentaire, alors qu'en l'absence de décès, ils auraient cessé d'avoir des enfants ? La stratégie d'assurance est-elle évoquée spontanément d'une façon ou d'une autre ? Les individus soulèvent-ils la question des risques de mortalité des enfants lorsqu'ils abordent leurs projets passés, présents ou futurs de constitution de leur famille ? Accordent-ils une valeur potentielle plus élevée à un nombre limité d'enfants instruits qu'à un plus grand nombre d'enfants ayant reçu un plus faible investissement ? Les coûts liés à une famille nombreuse sont-ils considérés comme très élevés et pour quelles raisons ?

En deuxième lieu, les individus perçoivent-ils les risques conformément à la façon dont ils sont formulés par les démographes et, dans l'affirmative, les expriment-ils spontanément ou seulement s'ils y sont incités par des questions orientées[5] ? Les personnes qui ont été confrontées durant l'enfance à la mort d'un frère ou d'une sœur ou à la perte d'un de leurs propres enfants ont-elles plus conscience des risques qui pèsent sur la survie des enfants que les personnes qui n'ont pas vécu une telle expérience ? Les populations perçoivent-elles la baisse de la mortalité qui ressort de façon frappante des données démographiques ? Même si les risques de mortalité sont considérés comme élevés, les comportements de fécondité en sont-ils influencés ? Les populations estiment-elles que les risques encourus, lors de la maternité et de la période du développement de l'enfant, sont moindres que par le passé ? Dans ces conditions, doit-on investir davantage dans les enfants ? Dans quelle mesure les enfants sont-ils considérés comme des « biens » qui engendrent des coûts et procurent des ressources ou la valeur de l'enfant s'exprime-t-elle autrement ?

En troisième lieu, les individus ont-ils la capacité d'agir conformément à leurs perceptions ? Quel est le pouvoir ou le contrôle qu'ont les individus sur leur procréation ? Y a-t-il des différences entre les hommes et les femmes et entre les groupes sociaux ?

Pour traiter de la question relative au compromis entre la quantité et la qualité des enfants, nous nous sommes appuyés non seulement sur les réponses et les opinions qu'ont exprimées les individus lors des entretiens, mais aussi sur des informations supplémentaires collectées par les enquêteurs concernant l'environnement familial des enquêtés. Ainsi, le fait de cerner la situation des individus au sein de leur famille de même que les relations dans la fratrie, avec les parents et les autres membres de la famille nous permet de mettre au jour les mécanismes de l'aide intergénérationnelle et de prise en charge des coûts. Des questions plus directes ont été posées aux enquêtés sur la taille idéale de la famille, sur leurs préférences relatives au sexe des enfants et sur leurs aspirations pour leurs propres enfants. Enfin, des informations ont été recueillies sur la biographie des enfants vivants, sur les activités et les difficultés qu'ils ont rencontrées. Tous ces renseignements vont nous permettre de dégager des modèles d'attitudes à l'égard du compromis entre la qualité et la quantité des enfants en fonction des différentes situations.

---

[5] Si les perceptions des risques de mortalité sont exprimées à la suite d'une question précise, et non de façon spontanée lors de discussions informelles, alors il convient de s'interroger sur la valeur de ces réponses. En effet, il peut s'agir d'une volonté de politesse, d'idées ou d'opinions nouvelles qui n'avaient pas été envisagées jusqu'alors, ou bien de questions jugées sans importance ou trop embarrassantes pour pouvoir être abordées spontanément.

III. Les sites étudiés

Des données issues d'entretiens semi-structurés et de discussions de groupe ont été collectées dans trois sites localisés au nord-ouest du Sénégal entre les mois de février et de juin 1999. Ces sites ont été sélectionnés de façon à prendre en compte la diversité des contextes, notamment au regard de la disponibilité des infrastructures, du poids de l'agriculture et des évolutions de la fécondité et de la mortalité. Dans les trois sites, la population est essentiellement d'origine wolof, le principal groupe ethnique du Sénégal. Tous les enquêtés étaient de confession musulmane.

Le premier site est *un village* composé de plusieurs hameaux, qui sont éloignés de 3 à 7 km d'une route principale. Une école primaire avait été récemment ouverte dans un abri temporaire constitué d'une seule pièce. Au moment de l'enquête, seul l'enseignement du cours préparatoire était dispensé. Le village ne dispose ni d'infrastructures sanitaires, ni d'électricité et des bornes-fontaines avaient été installées depuis peu dans quelques hameaux. Le ménage du chef de village possède une télévision fonctionnant sur batterie. L'agriculture, le bétail, les animaux de basse-cour, les chevaux et le transport par charrette sont les piliers traditionnels de l'économie villageoise. À l'heure actuelle, la plupart des jeunes hommes migrent pour le travail de façon saisonnière, pendant la saison sèche, ou parfois pour une année complète. Certaines jeunes filles vont aussi travailler de façon temporaire à Dakar.

Le deuxième site retenu est *une petite ville* localisée au bord de la route principale. Elle possède un lycée, ouvert depuis peu, et un petit hôpital. Cette petite ville bénéficie de bonnes communications ainsi que des services de base. Une forte proportion des jeunes hommes ont émigré en Italie où ils travaillent dans des usines ou dans le commerce informel. Les transferts de capitaux des travailleurs émigrés ont fortement contribué au développement des infrastructures de la ville, de même qu'ils jouent un rôle important dans les comportements matrimoniaux.

Le troisième site couvre *deux zones urbaines dans le quartier de la Médina à Dakar*. La zone du Centenaire, vue de l'extérieur, est dotée d'une bonne infrastructure moderne avec des logements datant des années 1960, acquis au moment de leur construction par des fonctionnaires aujourd'hui retraités. Très souvent, ils y vivent avec leurs enfants et petits-enfants ; ces logements apparemment en bon état sont en fait surpeuplés et comptent un nombre important de chômeurs. La zone de Santhiaba abrite une communauté wolof traditionnelle ; dans ce quartier, l'habitat est de qualité très variable et il y règne une ambiance de marché.

IV. La collecte des données qualitatives

Les données utilisées proviennent de 137 entretiens semi-structurés et de 14 discussions de groupe (tableau 1). Elles ont été enrichies par des entretiens auprès d'informateurs-clés, tels que des chefs religieux locaux et le personnel médical, ainsi que par les notes de terrain des enquêteurs. L'équipe de terrain était constituée d'étudiants de troisième cycle en anthropologie et en sociologie, ayant déjà eu pour la plupart des expériences d'enquêtes qualitatives. Ils ont reçu une formation sur les techniques d'entretien, ainsi que sur les questions théoriques abordées dans cette étude. Sans jamais perdre de vue les objectifs de l'étude, les enquêteurs ont contribué de façon notable à la réflexion sur les thèmes de l'enquête et à la confection du guide d'entretien. Celui-ci s'est construit autour de différents thèmes en rapport avec la biographie des individus. Ainsi, tous les entretiens ont démarré avec la question suivante : « Pouvez-vous me parler de votre enfance et de l'endroit où vous avez été élevé ? ».

Nos données proviennent essentiellement des entretiens semi-structurés, réalisés auprès d'hommes et de femmes d'âge et de statut matrimonial différents, et interrogés à des moments distincts de leur vie reproductive. Lors de cette collecte, les femmes ont été interrogées par des enquêtrices et les hommes par des enquêteurs. Dans chaque site, notre objectif était d'interroger six hommes et six femmes mariés, d'âge et de durée de mariage différents (voir tableau 1), ainsi que trois hommes et trois femmes célibataires. Les ménages ont été tirés au hasard par des techniques adaptées mais différentes pour chacun des sites[6]. La plupart des entretiens ont fait l'objet d'un enregistrement suivi d'une transcription ; toutefois, certains entretiens ont été reconstitués juste après la rencontre à partir de notes détaillées prises en direct. Les enquêteurs ont été formés à ne poser des questions sur les perceptions concernant la mortalité des enfants que si le sujet n'était pas soulevé de façon spontanée, et à le faire avec circonspection en cas de nécessité. Même si la confrontation du répondant à la mort d'un enfant, lors de son enfance ou en tant que parent, était un thème essentiel dans cette étude, celui-ci ne devait pas empêcher d'aborder les autres questions, à savoir les perceptions individuelles relatives aux prises de décisions, aux expériences et aux motivations au regard de la fécondité. Ce n'est que vers la fin du travail de terrain que l'on a abordé plus directement les stratégies de fécondité et le rôle de la mortalité des enfants. Ces questions ont fait l'objet de discussions de groupe dans chacun des sites et d'entretiens auprès des couples enquêtés à Dakar. Les résultats de ces discussions et de la confrontation des déclarations faites par chacun des deux partenaires dans les couples[7] ont complété les entretiens approfondis.

---

[6] Voir le site http://www.ucl.ac.uk/Anthropology/bioanth/staff_member_randall.htm à propos du guide d'entretien, des méthodes d'enquête et d'échantillonnage dans chacun des sites étudiés.

[7] Dans les couples, les conjoints ont été enquêtés séparément et les citations issues de ces entretiens ont été analysées comme celles des entretiens approfondis. Il est indiqué lorsque les citations sont extraites de discussions de groupe.

TABLEAU 1. – NOMBRE D'ENTRETIENS ET DE DISCUSSIONS DE GROUPE SELON LES SITES

Entretiens approfondis	Village	Petite ville	Dakar
Hommes			
Âgé de 50 ans ou plus et marié	7	6	7
Âgé de 35-49 ans et			
Marié depuis plus de 10 ans	7	5	6
Marié depuis moins de 5 ans	4	5	2
Célibataire	3	2	3
Femmes			
Âgée de 45 ans ou plus, mariée ou veuve	7	6	8
Âgée de 30-34 ans			
Mariée depuis plus de 10 ans	7	4	5
Mariée depuis moins de 5 ans	6	5	5
Célibataire	2 (20-24 ans)	3 (20-24 ans)	4 (dont 3 de plus de 30 ans)
Couples mariés	0	0	9×2
Nombre total d'entretiens approfondis	43	36	58
Discussions de groupe			
Femmes	5	3 (22-59 ans, épouses de migrants) (32-40 ans, épouses de non-migrants) (19-40 ans, mariées et célibataires)	2 (25-38 ans, <niveau primaire) (29-40 ans, niveau secondaire ou plus)
Hommes	1	1 (28-45 ans, mariés)	2 (27-45 ans, mariés)

Note : dans le village, les discussions de groupe ont eu lieu de façon informelle.

1. Analyse des données qualitatives issues des entretiens

Tous les entretiens ont été traduits en français et transcrits par les enquêteurs, ce qui a permis de conserver les termes-clés wolof. Les transcriptions ont été mises en forme pour l'analyse par le logiciel NUD*IST[8]. Chaque texte a été relié à des questions ou des thèmes précis. Les entretiens ont été codés à la fois par un membre de l'équipe sénégalaise et par un des chercheurs responsables de l'enquête. Les différences de codage ont fait l'objet de discussions approfondies quant à leur signification et à leurs implications. L'analyse a reposé sur des lectures successives des transcriptions, le logiciel NUD*IST permettant de sélectionner les textes par thèmes. Nous avons restitué les textes sélectionnés dans leur contexte, pris en compte la façon dont le sujet avait été abordé (de façon spontanée ou à la suite d'une question directe) et procédé à des analyses de cohérence interne des discours individuels. Enfin, ces textes ont été situés par rapport au tableau d'ensemble résultant des autres entretiens, des discussions de groupe et des notes de terrain.

Les citations, issues des entretiens et insérées dans notre analyse de la prise de décision en matière de reproduction, témoignent des différentes manières dont les individus s'expriment sur ces sujets. En général, les citations sont choisies pour illustrer un type particulier de réponse et l'argumentation qui y est développée. Parfois, l'extrait est choisi pour son caractère exceptionnel, ce qui est alors explicitement indiqué.

2. Les questions abordées dans les entretiens sur la prise de décision en matière de reproduction

La collecte de données sur la prise de décision en matière de reproduction n'est pas particulièrement aisée (voir Randall et Koppenhaver (2001) pour une analyse détaillée des problèmes méthodologiques dans leur étude). La meilleure approche est probablement l'observation participative, habituellement utilisée en anthropologie, qui consiste à séjourner au moins un an dans une communauté. Toutefois, une telle méthode fournit des résultats de portée limitée, dans la mesure où chaque groupe a une histoire démographique et un environnement uniques, spécificités qui rejaillissent nécessairement sur les biographies individuelles. La multiplication d'entretiens semi-structurés approfondis et de discussions de groupe dans différents sites est une méthode qui permet de diversifier les situations et les trajectoires appréhendées.

---

[8] QSR NUD*IST (*Qualitative Solutions and Research: Non-numerical Unstructured Data Indexing Searching and Theorising*) est un logiciel permettant de traiter les données qualitatives et de les analyser.

Dans la population étudiée, les décisions en matière de fécondité, les relations au sein du couple et la mortalité des enfants sont des sujets sensibles et intimes, sur lesquels les personnes peuvent être peu enclines à s'exprimer même avec des amis ou de la famille proches. La prééminence de l'islam dans la vie quotidienne se traduit par la réticence des répondants à contester ouvertement la doctrine religieuse et la responsabilité de Dieu dans toute chose, même si, dans leur vie privée, ils essayent de contrôler leur reproduction. Dans le cadre d'un seul entretien, il est parfois impossible d'aller au-delà de ce qui est socialement acceptable, aussi compétent que puisse être l'enquêteur. Ainsi, face au discours « tout est entre les mains de Dieu » produit par les enquêtés, l'interprétation des réponses est particulièrement difficile. En effet, il est malaisé de distinguer entre ceux qui sont convaincus de leur impuissance face à la volonté de Dieu et ceux qui utilisent cette formulation en public, parce qu'elle est socialement acceptable, mais qui en réalité agissent et cherchent à maîtriser le cours de leur vie. L'ensemble de l'entretien doit être confronté aux comportements réels, afin d'évaluer la capacité d'agir de l'individu au moment de faire des choix en matière de reproduction. Dans le cas suivant, la gravité du ton, ajoutée à d'autres éléments, dénote que le répondant croit totalement à ce qu'il dit. Dans d'autres cas, des déclarations comparables, lorsqu'elles sont replacées dans le contexte de l'ensemble de l'entretien, ne sont pas à prendre au pied de la lettre.

Un homme de Dakar, âgé de 67 ans, marié avec 4 épouses,
ayant 16 enfants vivants, au moins 3 enfants décédés,
scolarisé jusqu'au niveau secondaire

E (l'enquêteur) « Est-ce que le fait de perdre un enfant peut pousser le mari à imposer une autre grossesse à sa femme ? »

R (le répondant) (*Sur un ton grave*) « Qu'est-ce que vous dites là ? Mais ce n'est pas lié. La mort d'un enfant et le fait de souhaiter une grossesse, ce n'est pas lié. On fait un enfant avec la bénédiction de Dieu. S'il le reprend, il n'y a qu'à attendre jusqu'à ce qu'il te le redonne. [...] je ne vois aucun calcul possible... Voyez ! Il ne faut pas aller chercher des explications là où il n'y en a pas. Le fait d'avoir des enfants relève de la volonté divine. »

La volonté de ne pas tenter le destin constitue un autre obstacle à l'interprétation des discours. Les individus hésitent à évoquer la possibilité de perdre un enfant ou au contraire à nier ce risque, car le simple fait d'en parler pourrait provoquer le drame. Dans des contextes de forte comme de faible mortalité, peu de gens sont prêts à dire publiquement « mon enfant ne va pas mourir », même si dans la sphère privée, ils peuvent percevoir le risque comme faible. Dans ses travaux, Castle (2001 ; voir aussi Olaleye, 1993) a montré que la dissimulation des désirs et des choix individuels par des références à Dieu pouvait procéder d'une stratégie volontaire de constitution de la famille. Le fait d'annoncer ses désirs ouvertement est susceptible de provoquer la « colère » des puissances surnaturelles, comme elle peut conduire à la condamnation sociale d'une conduite jugée excessive ou même arrogante. Par conséquent, le silence sur ces questions ne signifie pas que celles-ci soient sans importance ; pour l'interpréter, il faut utiliser d'autres indices que le discours spontané de l'enquêté.

Malgré ces limites, les arguments et les préoccupations exprimés par les divers participants ont néanmoins contribué de façon significative à mieux nous faire comprendre les interprétations et les comportements des Sénégalais face à la fécondité et à la survie des enfants, et à évaluer la validité des théories établissant des liens entre ces événements.

V. Raisonner de façon consciente : les motivations de remplacement

Des répondants ont spontanément exprimé le désir de remplacer un enfant, sans que cela se traduise nécessairement par des stratégies et des comportements spécifiques. On retrouve cette attitude surtout dans le village, parce que ce site est peut-être le seul où un nombre important d'individus ont fait récemment l'expérience d'un décès d'enfant. Le désir de remplacer un enfant s'exprime, à la fois chez les hommes et chez les femmes, par un besoin profond de combler le vide laissé par la perte d'un enfant. Contrairement à ce que de nombreux démographes avaient supposé, les motivations de remplacement d'une femme africaine lors du décès de son enfant sont probablement assez proches de celles d'une femme vivant dans une société à faible fécondité : elles relèvent plus du désir émotionnel de compenser une place vide que de la volonté d'avoir un nombre suffisant d'enfants survivants, compte tenu de leur utilité à long terme.

Une femme du village, âgée de 37 ans, mère de 7 enfants vivants, ayant perdu 3 enfants, analphabète

« Oui, c'était juste après, je voulais avoir un enfant pour oublier mais j'ai dû apprendre que c'était la volonté de Dieu, on n'y peut rien. »

Une femme du village, âgée de 38 ans, mère de 4 enfants dont un est décédé, épouse d'un migrant, analphabète

E « Vous venez de parler de décès d'enfants. Comment se fait-il qu'un an après le décès de votre aîné vous ayez eu un autre enfant aussitôt ? »

R (*elle parle sans contrainte*) « C'est qu'en fait je voulais avoir à ce moment un autre enfant car je n'en avais pas un seul. Mais avec l'aide du bon Dieu trois mois après, j'étais tombée enceinte. Je désirais vraiment avoir un autre enfant... Je voulais au plus profond de moi-même en avoir un autre. »

Cependant, lorsque le décès d'un enfant est suivi rapidement par une nouvelle naissance, celle-ci n'est pas toujours désirée et la brièveté de l'intervalle entre ces deux événements peut être plus souvent le résultat d'un effet physiologique que d'une stratégie reproductive délibérée. Ce cas est particulièrement vrai dans le village.

Une femme âgée de 37 ans, mariée, mère de 10 enfants dont 3 sont décédés, analphabète

E « À propos d'enfants pouvez-vous me dire l'écart d'âge avec ceux qui sont décédés ? »

R « Il y a un écart d'âge de 3 ans entre les jumeaux décédés et l'autre qui suit après, c'est-à-dire "A". »

E « C'était le même écart d'âge entre ce dernier et "B" ? »

R « Non, il y a un écart d'un an après j'ai fait une autre grossesse. Je ne m'y attendais pas, en réalité je n'avais pas pensé à faire un autre enfant sitôt mais c'est Dieu qui a décidé de tout cela. »

Vers la fin du travail de terrain à Dakar, des questions directes ont été posées au sujet de la mortalité infantile et des stratégies de reproduction. De nombreuses personnes ont signalé qu'elles envisageraient de remplacer un enfant décédé si cela arrivait, bien que d'autres éléments seraient aussi pris en compte tels que la volonté de ne pas avoir d'importantes différences d'âge entre les enfants ou le fait d'éviter une grossesse tardive. Dans tous les sites, alors que le désir d'un nouvel enfant se manifeste après la perte d'un enfant, c'est la santé physique et mentale de la femme qui reste prioritaire (Randall, 2001).

VI. Raisonner de façon consciente : les motivations d'assurance

Le concept d'assurance a rarement été évoqué spontanément, surtout dans le village, bien que dans tous les sites, il y ait eu des discours qui ont à la fois mentionné une taille idéale de la famille et ont fait valoir le risque de mortalité des enfants.

Une femme du village, âgée de 57 ans, mère de 8 enfants, deux enfants décédés, a subi une stérilisation en raison de problèmes de santé, analphabète

E « À propos d'enfants, combien désiriez-vous en avoir ? »

R « Mon souhait était d'avoir 10 ou 12 enfants mais je sais qu'ils ne vont pas tous survivre. »

E « Vous disiez que les 10 ou 12 enfants ne vont pas survivre. Qu'est-ce qui vous pousse à le dire ? »

R « Ah… parce qu'à ma connaissance, tous les couples qui ont 10 ou 12 enfants, soit un des parents meurt ou quelques enfants décèdent. Peut-être même si j'ai 10 ou 12 enfants, il peut m'arriver la même chose que ces autres. Mais tout cela dépend de Dieu, c'est lui qui décide, on peut avoir un seul enfant et il peut mourir […] tout dépend de Dieu. »

Un homme vivant dans la petite ville, âgé de 61 ans, père de 11 enfants, sa première épouse est morte lors de l'accouchement de son 8ᵉ enfant, analphabète

« Ce qui est bon quand on a beaucoup d'enfants, c'est qu'on est sûr qu'on aura des enfants qui s'occuperont de nous plus tard. Par exemple si on a 40 enfants, les 40 ne vont jamais mourir ensemble, il y en a qui vont mourir ensemble, il y en a qui vont mourir avant d'avoir 20 ans mais c'est sûr qu'il en restera toujours. Parmi les 40 aussi certains vont réussir, vont prendre en charge la famille... C'est cela l'intérêt d'une famille nombreuse. Elle permet de faire face aux imprévus qui peuvent survenir à tout moment. »

Une femme de Dakar, âgée de 27 ans, mariée, mère de trois enfants, secrétaire et scolarisée jusqu'au niveau secondaire

E « S'il s'agit simplement de s'occuper d'eux, il est plus facile de gérer deux enfants ? »
R « Oui, il est plus facile de gérer deux enfants. »
E « Pourquoi n'aviez-vous pas opté pour deux enfants ? »
R « Tu sais, personne ne sait ce que fera Dieu. Il peut te donner quatre, il peut même te donner dix et les reprendre tous en même temps. [...] Tu peux avoir deux enfants, tu en perds un, tu fondes alors tous tes espoirs sur l'autre et Dieu te le prend aussi. »
E « C'est pourquoi tu as opté pour quatre ? »
R « Oui. »

Les deux premières citations mettent en avant la conscience des risques de mortalité des enfants ; dans la deuxième, l'avantage d'avoir une grande famille pour faire face à ces risques est explicitement formulé. Le témoignage de la femme du village n'illustre pas un comportement d'assurance, dans la mesure où elle-même ne prévoyait pas d'avoir autant d'enfants *car* ils ne pourraient pas tous survivre. Cependant, l'association spontanée de ces deux idées dans la même phrase suggère que pour elle (comme pour beaucoup d'autres), les deux questions sont étroitement liées. De son côté, la Dakaroise est celle qui, parmi l'ensemble des enquêtés, a eu le discours le plus clair sur une stratégie délibérée d'assurance. De façon quelque peu prévisible, elle est issue de l'élite instruite de Dakar ; mais même dans ce groupe, elle fut l'une des rares personnes à exprimer de façon aussi explicite cette stratégie.

Nous devons insister sur le fait que le petit nombre de discours spontanés sur ces questions n'empêche pas qu'un plus grand nombre de personnes raisonnent, en leur for intérieur, conformément à ces idées. Cependant, lorsque les enquêteurs abordaient délibérément ces notions d'assurance avec les enquêtés, les réponses sur la conception de la fécondité et de la mortalité, telles qu'elles étaient exprimées oralement, étaient apparemment fatalistes, remettant à Dieu le contrôle de la naissance et de la mort[9]. En milieu urbain, les citadins reconnaissent néanmoins des limites au pouvoir de Dieu ; l'attitude générale étant que si l'on fait assez enfants, tous ne pourraient être repris par Dieu. À l'opposé de ce discours, ceux qui ne remettent pas en cause aussi ouvertement la doctrine religieuse disent que l'on peut tout aussi bien avoir un seul enfant qui réussit que beaucoup d'enfants qui meurent. Selon cette logique, si Dieu

---
[9] Cela n'empêche pas une recherche très active de soins de santé et de soins médicaux, qui sont présentés dans le Coran non comme un défi – mais plutôt comme une adhésion – à la volonté de Dieu (Omran, 1992).

est l'ultime responsable de la survie de l'enfant, et que les croyants ne peuvent défier Dieu, il est alors blasphématoire d'affirmer que l'on a beaucoup d'enfants pour contrer les risques d'une mortalité élevée. Prenons l'exemple d'un homme très instruit, seul survivant d'une fratrie de onze enfants, qui affirmait vouloir beaucoup d'enfants (il a déjà neuf enfants issus de cinq mariages) sans nécessairement relier ce désir à sa perception du risque de mortalité des enfants. Pour lui, ses nombreux enfants constituent la famille qu'il n'a pas pu avoir, après le décès précoce de ses frères et sœurs. Les enquêtés déclarent rarement souhaiter un nombre donné d'enfants, plus ou moins garanti par un nombre encore plus élevé de naissances, et ils se préoccupent davantage d'avoir une descendance qui leur assurerait une compagnie, une aide domestique et une assistance pendant leur vieillesse. À l'exception de certains répondants de Dakar et de quelques femmes de la petite ville, aucune indication sur la taille idéale de la famille n'a été clairement exprimée. Les réponses aux questions sur le nombre souhaité d'enfants ont souvent évolué à mesure que l'entretien avançait, sous l'effet parfois des explications et des relances de l'enquêteur, indiquant une possible prise de conscience de ce concept par l'enquêté.

Pour les parents, surtout lorsqu'ils vivent en ville, la question-clé porte beaucoup moins sur le nombre d'enfants survivants, que sur leurs caractéristiques ou leur « qualité ». Selon eux, un seul enfant peut réussir et devenir un soutien pour ses parents, comme une douzaine d'enfants peuvent devenir des « bons à rien ». Les enfants sont perçus comme des personnes à qui l'on donne de l'amour, qui apportent la vie dans un ménage et qui dans de nombreux cas sont un investissement pour l'avenir. Les enquêtés étaient plus portés à discuter de la qualité de l'enfant, et donc des difficultés et des coûts relatifs à sa bonne éducation, qu'à réfléchir sur ses chances de survie. Cela dit, les parents ont pu préférer discuter de leurs rôles et de leurs responsabilités dans l'éducation des enfants, sujet sans doute plus acceptable que la perte d'un enfant, dont l'évocation peut être en outre de mauvais augure.

Finalement, la nécessité d'avoir plusieurs enfants pour leur procurer une compagnie et ne pas avoir à craindre de se retrouver isolés est le point de vue le plus courant des individus. Avoir des enfants pour mettre de la vie dans le ménage est un sujet qui a été souvent abordé lors des entretiens dans l'ensemble des sites.

Une femme, lors d'une discussion de groupe dans la petite ville

« Il ne s'agit pas d'une question de peur de perdre des enfants. Il s'agit plutôt d'un désir de vivre à plusieurs. [...] Avoir peur de perdre des enfants équivaut à remettre en cause la volonté divine. Néanmoins, on se sent moins solitaire avec quatre enfants qu'avec un enfant. »

VII. Effet d'assurance
et perception du risque de mortalité

Il est important de savoir si les individus évaluent le risque de décès des enfants comme étant faible ou élevé, dans la mesure où cette perception est à la base des comportements d'assurance. Les populations du village ont conscience de la fragilité de la vie des enfants bien que de nombreux villageois estiment que la mortalité a baissé ces dernières années en raison de la vaccination et de l'amélioration des soins de santé. Toutefois, une minorité assez importante considère, sur la base d'observations plus que de connaissances statistiques, que la mortalité augmente ou reste stable. Dans la petite ville, les risques de mortalité sont généralement perçus comme faibles et les personnes relient peu leur propre expérience, surtout pendant leur enfance, à leur perception des risques actuels de perdre un enfant. À Dakar, le risque de décès des enfants est surtout perçu par les jeunes comme appartenant au passé et un petit nombre de personnes ont déclaré ouvertement qu'elles s'attendaient à disparaître avant leurs enfants.

VIII. La capacité d'agir selon les perceptions

L'effet d'assurance ne peut se manifester que dans le cas où le contrôle de la fécondité constitue un choix délibéré. La plupart des villageois, de nombreux habitants de la petite ville et quelques Dakarois considèrent, eu égard au contrôle des naissances, que le nombre d'enfants est uniquement déterminé par la volonté divine, que les individus ont des rapports sexuels et qu'ensuite Dieu décide de la survenue ou non d'une grossesse.

Un villageois, âgé de 40 ans, monogame, père de 8 enfants tous vivants, analphabète
E « Je ne vous le souhaite pas et que Dieu nous en garde, mais supposons que vos enfants décèdent, que feriez-vous ? »
R « Rien. Je vais continuer à avoir des rapports sexuels avec ma femme jusqu'à ce que Dieu m'en donne d'autres. Parce que tout dépend de Dieu. Nous, ce qu'on fait c'est notre devoir de marié, c'est-à-dire la nuit faire l'amour à sa femme (rires). »

Au début des entretiens, les villageois avaient tendance à nier toute connaissance en matière de contraception. Puis, au fur et à mesure, on a pu constater que sans avoir une connaissance précise des différentes méthodes de contraception, les hommes comme les femmes étaient généralement au courant de l'existence des méthodes contraceptives et de leur disponibilité dans les centres de santé, ces derniers étant perçus comme accessibles à la fois sur le plan géographique et financier. De plus, si le contrôle de la fécondité pour limiter le nombre de naissances était souvent perçu comme contraire à la volonté divine, il devenait acceptable lorsqu'il s'agissait de protéger la santé de la femme. Les travaux de Bledsoe *et al.* (1998) sur la théorie du potentiel reproductif, qui insiste sur l'importance de la bonne santé de la mère pour qu'une grossesse se termine par une naissance vivante, apportent un éclairage sur les préoccupations des hommes et des femmes vis-à-vis de la reproduction et de la santé des femmes (voir note 1). Toutefois, nos investigations sur le Sénégal n'ont pas permis d'obtenir les mêmes résultats que ceux obtenus en Gambie. Nos données suggèrent que dans l'interprétation locale de la promotion de la santé par l'islam, il est possible pour les femmes qui veulent contrôler leur fécondité d'utiliser des raisons de santé comme justification acceptable ou comme prétexte. Avancer des raisons de santé permet de contrer les oppositions masculines au contrôle de la fécondité (Randall, 2001). Dans le cas des villageoises, elles seraient prêtes à passer outre leurs réticences vis-à-vis de la contraception seulement si leur santé était gravement compromise. En général, les citadines instruites tolèrent moins les malaises entourant la grossesse tels que les nausées matinales ou les douleurs de l'accouchement, ce qui pourrait les amener à accepter le contrôle des naissances. Les désirs des femmes de contrôler leur fécondité se formulent davantage par rapport à leurs propres réactions physiologiques à la grossesse, comme la douleur, les risques pour la santé et l'épuisement. Pour justifier la limitation des naissances, on évoque plutôt ces raisons de santé, devenues des arguments acceptables à la fois pour les hommes et les femmes, qu'une perception de la baisse de la mortalité des enfants qui permettrait d'en avoir moins.

Un homme habitant la petite ville, âgé de 44 ans, marié avec 3 épouses et père de 8 enfants, en formation professionnelle

E « Vous dites que vous voulez avoir beaucoup d'enfants et pourtant vos femmes utilisent encore des méthodes de contraception modernes, comment expliquez-vous cela ? »

R « Il n'y a pas de paradoxe en cela car si j'ai proposé à mes femmes d'utiliser ces méthodes c'est juste pour qu'elles soient en bonne santé, qu'elles se reposent un peu avant une autre grossesse. Cela ne veut pas dire qu'elles vont arrêter de faire des enfants. »

Un villageois, âgé de 61 ans, marié avec 2 épouses, 10 enfants vivants, analphabète

E « Et si ta femme ne veut plus avoir d'enfants ? »

R « J'ai entendu parler à la radio de "palani", c'est-à-dire arrêt des naissances. Si ma femme est malade et qu'elle peut avoir des problèmes, je peux accepter, mais dans le cas contraire je ne le fais pas et si elle le fait, je la laisse tomber pour en chercher une autre. Parce qu'on n'a pas le droit de diminuer les naissances. »

La plupart des hommes du village ont d'abord pris position contre la contraception. Néanmoins, cette réaction a ensuite été nuancée par un certain nombre d'hommes qui déclaraient approuver le contrôle de la fécondité pour leur épouse dans le cas où un avis médical préconiserait l'arrêt des grossesses. L'influence des campagnes de santé publique dans ce secteur sur les changements d'attitudes n'est pas très clair. De toute façon, pour les hommes, l'arrêt de la fécondité de leur épouse ne met pas un terme à leur propre fécondité, en raison de la polygamie.

Un villageois, environ 45 ans, monogame, 10 enfants, 2 enfants décédés, analphabète

E   « Si Dieu vous prend un enfant parmi les dix que vous avez, allez-vous chercher à en faire un autre ou le contraire ? »

R   « Je vais continuer à avoir des rapports sexuels avec ma femme et chercher un autre enfant. Si ma femme ne peut plus faire d'enfant et si mes moyens me le permettent, j'épouserai une deuxième femme. »

La polygamie est souvent justifiée par les hommes et les femmes par des raisons matérielles : l'aide soulage notamment la première épouse de ses devoirs domestiques, sexuels et reproductifs ; elle permet aussi à l'homme d'avoir davantage d'enfants.

Admettre que le contrôle des naissances est une pratique acceptable si elle est justifiée par des raisons de santé est un discours important à double titre. Premièrement, il révèle que la connaissance de l'existence des méthodes de contrôle de la fécondité s'est diffusée dans les populations, ce qui est une condition nécessaire au déclin de la fécondité. Deuxièmement, les femmes ont tout à fait conscience, dans ce cadre qui légitime le contrôle de la fécondité, de leur capacité à manipuler leur mari à leurs propres fins. Plusieurs femmes ont déclaré qu'elles commenceraient à utiliser la contraception lorsqu'elles seront fatiguées, leur mari ne pouvant ni contester ni refuser une décision qui implique leur santé. Le contrôle de la fécondité pouvant maintenant faire l'objet d'un choix délibéré, même au village, il devient donc possible, pour la plupart des individus, d'avoir une réflexion sur le nombre d'enfants. Le fait que dans tous les sites – bien que très peu au village –, il y ait eu des cas de femmes plus âgées contrôlant leur fécondité pour des raisons de santé rend crédible l'évolution observée dans les attitudes et les comportements.

Néanmoins, il reste, et de façon de plus en plus marquée lorsqu'on passe de Dakar à la petite ville et enfin au village, que le contrôle de la fécondité n'est acceptable que lorsqu'il est lié à la santé de la femme. Les risques pour la santé sont une justification recevable alors que le fait de vouloir tout simplement moins d'enfants n'est pas acceptable, en particulier pour les hommes. Leur résistance à l'utilisation de la contraception pour contrôler la fécondité en soi est une donnée importante car la plupart des femmes sont dépendantes de la volonté de leur mari à ce sujet, à l'exception partielle des Dakaroises. Alors que certaines femmes pourraient exprimer leur désir d'arrêt ou d'espacement des naissances, la plupart ne le feraient pas sans l'accord de leur mari, même si elles essaieraient de le convaincre.

Une femme vivant dans la petite ville, âgée de 22 ans, mariée, sans enfant, scolarisée jusqu'au niveau secondaire

E « À ton avis, est-ce que les hommes de cette ville sont pour l'espacement des naissances par la contraception ? »

R « Non, les hommes d'ici n'apprécient pas beaucoup le "planning", ils empêchent souvent leurs femmes de le faire. C'est pourquoi d'ailleurs certaines le font en cachette… »

E « Si après avoir eu les 5 enfants, tu ne souhaites plus en avoir et que ton mari est d'avis contraire, que feras-tu ? »

R « Ah, je suivrai sa volonté, comme c'est lui mon mari, je ne ferai que ce qu'il veut dans la mesure où il ne voudrait pas me faire du mal. J'essaierai quand même de lui faire comprendre les raisons pour lesquelles je voudrais faire du "planning" mais je ne ferai rien contre sa volonté. Tu sais, toute femme a ses astuces ou méthodes pour amener son mari à faire ce qu'elle veut… »

Nous ne pouvons bien sûr pas savoir si les femmes agissent réellement de la sorte, mais c'est ainsi qu'elles perçoivent leur capacité d'action. Une contrainte pesant sur l'utilisation de la contraception parmi les jeunes femmes vivant en milieu rural et dans la petite ville provient de leur manque d'autonomie dans le cadre du mariage. Avec la progression de l'instruction et l'urbanisation, cette contrainte s'est atténuée de deux façons : d'une part, les femmes ont plus de liberté vis-à-vis des choix faits par leur mari et, d'autre part, les hommes eux-mêmes sont plus enclins à accepter le contrôle de la fécondité et une famille de taille plus réduite. La baisse de la mortalité ne joue aucun rôle dans ces évolutions, à ceci près que les facteurs explicatifs du déclin de la mortalité sont aussi partie prenante du changement social, un processus qui agit sur l'autonomie des femmes et sur les relations entre hommes et femmes.

Tout mécanisme d'assurance doit être analysé dans ce contexte. Parmi les villageois et dans une bonne partie de la population de la petite ville, le contrôle de la fécondité, bien qu'il relève en apparence du domaine des choix délibérés, n'est acceptable socialement que vers la fin de la vie reproductive d'une femme, lorsque le nombre d'enfants survivants peut être estimé. Mais même ce consentement donne rarement lieu à une utilisation effective de la contraception. Ainsi, il est peu probable que ces changements dans les comportements reproductifs aient un rôle central dans la transition de la fécondité, laquelle semblait principalement être le fait des jeunes générations au Sénégal jusqu'au milieu des années 1990. À Dakar, le contrôle de la fécondité se fait davantage sentir à toutes les étapes de la vie reproductive, la taille idéale de la famille se situant entre trois et cinq enfants. Le nombre d'enfants souhaités est faible à Dakar, non en raison d'un changement de perception en ce qui concerne la survie des enfants mais en raison a) des difficultés économiques et de l'élévation du coût des enfants, b) d'une volonté d'investir davantage dans chacun de ses enfants et c) du temps et de l'attention nécessaires à une bonne éducation en milieu urbain. Manifestement, les faibles risques de mortalité sont à la base de cette aspiration à la qualité de l'enfant sans être toutefois exprimés en tant que tels lors des entretiens.

IX. Les coûts et la qualité de l'enfant

Dans les trois sites, les discussions sur les coûts de l'enfant ont été inévitablement liées à la qualité de l'enfant ; les investissements consentis pour élever un enfant ont une répercussion sur la vie future de l'adulte. Les individus estiment, surtout en milieu urbain, que pour assurer la réussite des enfants, il est nécessaire d'investir à la fois du temps et de l'argent. Bien qu'ils évaluent parfois la réussite en termes financiers ou professionnels, ils la caractérisent davantage par le respect des autres, le fait d'être respecté et de prendre soin de sa famille à la fois sur le plan matériel et affectif. À Dakar, les hommes s'inquiètent des aspects financiers et matériels de l'éducation en invoquant souvent les frais liés à la scolarisation, aux soins de santé et aux besoins matériels des enfants. Ils attendent de leurs épouses qu'elles se conforment à leur rôle traditionnel : élever les enfants, administrer les soins quotidiens, donner une bonne éducation aux enfants et leur transmettre des valeurs morales. Les hommes du village sont quant à eux peu soucieux des coûts de l'enfant bien qu'ils mentionnent de façon occasionnelle les dépenses relatives à l'école et aux soins médicaux ; c'est l'accroissement du nombre de leurs enfants et la chance que certains d'entre eux réussissent qui entrent surtout en ligne de compte.

Un villageois, âgé de 40 ans, marié à une épouse, père de 8 enfants tous vivants, analphabète
« Ce que les gens ignorent quand tu limites les naissances, c'est que tu peux empêcher un enfant très chanceux de venir au monde parce qu'entre l'aîné et le cadet on ne peut savoir qui est-ce qui t'aidera demain. »

Au village, les hommes considèrent plutôt les enfants comme un atout matériel et une sécurité pour leur vieillesse et rarement comme un coût net. Cette perception de l'enfant associée à leur opposition à la maîtrise des naissances va dans le sens des théories qui voient dans l'augmentation du coût de l'enfant un facteur majeur de la baisse de la fécondité. Les femmes vivant au village perçoivent les coûts de l'enfant de façon différente, surtout comme une ponction faite sur leurs propres ressources physiques et sur leur santé.

Une villageoise, âgée de 38 ans, mariée, mère de 7 enfants dont 1 est décédé, analphabète
« Pourquoi donnons-nous naissance à nos enfants ? Seulement pour qu'ils nous viennent un jour en aide. Tu dois admettre que c'est pour cela que nous souffrons le martyre de la maternité. Il est facile d'avoir un enfant, le plus dur est d'avoir un bon enfant. »

Comme au village, certains hommes de la petite ville valorisent la famille nombreuse et perçoivent les enfants plutôt comme une ressource que comme un coût. D'autres évoquent les coûts financiers ; et parmi ceux qui acceptent le contrôle de la fécondité, nombreux sont ceux qui y voient un mal nécessaire en raison de leurs faibles moyens. Les hommes ont une position ambivalente car, d'une part, ils ont un très fort désir d'avoir une nombreuse descendance, sentiment renforcé par leurs convictions religieuses et, d'autre part, ils sont l'objet de sollicitations quotidiennes pour les dépenses liées aux enfants.

Un homme résidant dans la petite ville, âgé de 61 ans, monogame, père de 11 enfants, sa première épouse est décédée lors de la naissance du 8ᵉ enfant, analphabète
« Mais elle [la religion] accepte que des gens qui sont mariés légalement planifient le nombre d'enfants qu'ils vont avoir en tenant compte de leurs moyens. Quand on n'a pas les moyens d'avoir une famille nombreuse, on ne fait pas beaucoup d'enfants et pour ne pas en faire beaucoup, on a recours à quelque chose comme ces méthodes-là. »
(*Plus loin, il continue*) « C'est cela l'intérêt d'une famille nombreuse. Elle permet de faire face aux imprévus qui peuvent survenir à tout moment. »

Dans la petite ville, on observe une situation en pleine évolution. Certains hommes ont conscience de l'augmentation du coût des enfants liée à leur scolarisation de plus en plus importante et au développement du salariat au détriment de l'activité agricole. Leur souci est de réussir l'éducation de leurs enfants compte tenu de ces évolutions. Néanmoins, ils savent aussi que la réussite d'un enfant n'est jamais garantie.

Un homme résidant dans la petite ville, âgé de 26 ans, célibataire, scolarisé jusqu'au niveau primaire
« Tout est cher et ce n'est plus comme avant où on était sûr que quel que soit le nombre d'enfants ils pouvaient tous réussir et bien gagner leur vie. Maintenant, on peut avoir seulement deux enfants, les mettre dans de bonnes conditions pour qu'ils réussissent et les voir finalement échouer leur vie parce qu'ils n'auront pas d'emploi et vous serez alors obligé de les entretenir… On sait tous que la réussite des enfants dépend de Dieu, mais le mieux c'est de faire un nombre d'enfants raisonnable pour être sûr de leur assurer un bon avenir. »

Dans la petite ville, la nourriture des enfants n'est jamais mentionnée comme un coût par les hommes, alors qu'il s'agit du souci majeur des femmes. Pour eux, Dieu subviendra toujours aux besoins alimentaires de leurs enfants. Ainsi, le rôle des relations de genre dans la détermination des coûts et des ressources attribués aux enfants a toute son importance. Dans l'ensemble des trois sites, les hommes assument les frais scolaires et médicaux et ils les mentionnent comme des coûts, auxquels s'ajoutent les frais vestimentaires pour les Dakarois. Les femmes sont responsables de la nourriture et des soins quotidiens, et elles invoquent davantage les coûts indirects, en termes de temps et d'efforts, que les coûts financiers qui restent secondaires.

Dans l'ensemble des sites, le souhait des hommes comme celui des femmes est de voir réussir leurs enfants à l'âge adulte. Pour les villageois, le succès des enfants doit bénéficier aux parents et leur assurer la sécurité au moment de leur vieillesse. Or, dans le village et à un degré moindre dans la petite ville, les parents ne mentionnent aucun moyen pour influencer la réussite de leurs enfants : en fait, ils misent sur la chance et sur un nombre élevé d'enfants afin d'augmenter les probabilités d'avoir un enfant qui réussira.

À Dakar et parmi les individus les plus instruits dans la petite ville, les parents sentent leurs responsabilités beaucoup plus engagées dans la réussite de leurs enfants à l'âge adulte. À Dakar, où la contraception est la plus répandue, le coût des enfants est un sujet abordé par presque tout le monde, que les personnes aient ou non des enfants. Les hommes l'expriment en termes financiers et les femmes évoquent les soucis inhérents aux soins quotidiens des enfants et à leur bonne éducation, même si elles ont tout à fait conscience des contraintes économiques. Certains hommes ont un discours ambivalent comme cela a été observé dans la petite ville, souhaitant idéalement plus d'enfants qu'ils ne peuvent se le permettre. D'autres ont revu à la baisse leurs objectifs relatifs à la taille de la famille.

Un Dakarois, âgé de 44 ans, marié, père de 1 enfant, scolarisé jusqu'au niveau secondaire
« Faire beaucoup d'enfants n'est pas réaliste de nos jours car les conditions de vie deviennent de plus en plus difficiles. Les enfants, il faut les entretenir, les éduquer et veiller sur leur santé [...] Et aussi l'éducation à la maison et celle de la rue devient difficile. »

Un Dakarois, âgé de 42 ans, marié, père de 2 enfants, formation en droit
« Je voudrais avoir une grande famille avec 20-25 enfants et les nourrir sans sueur, sang et eau, mais c'est impossible, compte tenu de la cherté des coûts relatifs aux scolarités, à l'éducation et de leur prise en charge. »

À Dakar, la réussite de l'éducation d'un enfant à l'âge adulte se mesure, selon les femmes, par sa capacité à entretenir ses parents au moment de leur vieillesse, et surtout par l'amour qu'il leur donne et le respect qu'il leur témoigne ainsi qu'aux autres. Mais elles voient de nombreux obstacles parmi lesquels le manque de ressources financières pour satisfaire les besoins et les désirs des enfants. Beaucoup plus importantes sont les difficultés liées au manque de temps et à l'environnement urbain. Les femmes s'interrogent particulièrement sur le ménage étendu, où plusieurs familles apparentées partagent la même concession. Le processus de nucléarisation des arrangements résidentiels et donc des familles vient peut-être des plaintes des femmes concernant les difficultés à élever correctement leurs enfants, alors qu'ils côtoient dans le ménage d'autres enfants moins bien élevés. De même, les mauvaises influences sont perçues comme omniprésentes dans les rues de Dakar et les femmes sont inquiètes de leur manque de contrôle sur leurs enfants en dehors de la concession.

Une Dakaroise, âgée de 23 ans, mariée, mère de 1 enfant, scolarisée jusqu'au niveau primaire
« D'abord, c'est l'inscription à l'école, le surveiller à la maison et essayer de lui donner sa chance pour affronter la vie. Ensuite, il faut qu'il apprenne le Coran, qu'il

reconnaisse qui est qui parmi les membres de la famille... Je crois que 2 ou 3 [enfants] c'est suffisant car de nos jours il est presque impossible d'éduquer, d'entretenir beaucoup d'enfants. »

Une Dakaroise, âgée de 26 ans, célibataire, sans enfant, scolarisée jusqu'au niveau secondaire

« Si ça ne dépend que de moi, j'aurai 2 à 3 enfants car il faut penser à leur éducation sinon, ils seront des enfants de la rue, des délinquants. Et tout cela c'est à cause des familles nombreuses. »

La religion est au cœur de la société. Pour les hommes comme pour les femmes, pour les urbains comme pour les ruraux, une bonne éducation nécessite d'être aussi un bon musulman. Il s'agit d'une qualité essentielle de tout adulte.

Les arguments en faveur de la limitation de la taille de la famille vont de pair avec l'attention portée à la qualité de l'enfant. À ce titre, les citadins au Sénégal raisonnent de façon analogue à celle des démographes. Pour les habitants des zones urbaines, la qualité de l'enfant nécessite des investissements financiers et, de façon tout aussi importante, l'attention des parents et le maintien de leur autorité. Ces différents types d'investissements sont difficiles à assurer lorsque la famille est nombreuse. En fait, il semble se mettre en place une stratégie d'assurance étendue qui vise un nombre suffisant d'enfants, pour garantir la possibilité que certains d'entre eux réussissent, et qui en même temps cherche à éviter un trop grand nombre d'enfants, afin de pouvoir investir dans la « qualité » de ces derniers (LeGrand *et al.*, 2003).

Une dimension supplémentaire émerge dans le discours des hommes les plus instruits vivant à Dakar : l'idée des démographes, selon laquelle les comportements de fécondité sont une réponse au risque de mortalité, est critiquée comme étant étrangère à la façon de penser traditionnelle des Africains[10].

Un Dakarois, âgé de 25 ans, célibataire, scolarisé jusqu'au niveau secondaire

E « La mort d'enfants influence-t-elle la fécondité dans le couple ? »
R « Je n'ai pas compris. »
E « Est-ce que le fait de perdre des enfants constitue-t-il un frein à la procréation ou une motivation suffisante à faire beaucoup d'enfants ? »
R « Je ne crois pas que les gens réfléchissent comme vous. Car il y a le phénomène de Dieu, la religion, la foi, etc. Tout ça compte. Les gens sont des croyants. »

Un Dakarois, âgé de 55 ans, monogame, père de 3 enfants, niveau universitaire

« Tu peux même aller jusqu'à 30 et qu'ils meurent tous. Tout dépend de Dieu. Il ne faut pas essayer de planifier comme ça en voulant imiter les "tubaab" (blancs). »

---

[10] Les chercheurs européens et américains ont été peu associés au travail de terrain à Dakar. Tous les enquêteurs étaient Sénégalais et le projet était présenté comme celui de l'université de Dakar. Les auteurs se sont rendus à la fois dans le village et dans la petite ville, mais cela n'a pas pu influencer les entretiens qui ont eu lieu à Dakar.

Ces commentaires, qui sont aussi une critique implicitement adressée à l'enquêteur (d'origine wolof), renvoient à des questions plus générales sur le nationalisme, la construction identitaire, la colonisation et la religion ; questions qui agissent aussi plus largement sur la prise de décision en matière de procréation et sur la façon dont les personnes perçoivent leurs propres comportements et motivations. Ce discours doit nous inciter à rester prudents à la fois lorsque nous cherchons à faire émerger des logiques et des normes, qui peuvent relever de l'histoire démographique et des traditions occidentales, et que nous essayons de les appliquer à un contexte dans lequel la famille, le mariage et la parenté ont une histoire très différente.

Conclusion

Cette étude montre l'importance de ne pas simplifier à l'excès des théories sur les objectifs, les stratégies et les comportements des individus, afin de les faire correspondre aux résultats des analyses quantitatives. On ne peut réduire l'analyse de la fécondité à une simple série de motivations, stratégies et résultats et se focaliser sur une seule finalité comme le nombre d'enfants survivants ; il est important de considérer différentes motivations simultanées et interdépendantes telles que la qualité de l'enfant, l'espacement des naissances, la santé de la mère, etc. Ces objectifs multiples sont souvent contradictoires et les individus ou les couples doivent les gérer en tenant compte d'un ensemble de contraintes personnelles et sociales. Le fait de reconnaître cette complexité ne signifie pas nécessairement qu'il n'existe pas de stratégies de remplacement et d'assurance, ni de liaison entre la mortalité et la fécondité, mais plutôt qu'une multitude d'autres facteurs entrent aussi en ligne de compte. Si nous nous limitons à une analyse trop restreinte de quelques objectifs et stratégies, nous n'aboutirons qu'à une compréhension partielle et peut-être même biaisée de la façon dont les individus font face à la mortalité des enfants.

L'analyse des données qualitatives met en évidence des motivations et des comportements conscients de remplacement et d'assurance dans le cadre du mariage, même si on note aussi, au Sénégal, des réticences à parler ouvertement de ses préférences et stratégies en matière de fécondité. Toutefois, d'après le tableau général qui se dégage, ces mécanismes ne sont pas des déterminants majeurs du comportement reproductif et leurs effets globaux sur la fécondité sont vraisemblablement faibles au Sénégal. Ces stratégies, qui visent de façon générale à limiter les naissances, s'observent surtout en milieu urbain et parmi les hommes et les femmes les plus instruits. Même si les progrès en matière de santé et de survie de l'enfant expliquent une part importante de la baisse de la fécondité, une partie de leurs effets ont jusqu'à présent probablement emprunté d'autres voies.

En milieu urbain sénégalais et en particulier à Dakar, la volonté de limiter le nombre de naissances est fortement liée aux considérations sur les coûts et les difficultés à élever les enfants. La « qualité » de l'enfant renvoie à l'instruction scolaire et surtout à l'éducation morale des enfants et au maintien de l'autorité parentale, des éléments essentiels pour avoir des enfants qui feront honneur à la famille et sur lesquels celle-ci pourra compter. La mortalité des enfants est rarement une préoccupation, bien qu'il soit possible que dans un contexte de forte mortalité, la perception des avantages et des risques associés à une stratégie de substitution de la quantité par la qualité serait différente. En milieu rural, la « qualité » de l'enfant est une question rarement évoquée.

Paradoxalement, alors que la mortalité des enfants est plus élevée au village, les villageois semblent les moins préoccupés par les risques encourus par leurs enfants. La vie dans le village demeure relativement « simple », du moins en termes de stratégies et de comportements de constitution de la famille, qui sont gouvernés par la conviction que la fécondité et la mortalité dépendent de façon ultime de la volonté de Dieu. Les faibles capacités du village à investir dans les enfants (école, etc.) et l'existence d'un environnement qui préserve les valeurs traditionnelles jouent probablement aussi un rôle. Entre les sites urbains et ruraux, il existe des différences marquées dans les attitudes, les stratégies et les comportements. La fécondité est, en milieu rural, encore largement commandée par le contrôle social et les pratiques traditionnelles, alors que dans les petites et grandes villes, les stratégies actives de constitution de la famille sont plus répandues. Ces observations sont conformes avec l'hypothèse de transition de Lloyd et Ivanov (1988).

Cependant, le regard porté sur le village ne doit pas en faire une société immobile et empreinte d'une tradition passive. Les campagnes sont en proie à de profondes transformations sociales et économiques. L'intensification de la migration saisonnière des jeunes hommes et dans une moindre mesure des jeunes femmes en est un exemple. Cette migration résulte en grande partie d'une dégradation récente de l'agriculture de subsistance, qui ne pourvoit plus aux besoins d'une population croissante dans un contexte d'augmentation des besoins matériels des populations rurales. La migration peut aussi être un processus d'ajustement à la réduction de la mortalité (Davis, 1963 ; Cleland, 2001). En quittant leur village, les jeunes échappent en partie au contrôle de leurs familles et acquièrent par leur travail une certaine indépendance financière, autant de changements qui leur donneront plus d'autonomie au moment du retour. À plus long terme, la migration est susceptible de faciliter l'adoption de nouveaux comportements de procréation en affaiblissant le contrôle traditionnel exercé par la famille et par la société sur le mariage et la fécondité. À l'instar des citadins, les villageois estiment que le contrôle des naissances est acceptable lorsque la santé de la mère est en jeu, même si cette question n'occupe pas une place de premier plan dans les préoccupations ; parfois, il était nécessaire de poser des questions précises pour obtenir leur opinion sur ce point. La plupart des villageois connaissent l'existence de moyens modernes et accessibles de planification des naissances ; ils expriment quelquefois aussi des préoccupations sur l'augmentation des coûts et la diminution de la valeur de l'enfant. Toutes les conditions requises semblent donc être en place pour que les stratégies et les comportements de reproduction évoluent rapidement dans le village, malgré une légitimité sociale et religieuse qui fait encore défaut.

Cette étude s'est focalisée sur la prise de décision en matière de reproduction au sein du couple, mais elle ne prend pas en compte l'effet possible de la baisse de la mortalité dans un contexte de changement des comportements matrimoniaux. Toutefois, le mariage peut être considéré comme un engagement à procréer, à la fois pour les hommes et pour les femmes, et qui détermine la fécondité sur le long terme. D'autres études ont montré que le déclin de la fécondité au Sénégal avant 1997 a surtout été le fait des jeunes femmes et une analyse des déterminants proches de la fécondité a établi que le recul de l'âge au mariage a joué le rôle le plus important (Pison *et al.*, 1995 ; voir aussi Mahy et Gupta, 2002). Lors de nos enquêtes qualitatives, les personnes étaient souvent très désireuses de discuter des stratégies et des expériences matrimoniales, au point d'en faire leur sujet de prédilection. Il n'y a aucune indication permettant de penser que les risques de mortalité des enfants entrent en ligne de compte dans les décisions relatives au premier mariage. Dans le cas où la mortalité serait prise en compte, ce sont les parents du jeune couple qui pourraient manœuvrer pour inciter leurs enfants à un mariage plus précoce ou plus tardif ; au regard de l'évolution très récente de la fécondité, les effets d'une telle stratégie seraient, dans le meilleur des cas, très modérés. La mortalité des enfants peut aussi influencer la fécondité par le truchement du divorce, du remariage et de la polygamie, mais ces thèmes n'ont pas été abordés lors de la collecte des données qualitatives. Si l'augmentation de l'âge au mariage des femmes et la réduction de l'écart d'âge entre conjoints mis en évidence par Hertrich (2002) est compatible avec une pénurie de conjoints potentiels sur le marché matrimonial, nos données ne mettent en évidence aucune prise de conscience d'un tel processus. Le nombre croissant de jeunes femmes célibataires est plutôt expliqué comme une conséquence de la crise économique et de l'augmentation du montant des dots ; au total, c'est donc l'impossibilité pour les jeunes hommes d'engager le processus matrimonial qui est incriminée.

Les baisses de la fécondité et de la mortalité sont partie intégrante de processus sociaux globaux en cours, comme l'attestent à la fois l'échelle et l'omniprésence de ces changements (Wilson, 2001). Ces différentes mutations ont des répercussions majeures sur bien des aspects de la vie des Sénégalais. En général, plus l'urbanisation est importante, plus les changements sont importants et étendus, si l'on en juge par rapport à une époque relativement récente où l'agriculture de subsistance dominait en milieu rural. Les disparités entre le milieu urbain et le milieu rural, et entre le présent et le passé, sont ressorties nettement de nos données d'enquête. Mais il y a aussi des continuités qui sont étroitement liées à la reproduction, à la naissance et à la mort. L'une des plus marquantes réside dans l'énorme l'influence de la parenté et de la famille sur de nombreux aspects de la vie des Sénégalais, puisqu'elle se fait ressentir jusque dans les lieux de travail du secteur moderne. Cette primauté donnée à la parenté explique que, selon toute vraisemblance, la fécondité ne pourra pas atteindre au Sénégal des niveaux aussi bas qu'en Europe, même dans un environnement économiquement et socialement développé, et indépendamment des risques de mortalité et des coûts des enfants. Les coûts sociaux liés à l'absence d'enfants sont sensiblement plus élevés que ceux – y compris économiques – résultant d'un nombre trop élevé d'enfants. La taille idéale de la famille est une notion que certaines personnes peuvent exprimer, d'autres peuvent l'avoir à l'esprit sans en parler, mais les individus, en général, préfèreront toujours dépasser ce qu'ils estiment être le nombre optimal d'enfants, plutôt que d'en avoir moins. En cela, la prise en compte explicite de la mortalité dans les stratégies de fécondité ne semble pas jouer un rôle particulièrement important.

Remerciements. Cette étude a reçu le soutien financier de la Fondation Rockefeller, de la Fondation Mellon et de l'Agence canadienne de développement international. Nos remerciements vont à Cheikh Ibrahima Niang au Sénégal et à son excellente équipe de terrain dont il a en grande partie assuré la formation : Dominique Gomis, Ndella Diakhaté, Moustapha Diagne, Alioune Diagne, Daba Nguer, Fatou Cissé, Fatima Traoré et Hamidou Boiro. Nous remercions également Susan Watkins, Caroline Bledsoe, Nathalie Mondain et tous ceux qui nous ont fait bénéficier de leurs commentaires et suggestions.

RÉFÉRENCES

AINSWORTH M., D. FILMER, I. SEMALI, 1998, « The impact of AIDS mortality on individual fertility: evidence from Tanzania », in M.R. Montgomery, B. Cohen (éd.), *From Death to Birth: Mortality Decline and Reproductive Change*, Washington D.C., National Academy Press, p. 138-181.
BLANC A.K., A.J. GAGE, 2000, « Men, polygyny, and fertility over the life-course in sub-Saharan Africa », in C. Bledsoe *et al.*, *Fertility and the Male Life-Cycle in the Era of Fertility Decline*, New York, Oxford University Press, p. 163-187.
BLEDSOE C., F. BANJA, A.G. HILL, 1998, « Reproductive mishaps and Western contraception: An African challenge to fertility theory », *Population and Development Review*, 24(1), p. 15-57.
BULATAO R., 2001, « Introduction », in R.A. Bulatao, J.B. Casterline (éd.), *Global Fertility Transition*, New York, The Population Council, p. 17-53.
CALDWELL J.C., P.H. REDDY, P. CALDWELL, 1983, « The causes of marriage change in South India », *Population Studies*, 37(3), p. 343-361.
CARVALHO A., I. DIAMOND, W. SIGLE, 2001, « Perceptions on mortality. The case for the ideal number of children in high mortality settings », communication présentée à la Conférence annuelle de la PAA, Washington D.C., mars 2001.

CASTERLINE J.B., 1999, « The onset and pace of fertility transition: National patterns in the second half of the twentieth century », *Population Council Policy Research Division Working Paper 128*, New York.

CASTLE S., 2001, « "The tongue is venomous": Perception, verbalisation and manipulation of mortality and fertility regimes in rural Mali », *Social Science and Medicine*, 52(12), p. 1827-1841.

CLELAND J., 2001, « The effects of improved survival on fertility: A reassessment », in R.A. Bulatao, J.B. Casterline (éd.), *Global Fertility Transition*, New York, The Population Council, p. 60-92.

COHEN B., M. MONTGOMERY, 1998, « Introduction », in M. Montgomery, B. Cohen (éd.), *From Death to Birth: Mortality Decline and Reproductive Change*, Washington D.C., National Academy Press, p. 1-38.

DAVIS K., 1963, « The theory of change and response in modern demographic history », *Population Index*, 29, p. 345-366.

FERNANDO D.F.S., 1975, « Changing nuptiality patterns in Sri Lanka 1901-1971 », *Population Studies*, 29(2), p. 179-190.

GRIESER M., J. GITTELSOHN, A. SHANKAR, T. KOPPENHAVER, T. LEGRAND, R. MARINDO, W. MAVHU, K. HILL, 2001, « Reproductive decision-making and the HIV/AIDS epidemic in Zimbabwe », *Journal of Southern African Studies*, 27(2), p. 225-243.

HERTRICH V., 2002, « Nuptiality and gender relationships in Africa. An overview of first marriage trends over the past 50 years », communication présentée à la Conférence annuelle de la PAA, Atlanta, mai 2002.

KNODEL J., E. VAN DE WALLE, 1979, « Lessons from the past: policy implications of historical fertility studies », *Population and Development Review*, 5, p. 217-256.

LEGRAND T., M. BARBIERI, 2002, « The possible effects of child survival on women's ages at first union and childbirth in sub-Saharan Africa », *European Journal of Population*, 18(4), p. 361-386.

LEGRAND T., J. SANDBERG, 2004 (à paraître), « Effects of child mortality on fertility: theoretical complexities and measurement difficulties », in *Entre nature et culture: quelle(s) démographie(s)?*, Chaire Quetelet 2002, Institut de démographie, Université catholique de Louvain, Academia-Bruylant/L'Harmattan.

LEGRAND T., T. KOPPENHAVER, N. MONDAIN, S. RANDALL, 2003, « Reassessing the insurance effect: A qualitative analysis of fertility behaviour in Senegal and Zimbabwe », *Population and Development Review*, 29(3), p. 375-404.

LLOYD C., S. IVANOV, 1988, « The effects of improved child survival on family planning practices and fertility », *Studies in Family Planning*, 19(3), p. 141-161.

MACE R., 2000, « Evolutionary ecology of human life history », *Animal Behaviour*, 59, p. 1-10.

MAHY M., 1999, *Perceptions of Child Mortality and their Effects on Fertility Intentions in Zimbabwe*, thèse de doctorat en démographie, Baltimore, Johns Hopkins School of Public Health.

MAHY M., N. GUPTA, 2002, *Trends and Differentials in Adolescent Reproductive Behavior in Sub-Saharan Africa*, DHS Analytical Studies 3, Calverton MD, ORC Macro.

MARI-BHAT P.N., S.S. HALLI, 1999, « Demographic of brideprice and dowry: Causes and consequences of the Indian marriage squeeze », *Population Studies*, 53(2), p. 129-148.

MONTGOMERY M.R., 1998, « Learning and lags in mortality perceptions », in M.R. Montgomery, B. Cohen (éd.), *From Death to Birth: Mortality Decline and Reproductive Change*, Washington D.C., National Academy Press, p. 112-137.

NDIAYE S., M. AYAD, A. GAYE, 1997, *Enquête démographique et de santé au Sénégal (EDS-III) 1997*, Calverton Maryland, Macro International et Ministère de l'Économie, des Finances et du Plan du Sénégal.

NOTESTEIN F.W., 1945, « Population. The long view », in T.W. Schultz (éd.), *Food for the World*, University of Chicago Press, p. 36-57.

OLALEYE O.D., 1993, « Ideal family size: a comparative study of numerical and non-numerical fertility desires of women in two sub-Saharan African countries », *Demographic and Health Surveys Working Paper 7*, Calverton, Maryland, Macro International.

OMRAN A.R., 1992, *Family Planning and the Legacy of Islam*, Londres et New York, Routledge.

PISON G. *et al.* (éd.), 1995, *Population Dynamics of Senegal*, Washington D.C., National Academy Press.

PRESTON S.H., 1978, « Introduction », in S.H. Preston (éd.), *The Effects of Infant and Child Mortality on Fertility*, Londres, Academic Press, p. 1-18.

RANDALL S.C., 2001, « Women's health as a justification for contraceptive use: Wolof in Senegal », communication présentée à l'atelier sur *L'impact de la mortalité sur la baisse de la fécondité* tenu lors du Congrès international de la population de l'UIESP, Salvador, août 2001, www.ucl.ac.uk/HERG/

RANDALL S.C., T. KOPPENHAVER, 2001, « The sounds of silence: Using qualitative data in demography », communication présentée à l'atelier sur *L'impact de la mortalité sur la baisse de la fécondité* tenu lors du Congrès international de la population de l'UIESP, Salvador, août 2001, www.ucl.ac.uk/HERG/

SCHULTZ T.P., 1981, *Economics of Population*, Londres, Addison-Wesley Publishing Co.

VAN DE WALLE E., 1992, « Fertility transition, conscious choice, and numeracy », *Demography*, 29(4), p. 487-502.

VANLANDINGHAM M., C. HIRSCHMAN, 2001, « Population pressure and fertility in pre-transition Thailand », *Population Studies,* 55(3), p. 233-248.

WATKINS S.C., 2000, « Local and foreign models of reproduction in Nyanza Province, Kenya », *Population and Development Review,* 26(4), p. 725-760.

WILSON C., 2001, « On the scale of demographic convergence 1950-2000 », *Population and Development Review,* 27(1), p. 155-171.

RANDALL Sara, LEGRAND Thomas.– **Stratégies reproductives et prise de décision au Sénégal : le rôle de la mortalité des enfants**

La baisse de la mortalité est susceptible de jouer un rôle important dans la transition de la fécondité. Les démographes ont souvent tenté d'expliquer la corrélation entre ces phénomènes par une « prise de décision rationnelle » des individus, un concept issu de théories développées à partir d'analyses quantitatives. Dans cette étude, nous utilisons des données qualitatives collectées en milieu urbain et rural au Sénégal afin d'évaluer dans quelle mesure les hypothèses des démographes sont confirmées par les discours qu'ont les individus sur la prise de décision en matière de reproduction. Des entretiens approfondis avec des hommes et des femmes ont permis d'examiner la prise de conscience et les raisonnements explicites au regard des motivations de remplacement et d'assurance, la perception de la mortalité et des autres risques liés à la procréation et la capacité d'agir des individus conformément à leurs perceptions. Le peu d'éléments appuyant l'existence de stratégies explicites de remplacement et d'assurance suggère leur faible impact sur la fécondité parmi les Wolofs au Sénégal, même au sein de l'élite urbaine et instruite pour qui les coûts de l'enfant en termes d'argent et d'attention parentale sont des contraintes essentielles. La mortalité des enfants n'est pas une composante majeure dans le discours portant sur la prise de décision en matière de procréation.

RANDALL Sara, LEGRAND Thomas.– **Reproductive Strategies and Decisions in Senegal: The Role of Child Mortality**

Mortality decline has been assumed to play an important role in fertility transitions. Demographers often attempt to explain the correlation between these phenomena by "rational reproductive decision-making" on the part of individual actors, an idea which follows on from theories developed out of quantitative associations and analyses. In this study, we use qualitative data from rural and urban sites in Senegal to consider the degree to which plausible demographic hypotheses are borne out in people's discourse on reproductive decision-making. In-depth interviews with men and women are used to examine awareness and conscious reasoning about both replacement and insurance motivations, perception of mortality and other risks in relation to childbearing and the extent to which people have the agency to act upon their perceptions. The limited evidence of explicit replacement and insurance strategies suggest their impact on fertility in Wolof Senegal is small, even amongst the urban educated elite for whom costs of children in terms of money and parental time are much more important constraints. Child mortality is not a major component of the fertility decision-making discourse.

RANDALL Sara, LEGRAND Thomas.– **Estrategias reproductivas y toma de decisiones en Senegal: el papel de la mortalidad infantil**

La disminución de la mortalidad puede jugar un papel importante en la evolución de la fecundidad. A menudo, los demógrafos han intentado explicar la correlación entre estos fenómenos a partir de una "toma de decisión racional" por parte de los individuos, un concepto basado en teorías formuladas a partir de análisis cuantitativos. En este estudio utilizamos datos cualitativos recogidos en zonas urbanas y rurales de Senegal para evaluar en qué medida las explicaciones de los individuos relativas a la toma de decisiones en materia reproductiva confirman las hipótesis demográficas. Entrevistas en profundidad con hombres y mujeres permiten examinar la toma de conciencia y los razonamientos conscientes relativos al reemplazo y a la seguridad, a la percepción de la mortalidad y de los otros riesgos relacionados con la procreación y a la capacidad de actuar de acuerdo a tales percepciones. La escasez de elementos en favor de la existencia de estrategias explícitas de reemplazo y seguridad, sugiere que su impacto su impacto sobre la fecundidad es débil entre los Wolofs de Senegal, aun entre la élite urbana y educada, para la cual el coste de los hijos en términos monetarios y de atención paterna son las limitaciones principales. La mortalidad infantil no es un elemento importante en el discurso relativo a la toma de decisiones en materia de procreación.

Sara RANDALL, Département d'anthropologie, University College, Londres, courriel: S.Randall@ucl.ac.uk

Polygamie et fécondité en milieu rural sénégalais

Solène LARDOUX* et Etienne VAN DE WALLE*

L'étude de la fécondité des femmes selon qu'elles vivent en union monogame ou en union polygame est souvent limitée par les données disponibles. Dans cet article, Solène LARDOUX *et* Etienne van de WALLE *se penchent sur cette question dans le cas du Sénégal, un pays où le taux de polygamie est élevé, en utilisant de façon originale le recensement de 1988 qui fournit des informations détaillées sur les partenaires des unions. La complétude de leurs données leur permet ainsi de nuancer les résultats d'études antérieures basées sur des effectifs plus modestes et, surtout, ils sont en mesure de pousser l'analyse plus loin. En croisant notamment l'âge du mari, l'âge de la femme et le nombre de coépouses, ils mettent en évidence l'influence complexe de la polygamie sur la fécondité et dégagent des résultats parfois inattendus. Au-delà de l'étude de la fécondité au Sénégal, cet article à caractère méthodologique permet de mieux comprendre les relations entre monogamie, polygamie et fécondité.*

La polygamie, très répandue au Sénégal, est un type d'union dans laquelle un homme est marié avec plusieurs femmes. Les enquêtes de fécondité réalisées en Afrique sub-saharienne ont montré qu'au Sénégal, la prévalence des mariages multiples est parmi les plus élevées du continent et qu'elle a été particulièrement stable au cours du temps (Timaeus et Reynar, 1998 ; Locoh, 1995). La proportion de femmes mariées d'âge fécond qui vivaient en union polygame au moment de l'enquête était de 48,5 % selon l'enquête mondiale de fécondité de 1978 ; elle s'élevait à 46,5 % en 1986, 47,3 % en 1992-1993 et 46 % en 1997 selon les enquêtes démographiques et de santé du Sénégal (Ndiaye *et al.*, 1997).

Dans cet article, nous passerons d'abord rapidement en revue la littérature qui traite de la relation entre polygamie et fécondité. Nous évaluerons ensuite les différentes sources et méthodologies utilisées pour étudier le sujet. Le corps de l'article consistera en l'exposé de nos résultats sur la

---
* Population Studies Center, Université de Pennsylvanie, Philadelphie.
Traduit par Solène Lardoux et Etienne van de Walle.

fécondité des unions en fonction de l'âge des épouses, de leur nombre et de leur rang dans l'union, résultats obtenus grâce à une source de données sous-exploitée, le recensement du Sénégal de 1988. L'accent est mis sur la méthodologie ; nous ne pouvons pas rendre compte ici de l'ensemble de la littérature anthropologique sur la polygamie.

I. La polygamie

Bien que les nombres d'hommes et de femmes d'âge fécond soient à peu près égaux dans la plupart des populations humaines, la pratique de la polygamie est rendue possible par une forte différence d'âge entre les époux et par le remariage rapide des veuves et des divorcées. En milieu rural sénégalais, les proportions de célibataires sont très faibles après 25 ans pour les femmes, et après 35 ans pour les hommes. Les hommes débutent leur vie conjugale avec une seule épouse et peuvent contracter des unions supplémentaires par la suite ; parallèlement, le nombre de leurs épouses peut diminuer par divorce ou veuvage. La plupart des femmes passent une partie de leur vie conjugale en tant que coépouses. Les ménages polygames comptent rarement plus de deux ou trois femmes : l'Islam, religion principale du pays, autorise un maximum de quatre femmes. Cependant, il se peut qu'un homme hérite des veuves de l'un de ses frères, et le nombre de ses épouses peut alors s'élever à six ou sept.

La polygamie et les grandes familles sont source de travail, de sécurité physique et de prestige pour les membres du groupe. Ester Boserup (1970) associe la pratique de la polygamie dans les régions rurales aux modes de production agricole. Jack Goody (1976) fait l'hypothèse d'un lien entre culture à la houe et polygamie, et entre culture à la charrue et monogamie. Dans les sociétés où les dots sont de tradition, les hommes les plus prospères ont tendance à contracter davantage d'unions (Timaeus et Reynar, 1998). Ainsi, la richesse est à la fois une cause et une conséquence de la polygamie.

L'urbanisation et l'industrialisation fragilisent les systèmes de famille étendue et font reculer la fréquence de la polygamie. Les préférences pour certaines pratiques matrimoniales peuvent dépendre du degré d'accès à l'éducation, de l'exposition aux médias et de la consommation de produits occidentaux. La baisse de la pratique de l'abstinence *post-partum* et l'accès des filles à l'éducation sont des changements sociaux qui peuvent contribuer à un recul de la polygamie (Timaeus et Reynar, 1998).

Plusieurs études ont analysé les effets de la polygamie sur la fécondité. La plupart de ces recherches ont porté sur les populations africaines. Par ailleurs, des études historiques sur les Mormons aux États-Unis ont contribué à une meilleure compréhension du sujet (Anderton et Emigh, 1989 ; Bean et Mineau, 1986). La polygamie accroît la demande de femmes sur le marché matrimonial. Dans les sociétés polygames, le mariage des femmes est précoce, il tend à être universel, et les femmes se remarient souvent rapidement après un veuvage ou un divorce (Antoine et Nanitelamio, 1995). Au Sénégal, l'héritage des veuves et le lévirat facilitent le remariage systématique des femmes même âgées ou en charge d'enfants. L'institution de la polygamie dans une société peut donc contribuer à une fécondité élevée, parce qu'elle tend à maximiser le temps passé par les femmes dans la situation d'épouse, et donc l'exposition au risque d'avoir un enfant (Pison, 1986; Timaeus et Reynar, 1998). Par contre, les recherches ont généralement conclu que la fécondité individuelle des femmes vivant en union polygame était plus faible à chaque âge que celle des femmes en union monogame (Pison, 1986; Pebley et Mbugua, 1989).

La polygamie peut réduire la fécondité individuelle des femmes mariées pour plusieurs raisons. L'effet principal résulte d'une plus faible fréquence des rapports sexuels. Anderton et Emigh (1989) font une distinction entre un modèle de compétition sexuelle où les relations sexuelles sont plus ou moins raréfiées pour chaque femme, et un modèle de favoritisme où la favorite, généralement la plus jeune épouse, a une fécondité élevée alors que les autres sont comparativement délaissées. Madhavan (1998) a noté que les femmes en ménage polygame sont concernées par la fécondité de leurs coépouses parce que le nombre d'enfants de chacune d'entre elles détermine leurs statuts réciproques. Les différentes épouses d'un homme peuvent aussi vivre dans des localités différentes, par exemple lorsque l'une d'entre elles s'occupe de la ferme à la campagne et qu'une autre l'accompagne en ville. Quand les coépouses habitent la même concession avec leur mari, l'alternance des relations sexuelles entre partenaires facilite l'observation de l'abstinence sexuelle après une naissance et pendant l'allaitement, ce qui augmente les intervalles entre les naissances pour chaque femme. Cependant, Blanc et Gage (2000) rapportent que les durées d'allaitement varient peu selon que les femmes vivent en union monogame ou polygame. Clignet (1970) écrit que l'autorité de certaines épouses plus âgées ou de rang plus élevé sur les plus jeunes dans le ménage peut expliquer des différences de fécondité. Les femmes qui ne sont plus d'âge fécond peuvent influencer la fécondité de leurs jeunes coépouses en imposant le respect des normes traditionnelles et des tabous. La fécondité individuelle plus basse des femmes vivant en union polygame peut aussi résulter d'un effet de sélection, puisqu'il est plus probable qu'un mari prenne une épouse supplémentaire lorsqu'il n'a pas eu tous les enfants qu'il désirait avec sa première femme. Timaeus et Reynar (1998) confirment le fait qu'il y a bien surreprésentation des femmes sans enfant dans les unions polygames. Par ailleurs, on a parfois suggéré que la stérilité secondaire due aux maladies vénériennes pourrait se diffuser plus facilement quand le nombre de conjoints se multiplie, mais cette hypothèse n'a pas été démontrée.

Garenne et van de Walle (1989) ont suggéré l'existence d'un autre mécanisme sur la base des données longitudinales du système de surveillance démographique de Ngayokheme au Sénégal. Ils ont montré que l'âge du mari avait un effet significatif sur la fécondité. La polygamie monopolise les plus jeunes femmes au profit des hommes plus âgés. Lorsque le nombre de femmes augmente, la différence d'âge entre les époux augmente aussi, alors que la fertilité de l'homme décroît avec l'âge. Le mécanisme suggéré par Garenne et van de Walle n'était pas un allongement des intervalles entre naissances (qui aurait résulté d'un déclin de la fréquence des relations sexuelles avec l'âge), mais une augmentation de la proportion des unions infécondes (une explication par la biologie plutôt que par les comportements). Dans leur étude, le déclin de la fécondité des femmes avec l'augmentation du nombre d'épouses était souvent justifié par l'effet de l'âge du mari, bien qu'un autre facteur, la corésidence, ait aussi joué un rôle mineur : le type d'union et le rang dans l'union influencent la probabilité que les époux vivent ensemble.

Dans cet article, nous testerons les hypothèses suivantes. Premièrement, la fécondité des femmes décroît lorsque le nombre d'épouses d'un même homme augmente. Deuxièmement, la fécondité augmente avec le rang de la femme dans les unions polygames, en conformité avec le modèle de favoritisme qui suppose que l'alternance du mari entre ses femmes est inégale : la femme qui est entrée le plus récemment dans l'union bénéficiera d'une attention plus grande de la part de son mari, et sera plus exposée aux relations sexuelles. Troisièmement, l'âge du mari a un impact négatif sur la fécondité de ses femmes. Le test de chacune de ces trois hypothèses nécessitera de contrôler l'effet des deux autres facteurs (par exemple, de contrôler le rang de l'épouse et l'âge du mari lorsque nous testons l'effet du nombre). En effet, nombre d'épouses, rang dans l'union et âge du mari tendent à évoluer ensemble, et il est exceptionnel, par exemple, qu'un homme jeune soit marié avec trois femmes ou plus, ou qu'une troisième femme se marie avec un homme plus âgé qu'elle de quelques années seulement. Au passage, nous testerons si les conditions de vie ont un impact positif sur la fécondité des femmes. Pour ce faire, nous utiliserons un indice de richesse du ménage comme variable de contrôle, l'information disponible ne permettant pas une étude approfondie de cette relation.

Nous ajoutons deux hypothèses qui n'ont pas encore été examinées dans la littérature. Selon la quatrième hypothèse, la survenue d'une naissance chez une des femmes d'un polygame affectera la probabilité de naissance chez une coépouse. Grossesse, naissance et période *post-partum* ont pour conséquences des périodes d'abstinence pour une femme, ce qui devrait augmenter la fréquence des rapports sexuels avec une autre. Ainsi, nous faisons l'hypothèse que la survenue d'une naissance chez plusieurs coépouses au cours de la même année est moins probable. Enfin, selon la cinquième hypothèse, la présence d'une femme qui a passé le terme de ses années fertiles aura une influence négative sur la fécondité des autres épouses, soit parce qu'elle réclamera sa part de temps dans la couche de son mari et diminuera ainsi la fréquence des rapports avec les autres, soit parce qu'elle incitera ses coépouses à respecter les tabous sexuels et à espacer les naissances.

Avant de présenter l'analyse multivariée effectuée pour tester les cinq hypothèses, nous montrerons que la polygamie, par rapport à la monogamie, est associée à des types de structure des ménages où les époux ont une plus faible probabilité de vivre ensemble et où les femmes sont ainsi moins exposées au risque de grossesse.

II. Sources de données

Les recherches antérieures sur la relation entre polygamie et fécondité ont souvent utilisé les enquêtes de fécondité telles que les enquêtes démographiques et de santé (EDS). Celles-ci portent sur des échantillons de petite taille et sur un nombre forcément limité de femmes mariées vivant en union polygame. Dès lors, l'analyse doit être limitée à la triade la plus fréquemment rencontrée (un homme et ses deux femmes) et aux épouses des premiers rangs (Bankole et Singh, 1998 ; Ezeh, 1997 ; Gage, 1995 ; Speizer, 1995). En général, les enquêtes comprennent peu de questions sur le mariage et la polygamie. Par exemple, l'EDS sénégalaise de 1997 contient seulement la question : « Votre mari/partenaire a-t-il d'autres femmes en plus de vous ? ». Toutefois, les enquêtes sénégalaises de fécondité plus anciennes posaient aussi des questions sur le nombre d'épouses et sur le rang de la femme enquêtée. L'âge des autres femmes n'est pas recueilli et il n'y a pas de question directe sur l'âge du mari. Par ailleurs, même lorsque les hommes et les femmes sont interrogés en couple, si le mari a plusieurs épouses, seulement l'une d'entre elles est liée à lui comme appartenant au couple. Timaeus et Reynar (1998, p. 160) notent que « l'unité naturelle pour l'étude de la polygamie est l'union » et qu'il y a équivalence numérique entre le nombre d'hommes et celui des unions. Cependant, l'échantillonnage des femmes dans les EDS repose sur les individus, de sorte que les femmes ne sont pas liées à la plupart des caractéristiques de leur mari, dont son âge, ni à la fécondité de leurs coépouses. Les épouses qui ont dépassé le terme de leur vie féconde ne sont pas interrogées, alors même que leur présence dans le ménage lui confère un caractère polygame. Il est impossible de savoir s'il y a une corrélation positive entre la fécondité des coépouses (qui traduirait l'existence d'un effet de compétition) ou une corrélation négative (ce qui suggérerait une tendance à alterner les naissances). L'enquête ne fait pas de distinction entre les épouses selon qu'elles résident ou non avec leur mari, bien qu'il y ait une question sur la cohabitation de la répondante avec son mari ou son partenaire.

Garenne et van de Walle (1989) ont quant à eux utilisé les données longitudinales du système de surveillance démographique de Ngayokheme au Sénégal. Celles-ci sont idéales à plusieurs égards en raison du caractère détaillé de l'information, mais la taille de la population étudiée est relativement modeste (5 000 personnes au total). Cependant, l'information a été collectée entre 1962 et 1981, et porte donc sur un grand nombre de personnes-années. La nature longitudinale des données permet de suivre la création et la dissolution des unions, et d'attribuer des naissances à ces unions en sachant, par exemple, si les femmes étaient en union monogame ou polygame à la date de chacune des naissances. Les dénominateurs utilisés pour le calcul des taux de fécondité ont été obtenus en additionnant le nombre d'années vécues dans une certaine catégorie d'union. Les mariages sont considérés exister quand les deux partenaires se déclarent mariés, et l'analyse est limitée aux paires où les deux époux vivaient dans la zone étudiée. Le rang d'épouse est déduit de la séquence des entrées en union des différentes femmes. À la différence des données des enquêtes rétrospectives, les caractéristiques du mari et des coépouses sont connues.

La présente recherche utilise une approche totalement différente. Les données sont issues du recensement sénégalais de 1988. L'analyse porte sur deux régions rurales du Sénégal, Kolda et Tambacounda, à la frontière de la Gambie. Certaines caractéristiques de ces régions sont présentées dans le tableau 1. Les groupes ethniques les plus nombreux dans les deux régions sont les Peuls et les Mandingues. Kolda et Tambacounda sont les régions les moins développées du Sénégal. En 1988, elles apparaissaient en bout de liste en ce qui concerne la qualité de construction du logement, se caractérisaient par les proportions les plus faibles de ménages équipés en électricité ou en eau courante, par le plus bas taux de scolarisation des enfants âgés de 7 à 12 ans, et par la mortalité des adultes la plus élevée (Pison *et al.*, 1995, en particulier tableau 2-4). Nous limitons notre étude aux zones rurales de ces deux régions, en partie parce que la polygamie est moins fréquente dans les régions urbaines, mais surtout parce que nous nous intéressons aux caractéristiques des populations à fécondité naturelle, et qu'il est moins probable que la fécondité soit affectée par la diffusion du contrôle des naissances dans les campagnes. Parmi toutes les régions sénégalaises, c'est à Kolda et Tambacounda que la proportion de femmes vivant en union polygame était la plus élevée, et que l'âge au mariage des femmes était le plus bas. Dans un pays où les changements de la nuptialité sont souvent cités comme une cause du déclin de la fécondité (Ndiaye *et al.*, 1997), ces régions se démarquent par la proportion élevée de femmes mariées dès le plus jeune âge. Dans cet article, nous supposons que les différences de fécondité ne résultent pas de la limitation des naissances.

L'information sur la fécondité dans le recensement du Sénégal porte sur les naissances survenues au cours de l'année précédant le recensement. Il n'y a pas d'information sur le nombre total d'enfants nés, mais cela n'est pas important puisque nous ne pouvons pas vérifier si tous les enfants d'une femme ont été conçus alors qu'elle avait le même statut matrimonial et le même rang d'épouse qu'au moment du recensement. Dans cette étude, nous faisons l'hypothèse que le statut matrimonial de la femme au moment du recensement prévalait au cours de l'année précédente. Une monographie sur la démographie au Sénégal, réalisée sous l'égide du *National Research Council* des États-Unis, a utilisé les données sur les naissances du recensement de 1988 pour estimer la fécondité (Pison *et al.*, 1995). Les données ont été considérées comme satisfaisantes pour ce faire, bien qu'un certain nombre de non-réponses aient dû être imputées. Comme les femmes peuvent avoir omis certaines naissances suivies du décès immédiat de l'enfant, il est possible que le niveau de la fécondité soit légèrement sous-estimé (*ibidem*, p. 47). Dans la présente étude, les femmes qui n'ont pas déclaré le nombre de naissances au cours de l'année précédant le recensement n'ont pas été prises en compte dans les calculs de fécondité. Ceci revient à supposer que les femmes qui n'ont pas répondu avaient la même fécondité que celles qui ont répondu. Sachant que les enquêteurs ont probablement parfois codé comme non-réponses des cas où les femmes ont déclaré zéro naissance (une confusion assez répandue), cette hypothèse pourrait être à l'origine d'une légère surestimation de la fécondité. Moins de 4 % des femmes n'ont pas répondu, et le pourcentage de non-réponses varie peu selon l'âge des femmes ou le statut polygame (voir le tableau 4 pour plus de détails). Nous faisons l'hypothèse que les biais, s'ils existent, ont une importance identique pour toutes les catégories d'épouses et qu'ils sont négligeables pour cette analyse. Nous calculons les taux de fécondité par âge à partir des indicateurs transversaux qui correspondent à l'année précédant la date du recensement ; les femmes peuvent avoir accouché 0 ou 1 fois. Pour chaque groupe d'âges des femmes, nous calculons le rapport entre le nombre des naissances et celui des femmes selon le nombre d'épouses et leur rang dans l'union.

TABLEAU 1. – QUELQUES CARACTÉRISTIQUES DES RÉGIONS DE KOLDA ET TAMBACOUNDA EN 1988

Caractéristiques	Kolda	Tambacounda
Population (en milliers)	592	325
% de Peuls	49,3	46,4
% de Mandingues	23,6	17,4
Population urbaine (%)	11,0	13,0
Ménages ayant accès à l'eau courante (%)	4,0	9,0
Population âgée de 6 ans ou + ayant été scolarisée (%)	18,0	18,0
Taux de scolarisation de 7 à 12 ans (%)		
Garçons	39,0	26,0
Filles	19,0	17,0
Femmes mariées en union polygame (%)	61,3	55,4
Femmes célibataires à 20-24 ans (%)	10,0	9,0
Sources : Pison *et al.*, 1995 ; recensement du Sénégal de 1988 (République du Sénégal, 1990-1991).		

Le recensement est généralement, mais injustement, considéré comme une source de données peu appropriée à l'étude de sujets d'une telle complexité. Il a des limites certaines – par exemple, il ne dit rien sur l'histoire génésique ou maritale – mais il a aussi des avantages évidents par rapport aux enquêtes démographiques et de santé. Premièrement, il porte sur un grand nombre de cas, même pour les femmes de rang trois ou plus. Deuxièmement, il fournit de l'information sur tous les membres de l'unité résidentielle, et pas seulement sur les femmes de 15 à 49 ans. Le recensement du Sénégal adopte le principe *de jure*, c'est-à-dire qu'il dénombre toutes les personnes selon leur lieu de résidence habituel. L'unité de base pour le dénombrement est le ménage, qui est constitué en majeure partie de personnes qui sont liées par le sang et par le mariage. Les résidents absents et les visiteurs sont comptabilisés, mais la structure du ménage est définie par rapport au chef de ménage qui peut être présent ou temporairement absent au moment du recensement. L'ordre d'énumération est en principe déterminé par la relation avec ce chef. Par exemple, la première femme est citée juste après le chef de ménage, suivie de ses enfants non mariés. Les autres femmes et leurs enfants sont ensuite listés par ordre de rang. Les enfants mariés ont leur propre noyau et sont dès lors énumérés avec leur propre unité familiale.

L'information sur les relations entre les membres du ménage est particulièrement détaillée dans le recensement sénégalais de 1988. Le noyau est une unité qui se compose soit d'un couple marié et de ses enfants, soit d'une personne et de ses enfants. La relation du chef de noyau au chef de ménage est indiquée, et les autres membres du noyau sont définis par rapport à son chef. Ce système permet de connaître en détail les relations entre les différentes unités conjugales, monogames et polygames, incluses dans le ménage (et pas seulement les relations au chef de ménage). Parmi les informations sur le statut matrimonial, le recensement fournit le nombre des épouses de chaque homme et le rang de chacune de ces épouses jusqu'à la troisième (la catégorie la plus élevée étant trois ou plus). Certaines épouses d'hommes polygames ne vivent pas ensemble dans le même ménage ou dans le ménage de leur mari ; même dans ce cas, le recensement indique le nombre de femmes d'un homme et le rang de chacune d'elles quelle que soit la résidence de leur mari. Il est non seulement possible d'identifier les femmes du chef de ménage, mais aussi celles des différents chefs de noyaux, par exemple ceux qui sont le frère ou le fils du chef de ménage. De plus, le recensement permet d'identifier les membres du ménage qui ne vivent pas avec leurs conjoints.

Avant de procéder à l'analyse, il a fallu constituer des fichiers qui associaient chaque mari à sa ou ses épouses et consignaient à la fois leurs caractéristiques et celles de leur ménage ; ces fichiers sont désignés ci-après sous le nom de « fichiers liés ». Ils comprennent uniquement les unités matrimoniales complètes et lient l'ensemble des partenaires corésidents monogames ou polygames[1]. Ceci a été possible dans la mesure où le nombre d'épouses de chaque homme et le rang de chaque femme étaient connus. Si un noyau comprenait un homme marié à n femmes et que le nombre de ses épouses corésidentes était aussi égal à n, l'unité matrimoniale était incluse dans le fichier lié. Puisque la valeur la plus élevée de n retenue dans le recensement était 3+ – soit « trois femmes ou plus » pour les hommes et « troisième rang ou rang plus élevé » pour les femmes –, nous avons sans doute inclus dans le fichier lié certaines unités matrimoniales dans lesquelles les femmes de rang plus élevé manquaient. Cela pourrait être le cas des unités où un mari polygame était codé « 3+ » (c'est-à-dire ayant trois femmes ou plus) et où les femmes de rang 1 et 2 et au moins une femme de rang 3+ étaient trouvées. Si une ou plusieurs autres épouses de rang 3+ vivaient ailleurs, le ménage a été considéré comme « lié » faute d'information[2]. Si le ménage était composé de plusieurs épouses dont le rang était codé 3+, il était possible d'identifier leur rang (jusqu'au huitième) en fonction de l'ordre dans lequel elles étaient énumérées dans le recensement.

À proprement parler, les personnes prises en compte dans le fichier lié ne sont pas représentatives de toutes les personnes mariées dans la population, mais elles forment une sous-population au sein de laquelle on peut analyser les relations entre tous les membres d'une unité matrimoniale. Le rapport entre l'effectif des femmes mariées et celui des hommes mariés est plus élevé dans le fichier non lié (1,6) que dans le fichier lié (1,5), et le rapport du nombre de femmes mariées en union polygame à celui des maris polygames est aussi plus élevé (2,6 contre 2,3). Nous soupçonnons que cela pourrait être dû au fait que certains maris polygames habitent en dehors de la zone rurale ou de la région où ses épouses résident. Les niveaux de scolarisation des hommes et des femmes ne diffèrent pas significativement entre les deux fichiers. Les polygames du fichier non lié appartiennent à des ménages qui ont le même niveau de vie et le même type d'accès aux facteurs de production que les polygames du fichier lié ; de leur côté, les monogames du fichier non lié paraissent bénéficier d'une situation légèrement meilleure que les monogames du fichier lié. En général, les deux sous-populations paraissent très similaires.

---

[1] Dans certains cas, la relation de parenté est donnée en référence à une personne absente ou en visite désignée comme étant chef de ménage. Dans cette étude, nous n'avons pas pris en compte la variable « statut de résidence ».

[2] L'erreur introduite par cette procédure est probablement minime. Les femmes de rang 3+ représentaient seulement 12 % de l'ensemble des épouses de polygames dans la population, et 79 % d'entre elles ont été prises en compte dans les fichiers liés, où les femmes de rang 3 représentaient 81 % de l'ensemble des femmes de rang 3+.

III. Caractéristiques de la population étudiée

La population rurale de Kolda et de Tambacounda vit principalement dans des ménages de grande taille : la taille moyenne d'un ménage est légèrement supérieure à dix personnes et 40 % des membres du ménage n'appartiennent pas à la famille nucléaire (épouses et enfants) du chef. L'arrangement résidentiel le plus fréquent dans les unions polygames est la corésidence au sein du même ménage ou de la même concession ; très peu de femmes de polygames vivent séparément en tant que chef de leur propre ménage. Les fils et les frères du chef de ménage dirigent souvent leur propre noyau composé de leurs femmes, de leurs enfants et d'autres membres, bien que cela soit moins fréquent au fur et à mesure que l'âge et le nombre de femmes du chef de noyau augmentent. Dans la population rurale de Kolda et de Tambacounda, 51 % des hommes et 73 % des femmes de plus de 12 ans sont mariés. Parmi les personnes mariées, 37 % des hommes et 58 % des femmes sont en union polygame. Comme on pouvait s'y attendre, une majorité d'hommes mariés sont chef de ménage, et la majorité des femmes mariées sont épouse de chef de ménage. Cependant, il est frappant de voir que beaucoup de personnes mariées sont des membres non accompagnés (c'est-à-dire sans leur conjoint ou enfants) du noyau du chef de ménage ou d'un autre noyau.

Le tableau 2 indique les relations avec le chef de ménage des hommes mariés polygames et monogames, ainsi que les proportions de ces hommes mariés qui résident dans des unités matrimoniales complètes, c'est-à-dire avec toutes leurs épouses. Le tableau 3 présente la même information pour les femmes mariées.

D'après les fichiers liés, nous estimons que 72,4 % des épouses d'hommes monogames vivent avec leur mari et que 66,8 % des épouses d'hommes polygames résident avec leur mari et toutes leurs coépouses. Les femmes manquantes se trouvent dans d'autres ménages, soit comme chef de noyau si elles ont des enfants qui habitent avec elles, soit comme membre subordonné d'un autre noyau. Le nombre élevé de « visiteurs » mariés (comme nous les nommons dans les tableaux 2 et 3) non accompagnés par leur famille illustre la fluidité de la structure des ménages et l'instabilité du lieu de résidence, même dans un recensement *de jure*. Ces visiteurs sont particulièrement nombreux dans les noyaux dirigés par d'« autres parents », par des personnes non apparentées ou par ceux désignés comme « autres chefs » qui sont mal définis mais sont probablement des personnes non apparentées en transit. Des visiteurs figurent également parmi la proche parenté du chef de ménage. Beaucoup de mariages commencent alors que le mari habite encore chez son père, son frère ou un autre parent, et de nombreuses femmes passent un certain temps dans leur famille d'origine au début de leur mariage, avant de déménager dans la maison de leur mari. Elles y reviennent aussi parfois pour une période plus ou moins longue au cours de leur vie matrimoniale. Le statut de chef de ménage est acquis ultérieurement au mariage ; l'âge médian des chefs de ménage s'élève à 46 ans. Peu de femmes mariées sont chef de ménage parce qu'un mari absent sera souvent déclaré comme chef de ménage *de jure* dans leur habitation. Les femmes chef de ménage sont principalement des veuves qui n'étaient pas remariées au moment du recensement.

TABLEAU 2. – RÉPARTITION DES HOMMES MONOGAMES ET POLYGAMES EN FONCTION DE LA RELATION AU CHEF DE MÉNAGE ET PROPORTION DE CEUX QUI VIVENT AVEC LEUR FEMME OU TOUTES LEURS FEMMES (EN %)

Relation avec le chef de ménage	Hommes monogames			Hommes polygames		
	Effectif	Répartition (%)	Proportion liés (%)[a]	Effectif	Répartition (%)	Proportion liés (%)[a]
Chef de ménage	41 189	50,7	81,4	34 865	73,1	75,7
Chef de noyau[b]	34 720	42,8	71,3	11 391	23,9	59,7
Fils	*13 763*	*17,0*	*76,4*	*4 521*	*9,5*	*65,7*
Beau-fils	*257*	*0,3*	*77,8*	*33*	*0,1*	*45,5*
Père	*227*	*0,3*	*79,3*	*106*	*0,2*	*50,0*
Petit-fils	*2 396*	*3,0*	*77,6*	*634*	*1,3*	*62,5*
Frère	*10 591*	*13,0*	*79,3*	*4 127*	*8,7*	*67,7*
Autre parent	*3 296*	*4,1*	*73,8*	*852*	*1,8*	*48,7*
Non apparenté	*1 938*	*2,4*	*51,0*	*407*	*0,9*	*17,2*
Autre chef[c]	*2 252*	*2,8*	*8,5*	*711*	*1,5*	*12,7*
Visiteur du chef de ménage	2 415	3,0	0,0	578	1,2	0,0
Mari	69	0,1	0,0	329	0,7	0,0
Visiteur d'un noyau	2 562	3,2	0,0	469	1,0	0,0
Inconnue	205	0,3	0,0	53	0,1	0,0
Total	81 160	100,0	71,8	47 685	100,0	69,6

[a] Les hommes « liés » corésident avec leur épouse (monogames) ou avec toutes leurs épouses (polygames).
[b] Les ménages sont généralement composés de plus d'un noyau. Par exemple, 42,8 % des hommes monogames sont chef de leur propre noyau : ces hommes sont souvent un fils ou un frère du chef de ménage (respectivement 17 % et 13 % du nombre total d'hommes monogames).
[c] Les autres chefs étaient codés comme chef de ménage bien qu'ils appartiennent à un noyau secondaire.
Source : micro-données pour les régions rurales de Tambacounda et Kolda, recensement du Sénégal de 1988.

Les données brutes du recensement ne permettent pas de connaître les circonstances qui font que les époux ne sont pas dénombrés ensemble. Mais ces circonstances peuvent expliquer certaines différences de fécondité entre les épouses corésidentes et les autres femmes mariées. Dans le tableau 4, nous présentons un calcul simple des taux de fécondité par âge et l'indice synthétique de fécondité des femmes selon le type d'union, en distinguant entre celles qui sont prises en compte dans les fichiers liés parce qu'elles vivent avec leur mari et leurs coépouses éventuelles, et celles qui figurent dans le fichier non lié parce qu'elles sont des visiteuses ou n'habitent pas avec tous leurs partenaires. Le tableau indique aussi le pourcentage de femmes qui n'ont pas déclaré le nombre d'enfants qu'elles ont eus au cours de l'année précédant le recensement. Elles ont été omises du dénominateur pour le calcul des taux.

TABLEAU 3.— RÉPARTITION DES FEMMES EN UNION MONOGAME ET EN UNION POLYGAME EN FONCTION DE LA RELATION AU CHEF DE MÉNAGE ET PROPORTION DE CELLES QUI VIVENT AVEC LEUR MARI ET TOUTES LEURS COÉPOUSES ÉVENTUELLES (EN %)

Relation avec le chef de ménage	Femmes en union monogame			Femmes en union polygame		
	Effectif	Répartition (%)	Proportion liées (%)[a]	Effectif	Répartition (%)	Proportion liées (%)[a]
Femme du chef de ménage	37 790	46,9	88,7	77 923	68,7	78,7
Femme du chef de noyau[b]	30 034	37,3	82,5	22 934	20,2	63,1
Du fils	12 915	16,0	81,4	9 775	8,6	63,8
Du beau-fils	243	0,3	82,3	121	0,1	28,9
Du père	222	0,3	81,1	216	0,2	56,0
Du petit-fils	2 199	2,7	84,5	1 308	1,2	63,1
Du frère	9 986	12,4	84,1	9 008	7,9	67,0
D'un autre parent	3 001	3,7	81,0	1 729	1,5	50,3
D'un non apparenté	1 238	1,5	79,9	421	0,4	34,4
D'un autre chef[c]	230	0,3	83,0	356	0,3	56,5
Chef de ménage	624	0,8	0,0	1 029	0,9	0,0
Chef de noyau	5 174	6,4	0,0	5 080	4,5	0,0
Visiteuse d'un noyau	6 867	8,5	0,0	6 386	5,6	0,0
Inconnue	87	0,1	0,0	78	0,1	0,0
Total	80 576	100,0	72,4	113 430	100,0	66,8

[a] Les femmes « liées » en union monogame corésident avec leur mari; les femmes « liées » en union polygame corésident avec leur mari et toutes leurs coépouses.
[b] Les ménages sont généralement composés de plus d'un noyau. Par exemple, 37,3 % des femmes en union monogame sont l'épouse d'un chef de noyau, qui est souvent un fils ou un frère du chef de ménage (16 % et 12,4 % du nombre total de femmes en union monogame sont respectivement mariées à un fils ou à un frère du chef de ménage).
[c] Les autres chefs étaient codés comme chef de ménage bien qu'ils appartiennent à un noyau secondaire.
Source : micro-données pour les régions rurales de Tambacounda et Kolda, recensement du Sénégal de 1988.

Cette comparaison simple ne tient pas compte de tous les facteurs susceptibles d'expliquer les différences de fécondité. En particulier, elle ne distingue pas la fécondité en fonction du nombre de femmes ou selon l'âge du mari et des femmes, ce que nous tentons de faire sur la base des fichiers liés dans la section suivante. Par contre, l'analyse du tableau 4 est plus inclusive et considère aussi les femmes qui ne vivent pas avec leur mari ou avec toutes leurs coépouses. La corésidence est presque toujours associée à une fécondité plus élevée, et l'écart est plus marqué chez les couples monogames ; l'avantage pour les premières épouses des polygames paraît être limité au premier groupe d'âges. Cependant, davantage d'unités polygames ont des membres absents (les proportions de personnes liées dans les tableaux 2 et 3 sont plus basses que pour les unités monogames). Nos données confirment le fait que la fécondité des femmes de monogames est plus élevée que celle de chacune des femmes des maris polygames, sauf pour le groupe d'âges 15-19 ans. Les femmes de monogames vivent plus souvent avec leur mari que les femmes de polygames, et les femmes de monogames qui ne vivent pas avec leur mari ont une fécondité plus basse que les épouses corésidentes. De manière générale, cette dernière situation est plus exceptionnelle que celle où un mari polygame n'habite pas avec toutes ses femmes, et elle a plus de chances d'avoir une influence sur la fécondité.

TABLEAU 4.– TAUX DE FÉCONDITÉ PAR ÂGE DES FEMMES EN UNION MONOGAME ET DES FEMMES EN UNION POLYGAME SELON LE RANG D'ÉPOUSE
FICHIERS LIÉS ET NON LIÉS (NOMBRE D'ENFANTS PAR FEMME)

Âge	Femmes en union monogame	Femmes en union polygame		
		Rang 1	Rang 2	Rang 3 ou +
Fichiers liés				
15-19 ans	0,301	0,335	0,274	0,241
20-24 ans	0,324	0,309	0,308	0,283
25-29 ans	0,305	0,275	0,279	0,274
30-34 ans	0,249	0,209	0,210	0,179
35-39 ans	0,182	0,153	0,144	0,143
40-44 ans	0,083	0,066	0,076	0,052
45-49 ans	0,046	0,034	0,030	0,023
Fécondité totale	7,4	6,9	6,6	6,0
% des cas non reportés	3,3	2,9	3,6	3,8
Effectif des femmes	53 178	28 259	30 814	8 460
Fichiers non liés				
15-19 ans	0,240	0,287	0,237	0,227
20-24 ans	0,298	0,303	0,286	0,261
25-29 ans	0,276	0,288	0,260	0,257
30-34 ans	0,224	0,211	0,203	0,178
35-39 ans	0,147	0,176	0,142	0,141
40-44 ans	0,067	0,078	0,061	0,051
45-49 ans	0,026	0,042	0,034	0,038
Fécondité totale	6,4	6,9	6,1	5,8
% des cas non reportés	5,1	4,2	5,1	5,8
Effectif des femmes	18 782	17 581	11 189	3 352

Source : micro-données pour les régions rurales de Tambacounda et Kolda, recensement du Sénégal de 1988.

Dans les fichiers liés, l'unité d'observation est l'union matrimoniale, et elle inclut tous les partenaires de l'union, c'est-à-dire le mari et sa femme ou toutes ses femmes (à l'exception des épouses non identifiées de rang 3+ vivant ailleurs). Le tableau 5 indique la répartition des femmes dans les unions monogames et polygames selon des caractéristiques telles que l'âge, le nombre et le rang d'épouse. Comme nous utilisons des indicateurs transversaux, l'effet de l'âge doit être considéré avec prudence (Pison, 1986). L'âge médian des hommes mariés est de 38 ans pour les monogames, de 46 ans pour ceux qui ont deux épouses et de 53 ans pour ceux qui en ont trois ou plus (tableau 6)[3]. Le fait que les épouses de monogames sont en moyenne plus jeunes que les premières épouses de polygames suggère que le statut matrimonial n'est pas stable au cours du temps. La plupart des femmes en union monogame appartiendront à une union polygame par la suite ou en ont fait partie dans le passé. Les épouses de rang 1 sont généralement plus âgées que les épouses des rangs 2 et 3 ou plus.

La différence d'âge moyen entre époux est d'un grand intérêt. Elle augmente avec le rang et le nombre de femmes : elle est comprise entre 12,5 ans dans les unions monogames et 22,6 ans lorsque le rang de l'épouse atteint 3 ou plus (tableau 5). La figure 1 compare les différences d'âge entre les époux selon le type de mariage. Les hommes se marient à des femmes de tous les groupes d'âges. De plus, lorsque les hommes deviennent plus âgés, ils continuent à se marier à des femmes de rang plus élevé qui sont bien plus jeunes qu'eux. Dans les cas où la différence d'âge entre un homme et sa femme est négative, la femme est plus âgée que son mari : il s'agit sans doute souvent d'épouses héritées.

La différence d'âge entre mari et femme dans les unions monogames est presque égale à la différence d'âge entre mari et première épouse dans les unions avec deux épouses et dans les unions avec trois épouses ou plus : la différence moyenne va de 12 à 13 ans (tableau 5). La différence entre l'âge moyen du mari et celui de sa deuxième femme est respectivement de 18,3 et de 18,4 ans dans les unions avec deux femmes et trois femmes ou plus. La figure 1 montre que les grandes différences d'âge sont plus fréquentes entre le mari et sa deuxième épouse qu'entre le mari et sa première épouse.

Une des principales motivations d'un homme qui s'engage dans la polygamie est le désir d'avoir de nombreux enfants (Blanc et Gage, 2000). Nous présentons les caractéristiques des maris (tableau 6) avant de décrire la fécondité des femmes. Comme c'était le cas pour les femmes, la polygamie varie selon l'âge. En effet, les hommes monogames sont en grande proportion âgés de moins de 50 ans (72,9 % d'entre eux), alors que les polygames, en particulier ceux qui ont trois femmes ou plus, sont généralement âgés de plus de 50 ans.

---

[3] Dans cette étude, les âges ont été calculés à partir des informations sur l'année et le mois de naissance. Dans les données publiées pour le Sénégal, une erreur de calcul de ces âges a conduit à la sous-estimation de l'âge de la plupart des personnes d'environ un an et à une préférence pour les âges se terminant par 4 et 9 (au lieu de 5 et 0).

Tableau 5. – Caractéristiques des femmes en union monogame et des femmes en union polygame selon le rang d'épouse dans les fichiers liés

Caractéristiques	Unions monogames	Unions polygames				
		2 épouses		3 épouses ou +		
		Rang 1	Rang 2	Rang 1	Rang 2	Rang 3 ou +
Groupe d'âges (en %)						
15-24 ans	39,3	14,4	36,7	3,6	12,2	25,0
25-29 ans	20,3	20,4	22,5	9,5	18,0	19,7
30-34 ans	13,1	19,1	14,8	16,0	18,9	16,1
35-39 ans	8,7	14,8	10,2	17,3	17,7	13,2
40-49 ans	10,8	19,0	10,1	30,1	21,1	15,4
50 ans ou +	7,0	11,6	5,3	22,6	11,6	10,2
Non-réponse	0,8	0,7	0,4	0,8	0,5	0,4
Total	100,0	100,0	100,0	100,0	100,0	100,0
Capacité à lire ou à écrire (en %)						
Oui	2,4	1,5	1,8	1,3	1,4	1,9
Non	97,3	98,3	97,9	98,4	98,2	97,6
Non-réponse	0,3	0,2	0,3	0,3	0,4	0,5
Total	100,0	100,0	100,0	100,0	100,0	100,0
Âge médian de l'épouse	25,0	33,0	27,0	40,0	35,0	30,0
Différence d'âge moyenne entre époux[a]	12,5	12,6	18,3	13,2	18,4	22,6
Taux de fécondité l'année précédant le recensement[b]	0,26	0,18	0,22	0,09	0,15	0,18
Effectif total ($n = 132\,305$)	58 307	25 572	25 572	7 618	7 618	7 618
Répartition (% en ligne)	44,1	19,3	19,3	5,8	5,8	5,8

[a] Les différences d'âge médiane et moyenne entre époux ne diffèrent pas significativement.
[b] Les femmes qui n'ont pas répondu à la question sur le nombre de naissances n'ont pas été prises en compte dans les calculs.
Source : micro-données pour les régions rurales de Tambacounda et Kolda, recensement du Sénégal de 1988.

Le niveau de richesse des ménages polygames est plus élevé que celui des ménages monogames[4]. Nous utilisons une échelle de niveau de vie calculée à partir des caractéristiques de l'unité d'habitation et de ses équipements et une variable indiquant les moyens de production disponibles. Les chevaux sont la possession la plus répandue dans les unions monogames, mais près de 41 % de ces ménages ne disposent d'aucun moyen de production. Dans la section suivante, nous montrons comment ces indicateurs sont associés aux niveaux et aux tendances de la fécondité des femmes monogames et polygames.

---

[4] Le niveau d'instruction est une variable souvent contrôlée dans les études sur la fécondité. Les données du recensement sénégalais de 1988 montrent que dans les deux régions rurales étudiées, Kolda et Tambacounda, environ 98 % des femmes mariées et 90 % des hommes mariés ne savent pas lire ou écrire. Cette population étant très peu alphabétisée, nous ne considérerons pas cette variable comme un facteur de différenciation de la fécondité.

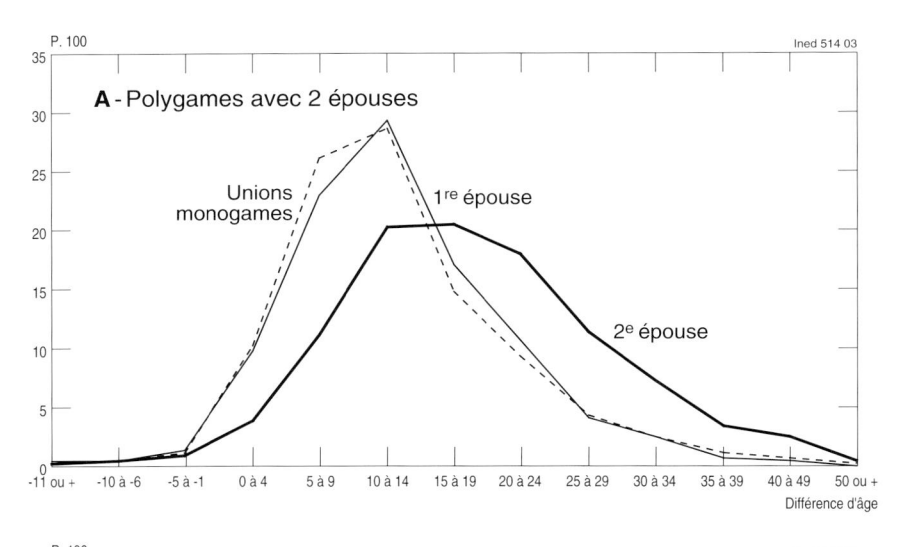

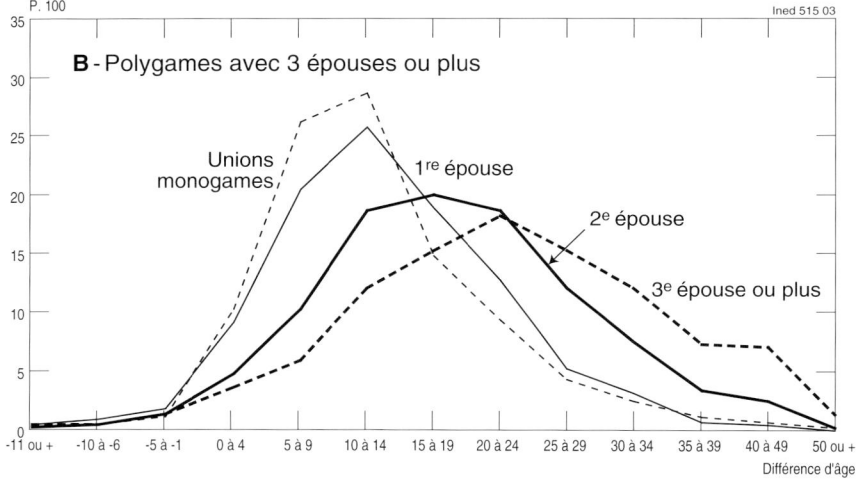

Figure 1.— Répartition des différences d'âge entre mari et femme
selon le type d'union, le nombre et le rang des épouses (en %)
Différence d'âge = âge du mari − âge de la femme (en années)

Source : micro-données pour les régions rurales de Tambacounda et Kolda,
recensement du Sénégal de 1988.

TABLEAU 6. – CARACTÉRISTIQUES DES HOMMES MONOGAMES ET DES HOMMES POLYGAMES SELON LE NOMBRE D'ÉPOUSES DANS LES FICHIERS LIÉS (RÉPARTITION EN %)

Caractéristiques	Unions monogames	Unions polygames	
		2 épouses	3 épouses ou +
Âge			
20-39 ans	52,0	30,5	11,0
40-49 ans	20,9	29,1	26,3
50-59 ans	13,7	21,3	29,2
60 ans ou +	13,4	19,1	33,5
Total	100,0	100,0	100,0
Âge médian	38,0	46,0	53,0
Capacité à lire ou à écrire			
Oui	9,6	10,1	12,5
Non	90,4	89,9	87,5
Total	100,0	100,0	100,0
Niveau de vie[a]			
Bas (0-1 point)	53,6	45,0	32,9
Moyen inférieur (2-3 points)	37,9	42,9	48,8
Moyen supérieur (4-5 points)	8,2	11,6	17,7
Élevé (6-7 points)	0,3	0,4	0,6
Total	100,0	100,0	100,0
Moyens de production possédés			
Aucun	40,9	31,4	23,0
Bœuf	16,7	15,3	12,6
Cheval	21,3	23,9	24,1
Charrue	15,2	20,9	27,4
Charrette	5,9	8,6	12,9
Total	100,0	100,0	100,0
Effectif (n = 91 498)	58 307	25 573	7 618

[a] Échelle de 0 à 7, obtenue en additionnant les points pour les caractéristiques suivantes : WC raccordé : 2 points; ou WC fosse : 1 point. Puits intérieur : 1 point; ou Robinet intérieur : 2 points. Toit en béton ou zinc-ardoise-tuile : 1 point; Murs en briques ou ciment : 1 point; Radio : 1 point.
Source : micro-données pour les régions rurales de Tambacounda et Kolda, recensement du Sénégal de 1988.

IV. Résultats

Les fichiers liés permettent d'analyser la fécondité des femmes mariées en fonction de leur âge, du nombre et du rang des épouses dans l'unité matrimoniale. Avant de discuter les résultats des régressions logistiques sur la survenue d'une naissance au cours de l'année précédant le recensement, nous présentons des graphiques qui décrivent la relation entre la probabilité de survenue d'une naissance et l'âge du mari et des femmes des différents rangs dans les unions avec une, deux et trois épouses ou plus.

Les figures 2 à 4 représentent les taux de fécondité pour les femmes en union monogame, et pour les femmes de rang 1 à 3 ou plus dans les unions polygames, en fonction de leur âge et de celui du mari.

Quel que soit leur âge, la fécondité des épouses de monogames baisse lorsque l'âge du mari augmente (figure 2). La fécondité des femmes est plus faible dans les unions polygames que dans les unions monogames, mais l'allure des courbes est très proche pour les épouses de monogames et les premières femmes dans les unions polygames à deux épouses, à l'exception des premières épouses de moins de 30 ans pour lesquelles la probabilité d'une naissance est plus élevée quand le mari est âgé de plus de 60 ans que lorsqu'il a 50-59 ans (figure 3A). La fécondité des deuxièmes épouses, par contre, ne varie guère avec l'âge du mari lorsque celui-ci a moins de 60 ans si l'on contrôle l'âge des femmes (figure 3B). Ce résultat suggère que jusqu'aux 60 ans de l'époux, l'influence de l'âge du mari sur la fécondité des deuxièmes femmes est faible. Ainsi, l'effet de l'âge du mari est plus net quand il n'a qu'une seule épouse. Dans les unions polygames, l'effet du rang rend la description plus complexe.

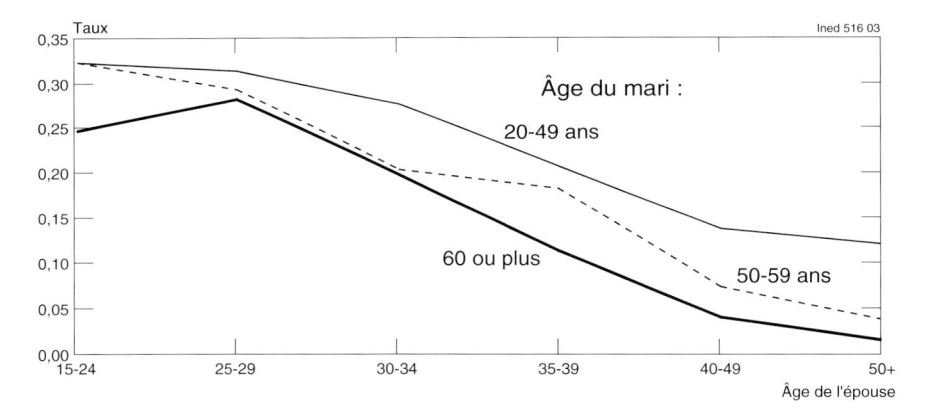

Figure 2.– Taux de fécondité par âge des femmes
selon l'âge du mari dans les unions monogames
(nombre d'enfants par femme l'année précédant le recensement)

Source : micro-données pour les régions rurales de Tambacounda et Kolda, recensement du Sénégal de 1988.

Les figures 4A à 4C illustrent les taux de fécondité par âge dans les unions avec trois femmes ou plus[5]. Les figures 5A à 5C contiennent à peu près la même information que précédemment, mais cette fois en privilégiant le point de vue du mari. Les taux de fécondité par âge sont systématiquement plus bas pour les premières épouses que pour les épouses des

---

[5] Le faible nombre de cas peut expliquer la forme irrégulière des courbes : 37 % des maris ayant 3 femmes ou plus ont moins de 50 ans, et seulement 11 % ont moins de 40 ans.

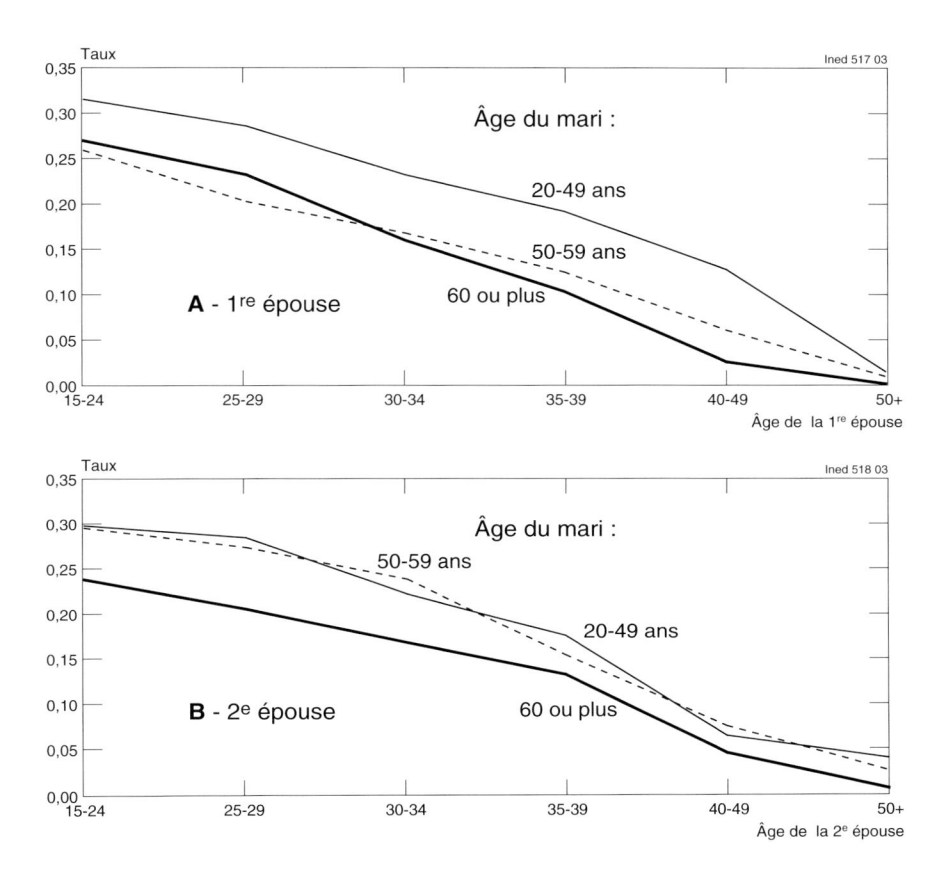

Figure 3.– Taux de fécondité par âge des femmes
selon l'âge du mari dans les unions polygames avec 2 épouses
(nombre d'enfants par femme l'année précédant le recensement)

Source : micro-données pour les régions rurales de Tambacounda et Kolda,
recensement du Sénégal de 1988.

rangs 2 et 3 +. L'effet de l'âge du mari semble varier avec le rang de l'épouse, et les épouses des rangs supérieurs paraissent les favorites (figure 5). La figure 4B montre qu'il n'y a presque pas de différence entre les taux de fécondité des deuxièmes épouses lorsque le mari a moins de 60 ans[6].

---

[6] Pour le rang 3+, les taux de fécondité par âge ne diminuent pas de façon monotone lorsque l'âge du mari augmente. De plus, la fécondité des femmes de rang 3+ est plus élevée quand le mari a 50-59 ans que quand il est plus jeune (figures 4C et 5C).

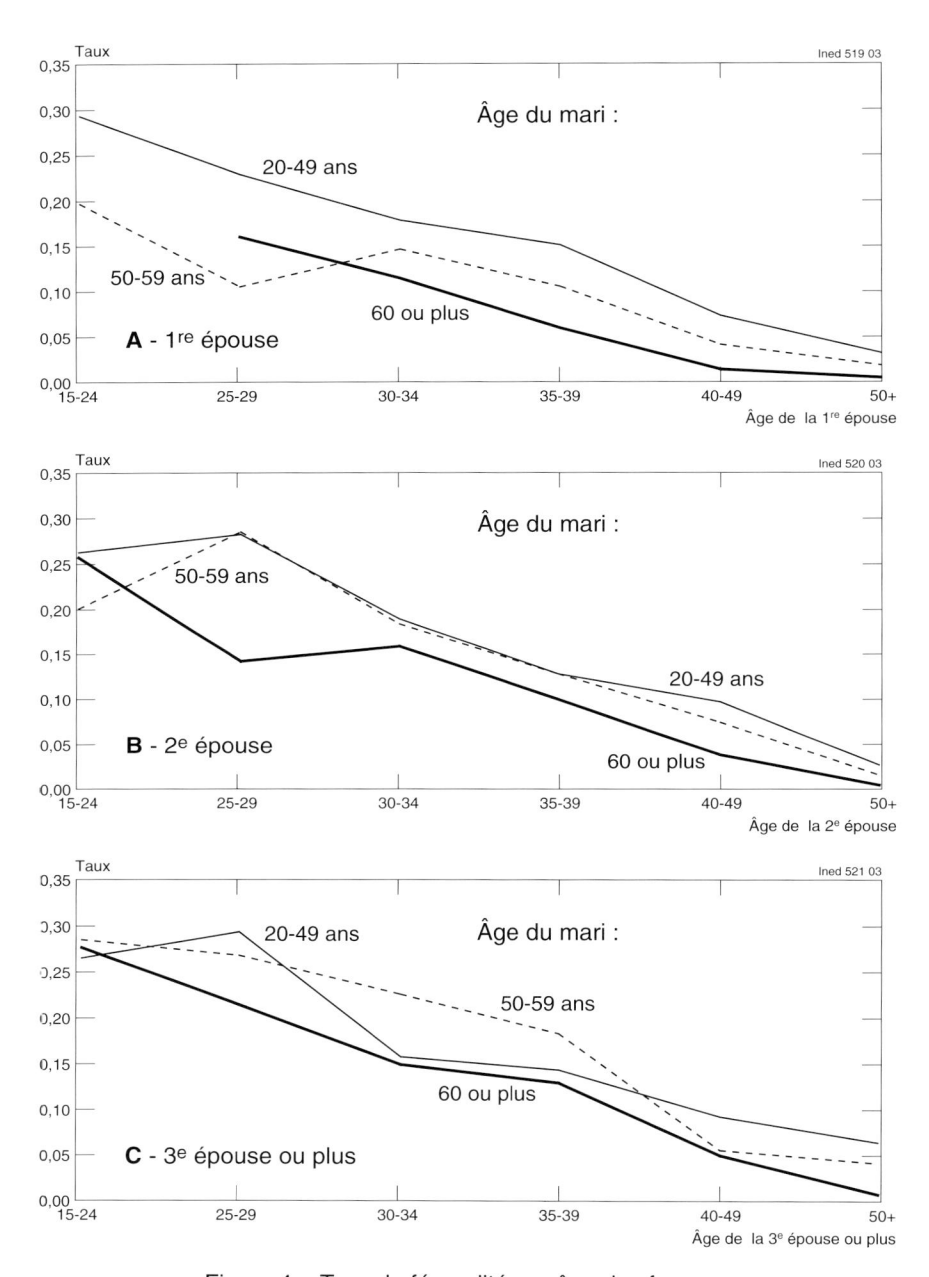

Figure 4.– Taux de fécondité par âge des femmes
selon l'âge du mari dans les unions polygames avec 3 épouses ou +
(nombre d'enfants par femme l'année précédant le recensement)

Source : micro-données pour les régions rurales de Tambacounda et Kolda,
recensement du Sénégal de 1988.

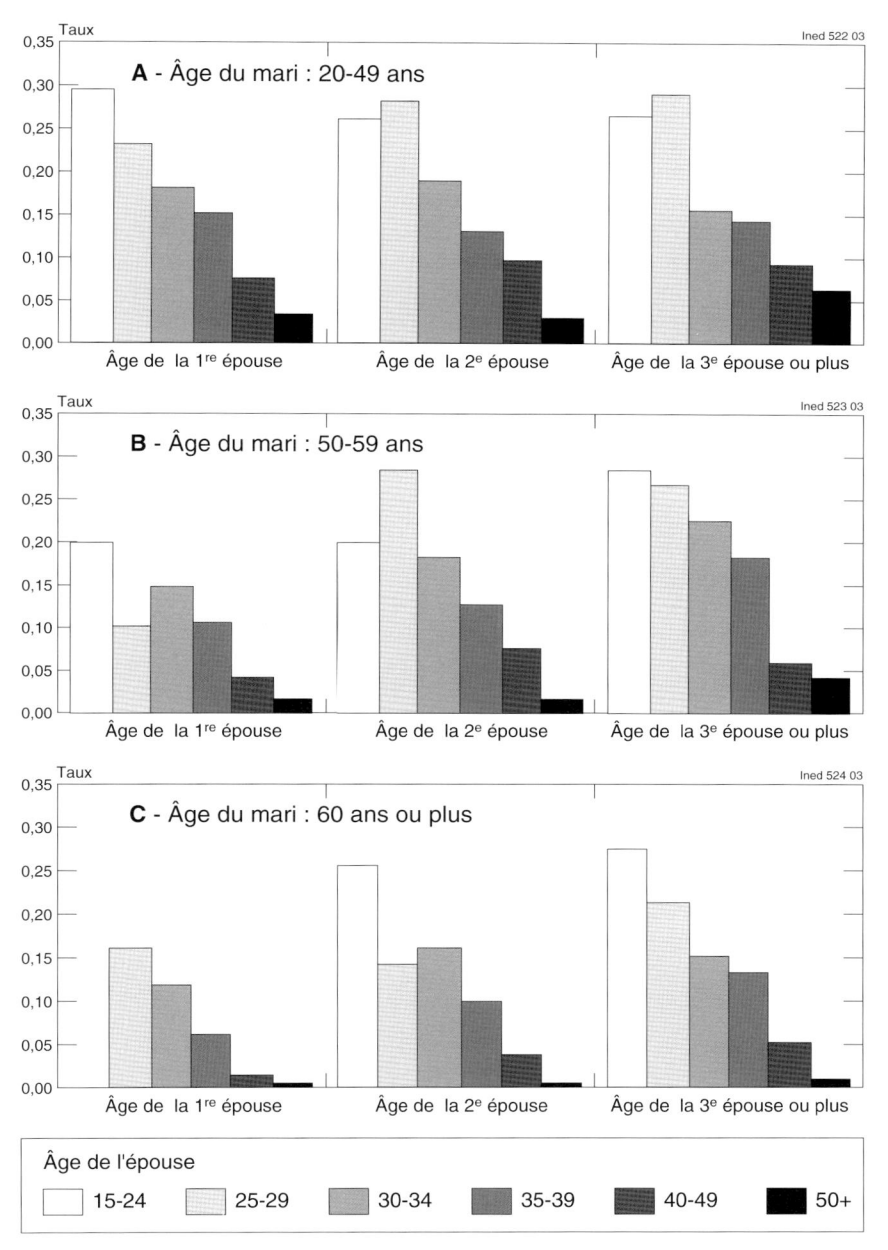

Figure 5.— Taux de fécondité par âge des femmes selon l'âge du mari et le rang de l'épouse dans les unions polygames avec 3 épouses ou + (nombre d'enfants par femme l'année précédant le recensement)

Source : micro-données pour les régions rurales de Tambacounda et Kolda, recensement du Sénégal de 1988.

Il est difficile de conclure sur le rôle de l'âge du mari à partir de cette présentation, au-delà du fait évident que les hommes les plus jeunes vivant en union polygame avec plus de deux femmes apparaissent généralement plus féconds que les hommes plus âgés, bien qu'un effet n'émerge clairement que quand le mari a plus de 60 ans. Nous recourons donc à une analyse multivariée pour isoler les effets complexes de l'âge des partenaires, du rang et du nombre d'épouses.

Le tableau 7 présente les tests de nos cinq hypothèses (cf. première partie). La variable dépendante, qui est dichotomique, est la survenue d'une naissance chez une femme. Nous avons effectué trois régressions logistiques : une colonne du tableau présente les résultats pour toutes les

TABLEAU 7.– FACTEURS INFLUENÇANT LA SURVENUE D'UNE NAISSANCE : RÉSULTATS DES RÉGRESSIONS LOGISTIQUES POUR TOUS LES TYPES D'UNIONS, L'ENSEMBLE DES UNIONS MONOGAMES ET L'ENSEMBLE DES UNIONS POLYGAMES

Variables	Tous types d'unions	Unions monogames	Unions polygames
	Odds ratio (écart type)	Odds ratio (écart type)	Odds ratio (écart type)
Âge de l'épouse	1,23 (0,02)***	1,22 (0,02)***	1,24 (0,03)***
Âge de l'épouse au carré	0,91 (0,00)***	0,92 (0,00)***	0,91 (0,00)***
Âge du mari			
20-39 ans (Réf.)	1,00	1,00	1,00
40-49 ans	0,95 (0,02)**	0,93 (0,03)*	0,97 (0,02)
50-59 ans	0,82 (0,02)***	0,77 (0,03)***	0,89 (0,03)***
60 ans ou +	0,57 (0,02)***	0,52 (0,03)***	0,65 (0,03)***
Rang d'épouse[a]	1,10 (0,02)***	–	1,11 (0,02)***
Nombre d'épouses[b]	0,82 (0,01)***	–	0,75 (0,02)***
Naissance chez une coépouse			
Oui	–	–	1,78 (0,04)***
Non (Réf.)	–	–	1,00
Présence d'une 1re épouse de plus de 50 ans			
Oui	–	–	1,15 (0,07)***
Non (Réf.)	–	–	1,00
Niveau de vie[c]	1,06 (0,01)***	1,04 (0,01)***	1,08 (0,01)***
Effectif	126 231	53 444	72 787
Pseudo R^2	0,0813	0,0504	0,1053
-Log de vraisemblance	60 560,36	29 030,71	31 185,29

[a] La variable vaut 1 pour les femmes en union monogame et les épouses de rang 1 en union polygame, 2 pour les épouses de rang 2, et 3 pour les épouses de rang 3 ou plus.
[b] La variable prend en compte les épouses de monogames et celles des polygames ayant 2 femmes et 3 femmes ou plus.
[c] Voir tableau 6.
*** $p<0,001$; ** $p<0,01$; * $p<0,05$.
Source : micro-données pour les régions rurales de Tambacounda et Kolda, recensement du Sénégal de 1988.

unions confondues ; des résultats comparables sont donnés pour les unions monogames et pour l'ensemble des unions polygames. Dans les trois modèles, l'âge de la femme et la richesse du ménage (qui a un impact positif et significatif sur la fécondité) sont des variables de contrôle. La variable « âge de la femme au carré » permet de prendre en compte la forme de la courbe de fécondité par âge, et elle améliore le caractère prédictif du modèle. Un rapport des chances (*odds ratio*) inférieur à l'unité indique que la probabilité de survenue d'une naissance parmi les femmes qui ont la caractéristique décrite par la modalité d'une variable indépendante donnée est plus faible que dans la catégorie de référence, toutes choses égales par ailleurs. Par exemple, lorsque le nombre des épouses d'un polygame augmente d'une unité, la probabilité de survenue d'une naissance chez l'une de ses femmes diminue. Inversement, lorsque le rang d'épouse augmente d'une unité, la probabilité de survenue d'une naissance s'accroît. Nous avons testé l'effet d'une interaction entre le nombre de femmes et le rang mais celui-ci n'était pas significatif et n'a pas amélioré le modèle.

La première hypothèse, celle qui suppose que la fécondité de chaque femme décroît avec le nombre d'épouses, est confirmée. Il en va de même pour la deuxième hypothèse : la femme dont le rang est le plus élevé, la dernière arrivée dans l'unité matrimoniale et sans doute la favorite du moment, a plus de chances d'avoir accouché au cours de l'année précédente. Quant à l'âge du mari, il paraît avoir un effet plus important pour les monogames que pour les polygames ; chez ces derniers, la différence n'est marquée qu'après 50 ans. Enfin, nos deux dernières hypothèses ne sont pas confirmées : la survenue d'une naissance chez une femme au cours de l'année précédente *augmente* fortement la probabilité d'accoucher d'une coépouse, tandis que la présence d'une première épouse âgée de plus de 50 ans a un effet relativement modeste, qui n'est significatif qu'au seuil de 5 %.

Nous considérons plus particulièrement ces relations dans le tableau 8, où nous présentons six régressions logistiques en fonction du nombre et du rang des femmes. Dans la plupart des cas, la probabilité d'accoucher des femmes baisse de manière significative au fur et à mesure que l'âge du mari augmente, toutes choses étant égales par ailleurs (y compris l'âge de la femme). Ce résultat confirme notre troisième hypothèse. Il y a cependant des exceptions. L'effet négatif de l'âge du mari sur la fécondité des femmes n'est pas ambigu pour les femmes de monogames et pour les premières femmes de polygames. Pour les deuxièmes et troisièmes femmes, toutefois, l'effet est soit non significatif, soit même positif avant que le mari n'atteigne l'âge de 60 ans. Alors qu'une étude précédente (Garenne et van de Walle, 1989) avait suggéré que la fécondité des femmes baissait systématiquement quand le mari vieillissait, nos résultats indiquent plutôt que l'âge du mari a un faible effet positif lorsqu'il a moins de 60 ans pour les épouses de rang supérieur (telle que la seconde femme d'un bigame).

TABLEAU 8.– FACTEURS INFLUENÇANT LA SURVENUE D'UNE NAISSANCE : RÉSULTATS DES RÉGRESSIONS LOGISTIQUES POUR LES UNIONS MONOGAMES ET POUR LES UNIONS POLYGAMES SELON LE NOMBRE ET LE RANG DES ÉPOUSES

Variables	Unions monogames	Unions polygames				
		2 épouses		3 épouses ou +		
	Odds ratio (écart type)	Rang 1 Odds ratio (écart type)	Rang 2 Odds ratio (écart type)	Rang 1 Odds ratio (écart type)	Rang 2 Odds ratio (écart type)	Rang 3 ou + Odds ratio (écart type)
Âge de l'épouse						
1re épouse						
15-24 ans (Réf.)	1,00	1,00	–	1,00	–	–
25-29 ans	0,99 (0,03)	0,90 (0,04)*	–	0,69 (0,11)*	–	–
30-34 ans	0,82 (0,03)***	0,73 (0,04)***	–	0,59 (0,10)**	–	–
35-39 ans	0,58 (0,03)***	0,56 (0,04)***	–	0,45 (0,08)***	–	–
40-49 ans	0,23 (0,01)***	0,25 (0,02)***	–	0,18 (0,03)***	–	–
50 ans ou +(a)	0,17 (0,02)***	0,05 (0,01)***	–	0,05 (0,02)***	–	–
2e épouse						
15-24 ans (Réf.)	–	–	1,00	–	1,00	–
25-29 ans	–	–	0,92 (0,04)*	–	1,15 (0,12)*	–
30-34 ans	–	–	0,72 (0,04)***	–	0,75 (0,08)**	–
35-39 ans	–	–	0,49 (0,03)***	–	0,49 (0,06)***	–
40-49 ans	–	–	0,18 (0,02)***	–	0,25 (0,04)***	–
50 ans ou +(a)	–	–	0,05 (0,01)***	–	0,05 (0,02)***	–
3e épouse ou +						
15-24 ans (Réf.)	–	–	–	–	–	1,00
25-29 ans	–	–	–	–	–	0,99 (0,08)
30-34 ans	–	–	–	–	–	0,59 (0,06)***
35-39 ans	–	–	–	–	–	0,50 (0,06)***
40-49 ans	–	–	–	–	–	0,13 (0,02)***
50 ans ou +(a)	–	–	–	–	–	0,03 (0,01)***

POLYGAMIE ET FÉCONDITÉ EN MILIEU RURAL SÉNÉGALAIS 831

Variables	Unions monogames	Unions polygames					
		2 épouses		Rang 1	3 épouses ou +		
	Odds ratio (écart type)	Rang 1 Odds ratio (écart type)	Rang 2 Odds ratio (écart type)	Rang 1 Odds ratio (écart type)	Rang 2 Odds ratio (écart type)	Rang 3 ou + Odds ratio (écart type)
Âge du mari						
20-39 ans (Réf.)	1,00	1,00	1,00	1,00	1,00	1,00
40-49 ans	0,93 (0,03)**	0,87 (0,04)**	1,09 (0,04)*	0,89 (0,10)	0,93 (0,10)	1,07 (0,11)
50-59 ans	0,77 (0,03)***	0,58 (0,04)***	1,11 (0,05)*	0,62 (0,09)**	0,95 (0,10)	1,22 (0,13)
60 ans ou +	0,48 (0,03)***	0,38 (0,04)***	0,79 (0,05)**	0,31 (0,06)***	0,70 (0,09)**	0,91 (0,11)
Naissance chez une coépouse						
1ʳᵉ épouse	–	1,00	1,69 (0,06)***	1,00	2,53 (0,28)***	1,52 (0,18)***
2ᵉ épouse	–	1,73 (0,06)***	1,00	2,55 (0,28)***	1,00	2,10 (0,16)***
3ᵉ épouse ou +	–	–	–	1,84 (0,18)***	2,24 (0,17)***	1,00
Présence d'une 1ʳᵉ épouse de plus de 50 ans						
Oui	–	–	0,97 (0,08)	–	0,95 (0,13)	1,19 (0,13)
Non (Réf.)	–	–	1,00	–	1,00	1,00
Niveau de vie⁽ᵇ⁾	1,04 (0,01)***	1,06 (0,02)***	1,08 (0,01)***	1,03 (0,04)	1,11 (0,04)**	1,12 (0,03)***
Effectif	53 622	25 290	25 290	7 511	7 511	7 511
Pseudo R²	0,0486	0,1124	0,0648	0,1586	0,1160	0,0983
-Log de vraisemblance	29 184,21	10 623,25	12 640,19	1 956,38	2 802,53	3 212,97

⁽ᵃ⁾ Très peu de femmes ont un enfant à 50 ans ou plus.
⁽ᵇ⁾ Voir tableau 6.
*** p<0,001; ** p<0,01; * p<0,05.
Source : micro-données pour les régions rurales de Tambacounda et Kolda, recensement du Sénégal de 1988.

C'est seulement après 60 ans que l'effet physiologique de l'âge sur la fécondité masculine se manifeste clairement. Il se peut d'ailleurs que ce soit l'effet d'un moindre intérêt pour les relations sexuelles. Quand le mari vieillit, la probabilité d'accoucher dans l'année baisse davantage pour les épouses de monogames et pour les premières femmes de polygames que pour les femmes de rang 2 ou plus.

Dans les mariages polygames, l'effet variable de l'âge du mari et le rôle significatif du rang d'épouse (cf. tableau 7) sur la fécondité des femmes suggèrent que l'alternance des relations sexuelles n'est pas régulière. Il se peut qu'il y ait du favoritisme envers les plus jeunes femmes qui ont un rang plus élevé (étant entrées dans l'union plus récemment) et avec lesquelles le mari aurait des relations plus fréquentes, ce qui pourrait compenser la moindre fertilité de l'époux vieillissant. La baisse significative de la probabilité d'accoucher des femmes lorsque le mari a plus de 60 ans peut résulter de la diminution conjointe de la fertilité de l'époux et de la fréquence des relations sexuelles.

Le tableau 8 présente l'effet de la survenue d'une naissance chez une coépouse sur la fécondité d'une femme appartenant à la même union, en distinguant selon le rang. Les effets sont hautement significatifs dans l'ensemble. Par exemple, dans les unions bigames, lorsque la deuxième épouse a un enfant, la probabilité de survenue d'une naissance chez la première épouse est nettement plus forte. De manière identique, la figure 6 montre que – sans contrôler l'âge du mari – la probabilité que la première femme accouche est plus élevée lorsque la deuxième femme a aussi accouché.

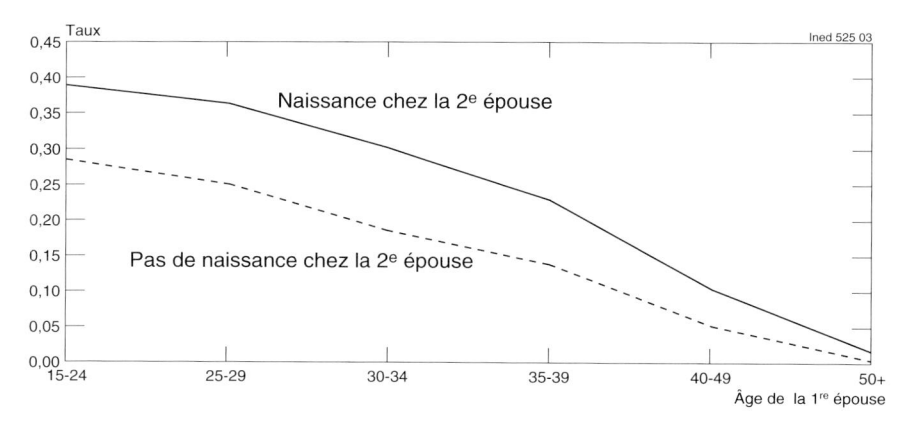

Figure 6. – Taux de fécondité par âge des épouses de rang 1
selon l'occurrence ou non d'une naissance chez l'épouse de rang 2
dans les unions polygames à 2 épouses
(nombre d'enfants par femme l'année précédant le recensement)

Source : micro-données pour les régions rurales de Tambacounda et Kolda, recensement du Sénégal de 1988.

Ces résultats surprenants semblent aller à l'encontre de l'idée que dans les mariages polygames, les femmes ont tendance à alterner les naissances. Comment expliquer la forte association positive entre les probabilités de donner naissance ? L'information disponible est insuffisante pour avancer une explication convaincante au niveau des comportements. Une raison simple serait que ces coépouses qui accouchent durant la même année ont en commun un mari fertile ou, tout simplement, un mari qui était présent au cours de l'année précédant le recensement, tandis que les épouses d'un mari peu fertile ou absent n'auraient pas eu d'enfant.

En dernier lieu, l'estimation de différents modèles en distinguant le nombre d'épouses et le rang dans l'union montre que la présence d'une première épouse âgée de plus de 50 ans n'a pas d'effet significatif sur la fécondité des coépouses plus jeunes et de rang plus élevé (tableau 8), alors qu'un effet légèrement significatif apparaissait pour toutes les unions polygames confondues (tableau 7). À notre connaissance, c'est là un résultat nouveau, et aucune étude n'avait testé d'hypothèse à ce sujet.

Conclusion

La présente étude constitue en quelque sorte un exercice méthodologique. Les recensements sont une source de données sur l'Afrique importante et trop peu utilisée. De plus, le recensement sénégalais de 1988 est particulièrement riche : il contient une information très détaillée sur la structure des ménages et sur la nuptialité. Il offre des informations de premier ordre sur la polygamie, et a pu être utilisé ici pour étudier la relation entre polygamie et fécondité. Dans les zones rurales retenues pour cette analyse, la population se différencie peu selon le revenu et le niveau de scolarisation. Un régime de fécondité naturelle y domine encore, et nous avons supposé que le facteur déterminant de la fécondité était la fréquence des relations sexuelles. Parce que le recensement contient beaucoup plus d'unités matrimoniales que les enquêtes, nous avons pu prendre en compte les mariages selon leurs diverses caractéristiques : les âges de chacun des époux, le nombre de femmes vivant avec leur mari et le rang de ces femmes. Tous ces facteurs exercent un effet significatif sur la fécondité. L'âge du mari joue un rôle important, et son impact est encore plus significatif pour les couples monogames. Les épouses de rang élevé tendent à avoir une fécondité plus forte que les épouses de rang plus faible, résultat obtenu en contrôlant l'âge et le nombre des femmes. Nous l'interprétons comme la manifestation d'un favoritisme de la part du mari, qui se traduit par une fréquence plus élevée des relations sexuelles avec la dernière épouse arrivée dans l'union. Un résultat inattendu réside dans l'existence d'une association positive entre les probabilités de donner naissance au cours de la même année pour les femmes des polygames. Enfin, la présence dans l'union d'une première épouse qui a dépassé le terme de sa vie féconde ne paraît pas influencer la fécondité des épouses plus jeunes.

Remerciements. Nous sommes reconnaissants à l'*African Census Analysis Project* de l'Université de Pennsylvanie de nous avoir permis d'accéder aux données du recensement sénégalais de 1988, et à Aliou Gaye, chef de la Division des enquêtes démographiques et sociales de la Direction de la prévision et de la statistique du Sénégal, de ses conseils. Nous remercions Solveig Argeseanu, Sarah Hayford, Hans-Peter Kohler, Georges Reniers, Amson Sibanda, Herbert Smith, Cássio Turra et Susan Watkins pour leurs commentaires.

RÉFÉRENCES

ANDERTON D.L., EMIGH R.J., 1989, « Polygynous fertility: Sexual competition versus progeny », *American Journal of Sociology*, 94(4), p. 832-855.

ANTOINE P., NANITELAMIO J., 1995, « Peut-on échapper à la polygamie à Dakar ? », *Les Dossiers du Ceped*, n° 32, 32 p.

BANKOLÉ A., SINGH S., 1998, « Couples' fertility and contraceptive decision-making in developing countries: hearing the man's voice », *International Family Planning Perspectives*, 24(1), p. 15-24.

BEAN L.L., MINEAU G.P., 1986, « The polygyny-fertility hypothesis: A re-evaluation », *Population Studies*, 40(1), p. 67-81.

BLANC A., GAGE A. J., 2000, « Men, polygyny, and fertility over the life-course in sub-Saharan Africa », in C. Bledsoe, S. Lerner, Jane I. Guyer (éd.), *Fertility and the Male Life-Cycle in the Era of Fertility Decline*, Oxford, Oxford University Press, p. 163-187.

BOSERUP E., 1970, *Women's Role in Economic Development*, Londres, Allen and Unwin, 283 p.

CLIGNET R., 1970, *Many Wives, Many Powers. Authority and Power in Polygynous Families*, Evanston, Northwestern University Press, 380 p.

EZEH C.A., 1997, « Polygyny and reproductive behavior in sub-Saharan Africa: a conceptual analysis », *Demography*, 34(3), p. 355-368.

GAGE A.J., 1995, « Women's socioeconomic position and contraceptive behavior in Togo », *Studies in Family Planning*, 26(5), p. 264-277.

GARENNE M., VAN DE WALLE E., 1989, « Polygyny and fertility among the Sereer of Senegal », *Population Studies*, 43(2), p. 267-283.

GOODY J., 1976, *Production and Reproduction: A Comparative Study of the Domestic Domain*, Cambridge/New York, Cambridge University Press, 157 p.

LESTHAEGHE R., 1989 (éd.), *Reproduction and Social Organization in Sub-Saharan Africa*, Berkeley, University of California Press, 556 p.

LOCOH T., 1995, « Familles africaines, population et qualité de la vie », *Les Dossiers du Ceped*, n° 31, 48 p.

MADHAVAN S., 1998, *Collaboration and Conflict among Women in Rural Mali: Effects on Fertility and Child Survival*, thèse de doctorat en démographie et sociologie, Université de Pennsylvanie.

NDIAYE S., AYAD M., GAYE A., 1997, Enquête démographique et de santé au Sénégal (EDS-III) 1997, République du Sénégal, ministère de l'Économie, des Finances et du Plan, Direction de la prévision et de la statistique, Division des statistiques démographiques, Dakar, Sénégal et Macro International Inc., Calverton, Maryland, États-Unis.

PEBLEY A., MBUGUA W., 1989, « Polygyny and fertility in sub-Saharan Africa », in R. Lesthaeghe (éd.), *Reproduction and Social Organization in Sub-Saharan Africa*, Berkeley, University of California Press, p. 338-364.

PISON G., 1986, « La démographie de la polygamie », *Population*, 41(1), p. 93-122.

PISON G., HILL K.H., COHEN B., FOOTE K. A. (éd.), 1995, *Population Dynamics of Senegal*, Washington D.C., National Academy Press, 254 p.

RÉPUBLIQUE DU SÉNÉGAL, 1990-1991, *Recensement général de la population et de l'habitat de 1988 (Résultats définitifs)*, ministère de l'Économie, des Finances et du Plan, Direction de la prévision et de la statistique, Dakar.

SPEIZER I.S., 1995, « A marriage trichotomy and its applications », *Demography*, 32(4), p. 533-542.

TIMAEUS I.M., REYNAR A., 1998, « Polygynists and their wives in sub-Saharan Africa: an analysis of five Demographic and Health Surveys », *Population Studies*, 52(2), p. 145-162.

LARDOUX Solène, VAN DE WALLE Etienne.– **Polygamie et fécondité en milieu rural sénégalais**

L'objectif de cette étude est d'examiner certains déterminants des différences de fécondité entre les femmes vivant en union monogame et les femmes vivant en union polygame (épouses de rang 1 à 3+) dans deux régions rurales du Sénégal. La variable étudiée est une variable dichotomique qui correspond à la survenue ou non d'une naissance au cours des 12 mois qui ont précédé le recensement. L'analyse de données transversales pour les régions rurales de Tambacounda et Kolda, tirées du recensement sénégalais de 1988, nous a permis de tester cinq hypothèses et d'obtenir les résultats suivants : tout d'abord, la fécondité de chaque épouse diminue avec le nombre de femmes dans l'union ; ensuite, l'épouse de rang le plus élevé a plus de chances d'avoir donné naissance au cours de l'année précédente que ses coépouses ; en ce qui concerne l'âge du mari, il a un effet plus important chez les monogames que chez les polygames, pour lesquels l'impact n'est substantiel qu'après 60 ans ; la survenue d'une naissance chez une femme au cours de l'année précédant le recensement augmente la probabilité qu'une coépouse ait aussi eu un enfant ; enfin, la présence dans l'union d'une première épouse plus âgée ayant dépassé la période d'âge fécond n'a pas d'effet sur la fécondité de ses coépouses.

LARDOUX Solène, VAN DE WALLE Etienne.– **Polygyny and Fertility in Rural Senegal**

The aim of this study is to look at some determinants of fertility differences between monogamous and polygynous wives of ranks 1 to 3 or higher in two rural regions of Senegal. The measure of fertility is a dichotomous variable that refers to the occurrence of a birth during the 12 months prior to the census date. The analysis of cross-sectional data for the rural Tambacounda and Kolda regions from the 1988 Senegal census allowed us to test our hypotheses and to find the following results: first, the fertility of each wife decreases with the number of wives in the union; second, the wife of highest rank is more likely to have given birth in the previous year than her co-wives; as for the age of the husband, it appears to have a stronger effect for monogamists than for polygynists, for whom it is substantial only after 60; childbearing by one wife during the previous year increases the probability of a birth to a co-wife; finally, the presence of a first wife past the age of childbearing has no effect on the fertility of her co-wives.

LARDOUX Solène, VAN DE WALLE Etienne.– **Poligamia y fecundidad en el medio rural senegalés**

Este estudio tiene como objetivo examinar ciertos determinantes de las diferencias de fecundidad entre las mujeres que viven en unión monógama y las que viven en unión polígama (esposas de rango 1 a 3+) en dos regiones rurales de Senegal. La variable analizada es una variable dicotómica que indica si ha tenido lugar o no un nacimiento durante los 12 meses anteriores al censo. El análisis de datos transversales del censo senegalés de 1988 relativos a las regiones de Tambacounda y Kolda nos permiten verificar cinco hipótesis y obtener los resultados siguientes: en primer lugar, la fecundidad disminuye a medida que aumenta el número de mujeres en una unión. En segundo lugar, la esposa de rango más elevado tiene más probabilidades de haber dado a luz durante el año de referencia que sus coesposas. En cuanto a la edad del marido, su efecto es más importante entre las monógamas que entre las polígamas; entre estas últimas, el efecto sólo es significativo a partir de los 60 años. La presencia de un nacimiento durante el año de referencia aumenta la probabilidad de que una coesposa también de a luz. Finalmente, la presencia en el seno de la unión de una primera esposa que ha terminado la etapa fecunda no afecta la fecundidad de las coesposas.

Solène LARDOUX, Université de Pennsylvanie, Population Studies Center, 3718 Locust Walk, Philadelphie, PA 19104-6298, États-Unis, tél. : 00 1 215 898 6441, fax : 00 1 215 898 2124, courriel : solene@pop.upenn.edu

BIBLIOGRAPHIE CRITIQUE

Rubrique coordonnée par Éva LELIÈVRE
avec le concours de Dominique DIGUET
du service de la Documentation et de la Bibliothèque

COURGEAU Daniel, *Methodology and Epistemology of Multilevel Analysis. Approaches from Different Social Sciences* (Methodos Series, vol. 2), Kluwer Academic Publishers, Dordrecht/Boston/London, 2003, 235 p.

Daniel Courgeau de l'Ined coédite, avec Robert Franck (de l'université catholique de Louvain), une nouvelle collection consacrée à la méthodologie des sciences sociales. « Methodos Series », c'est son titre, a été inaugurée en 2002 par l'ouvrage *The Explanatory Power of Models* édité par R. Franck et commenté dans le numéro 4-5 (2003) de la revue *Population*. Le troisième volume, à venir, intitulé *Hierarchy in natural and social Sciences* est coordonné par Denise Pumain. La seconde et présente contribution à cette entreprise stimulante examine les points de vue méthodologique et épistémologique que diverses sciences sociales portent sur l'analyse multiniveau. Le travail accompli par Daniel Courgeau y est triple. Pionnier en France de cette approche, il est le maître d'œuvre d'un effort collectif de réflexion méthodologique qui surmonte les clivages disciplinaires. La réunion de plusieurs traditions théoriques élargit la portée de la réflexion en même temps qu'elle démontre au plus grand nombre l'originalité de l'analyse multiniveau. Les démographes y trouveront néanmoins la contribution personnelle de l'éditeur qui dresse un tableau historique et prospectif de la méthode démographique pour présenter l'analyse multiniveau comme une nécessité argumentée avec érudition et une vision prospective. Enfin, saluons le travail de l'éditeur qui accompagne le lecteur tout au long de l'ouvrage avec pédagogie. Chaque chapitre est introduit avec mieux qu'un résumé : une mise en perspective du cheminement, souvent singulier, de la discipline vers l'analyse multiniveau. Multipliant les références épistémologiques et scientifiques, les exemples concrets et les pistes nouvelles, l'introduction et la conclusion de l'ouvrage s'adressent tant au novice curieux qu'au praticien expérimenté de cette approche.

Depuis un peu plus d'une décennie, l'analyse multiniveau suscite un intérêt né avec une innovation technique : les modèles mixtes de régression. Ils consistent en l'association de plusieurs composantes aléatoires aux côtés des habituels paramètres fixes. Ces variables stochastiques peuvent être comprises comme des variables latentes qui servent à concevoir diverses sources de variation aléatoire, analyser la part inexpliquée du modèle, celle normalement qualifiée de résiduelle (et bien encombrante dans les sciences non expérimentales). Le terme « multiniveau » s'est imposé au fur et à mesure de son application aux données présentant une structure emboîtée, selon une hiérarchie de niveaux ou d'unités d'observation. Munie de ces données et de l'outil, l'analyse contextuelle quantitative devient possible et, surtout, surmonte les critiques que soulève le traitement exclusif des données agrégées (erreur écologique) ou individuelles (erreur atomistique). Enrichie de nombreux raffinements techniques et de centaines d'applications, l'approche multiniveau souffre encore aujourd'hui d'un déficit théorique et d'hésitations épistémologiques que vient combler, très opportunément, le présent ouvrage.

Introduire l'analyse multiniveau par la promesse d'une synthèse entre le holisme et l'individualisme annonce l'enjeu du sujet et l'ambition du livre. Entre la société et l'individu existe une large palette de lieux, d'institutions, de formes de socialisation susceptibles d'infléchir les comportements individuels. Néanmoins, la contribution à mon sens la plus novatrice de Daniel Courgeau à ce débat introductif est le traitement multiniveau du temps qui a encore peu d'écho dans les applications statistiques. Les échelles temporelles changent avec les niveaux d'agrégation, entre le temps historique de la société décrit par les recensements et le calendrier individuel de l'analyse biographique. Le temps partagé est un contexte au même titre que l'espace commun ou la société des hommes.

Dans le premier chapitre, les formulations et concepts de base sont introduits par un des chercheurs les plus actifs dans la conception de l'analyse multiniveau et l'élaboration de ses outils (Harvey Goldstein est le concepteur du logiciel MlwiN). La clarté de la présentation contribue à rendre la lecture de ce chapitre indispensable au non-initié; l'objet de son analyse également. En effet, les sciences de l'éducation ont été assez naturellement les premières à concevoir une problématique multiniveau pour répondre à la question récurrente de savoir qui des élèves, des professeurs, des écoles ou du quartier... pouvaient se prévaloir des réussites scolaires (ou esquiver la responsabilité des échecs). Cette structure hiérarchique simple et familière est probablement la plus pédagogique et convaincante de la portée analytique de l'approche décrite. Puis, faisant état de recherches récentes, l'auteur développe la généralisation à des structures multiniveaux non hiérarchiques : la séquence de plusieurs contextes au cours d'une trajectoire biographique, l'appartenance à ou la fréquentation simultanée de multiples environnements, notamment spatiaux. Les écoles, qui infléchissent les résultats de leurs élèves, sont susceptibles, à leur tour, d'interagir entre elles par proximité spatiale (ne serait-ce que par compétition face aux ressources). La solution proposée d'une pondération raisonnée de chaque unité contextuelle d'un même niveau lève la contrainte d'une délimitation unique (souvent administrative par défaut) de l'environnement spatial.

Dans le chapitre que Daniel Courgeau consacre à la démographie, le lecteur suit le déroulement des choix et progrès méthodologiques de la discipline. Il y est clairement montré comment la nature des statistiques produites et l'amélioration des enquêtes ont guidé le perfectionnement de l'analyse. Il en retrace l'épistémologie sous différents angles. La réflexion porte d'abord sur les hypothèses que leur application sous-entend, dont celle fondamentale de l'homogénéité supposée des populations. Ensuite, l'auteur discute du choix des unités ou niveaux d'observation dans le cadre d'une conception holistique de l'objet de la démographie, opposée à une approche individualiste, plus tardive. En examinant les échelles de temps qui correspondent à chaque niveau d'analyse, Daniel Courgeau nourrit une réflexion indispensable aux démographes pour qui cette dimension est primordiale. La description biographique individuelle apporte un niveau de précision supplémentaire : les événements des trajectoires se situent en dessous de l'individu dans la hiérarchie de l'observation et documentent une échelle individuelle du temps. À l'issue de cette démonstration, l'analyse multiniveau biographique s'impose logiquement par sa capacité à fusionner les approches précédentes et à surtout réussir la modélisation des dimensions spatiales et temporelles.

L'épidémiologie s'est d'abord inquiétée de l'environnement pour ses effets mortifères, selon un large éventail d'échelles. Plus récemment, l'importance croissante des maladies chroniques a progressivement placé l'homme, sa biologie et ses comportements au centre d'une analyse en termes de facteurs de risque. Aujourd'hui, les progrès de la génétique renforcent la prédominance de l'individu, contribuant à l'oubli des populations et des environnements dans lesquels il évolue. Revisitant l'histoire de la discipline et synthétisant la littérature consacrée à l'analyse multiniveau, Ana V. Diez Roux adopte une double position critique. Elle détaille les multiples facettes du risque d'erreur inhérent au choix exclusif de l'une ou l'autre unité d'observation, quand plusieurs niveaux d'interaction sont à l'œuvre. Puis elle fait la recension des défis méthodologiques et théoriques auxquels est confrontée l'analyse contextuelle, défis depuis longtemps identifiés tout comme le sont les limitations de la régression multiniveau. La lecture de ce chapitre, fort bien documenté, est vivement conseillée à quiconque entreprend d'estimer les influences contextuelles de l'environnement car il est une mise en garde des erreurs à éviter, tout en indiquant les voies à suivre. L'exposé vaut pour toutes les disciplines. Pour conclure, l'auteur argumente en faveur d'une analyse systémique multiniveau.

Dans le chapitre suivant, trois auteurs (Mark Tranmer, David Steel, Ed Fieldhouse) développent une application moins habituelle des méthodes multiniveau, et néanmoins fort appréciable : l'assemblage de sources de données différentes. Dans le cas examiné, il s'agit d'une source censitaire unique : le recensement britannique de 1991 mis à disposition sous deux formes distinctes afin d'assurer l'anonymat des personnes, mais présentant des limitations analytiques. Le traitement des données agrégées selon deux niveaux hiérarchiques d'unités administratives est exposé au risque d'erreur écologique ; l'échantillonnage des microdonnées individuelles de 2 % (1 % pour les ménages) interdit quant à lui la précision territoriale requise pour l'étude fine des configurations spatiales. Le traitement conjoint – et donc multiniveau (trois au total) – des deux sources permet d'estimer la décomposition de la variance et la matrice des covariances pour les variables examinées, à chaque niveau d'agrégation territoriale. L'homogénéité sociale ou économique des individus au sein des quartiers ou des régions est mesurée, puis éventuellement confrontée aux caractéristiques (ou ressources) locales partagées. La mesure exactement symétrique, à savoir l'hétérogénéité des unités spatiales, débouche sur l'analyse des ségrégations résidentielles ou des polarités territoriales. L'exemple concret est présenté avec un détail qui sera précieux à quiconque voudra l'étendre à d'autres situations : marché de l'emploi, économie régionale, composition territoriale de la structure sociale... En outre, les écueils de l'analyse sont signalés, qui tiennent à l'indisponibilité d'un niveau intermédiaire, au choix de l'échelle et à l'impact du découpage. Il en résulte un outil dont on conçoit immédiatement l'application et l'utilité dans le cadre de systèmes d'information géographique auxquels seraient associés les recensements et les enquêtes par sondage.

La contribution théorique de l'économiste Bernard Walliser s'écarte délibérément de la modélisation statistique multiniveau, ce que regretteront probablement les économètres qu'elle concerne. Alors que l'économie politique théorique privilégiait la micro-économie de l'individu, les études empiriques examinaient plutôt les statistiques agrégées ; la modélisation multiniveau de données désagrégées, désormais abondantes, promet une conciliation des deux approches. Pour ne suggérer qu'une piste, l'examen des composantes aléatoires qui fondent l'analyse multiniveau apporte des réponses à l'indétermination des modèles statistiques, critiquée en son temps par Keynes. Celles-ci s'apparentent aux variables latentes, non observées, dont la modélisation économétrique fait un emploi fructueux. Bref, cette curiosité-là laissée en suspens, reconnaissons que la contribution de B. Walliser est fondamentale pour le développement d'une analyse multiniveau qui se cherche une théorie et ne sait pas encore concevoir la dynamique des rapports entre les niveaux, *a fortiori* reconnus par l'analyse. La théorie économique retient plusieurs échelles de temps selon la nature des niveaux organisationnels considérés, leur dynamique propre et la rapidité de diffusion ou de réponse des processus économiques. L'auteur replace les différentes conceptions du temps (figé, diffus, séquentiel...) dans le cadre de deux théories économiques majeures (des échanges et des jeux) pour montrer en quoi elles découlent des hypothèses sur les modalités du cheminement vers un état d'équilibre. Repensant la distinction épistémologique entre l'individualisme et le holisme en fonction des temporalités de leurs interactions, Bernard Walliser souligne implicitement la faiblesse des modèles multiniveaux appliqués aux données transversales, l'essentiel du corpus en l'état. Mais l'outil statistique évolue rapidement pour être capable de traiter la dynamique des systèmes de contextes. La démographie s'est engagée dans cette voie, comme le rappelle Daniel Courgeau, avec les modèles de durée multiniveaux, capables d'associer le temps historique et le temps individuel. Les données de panel gagnent à être exploitées avec les mêmes algorithmes pour modéliser aisément variations temporelles, interindividuelles et contextuelles.

Le dernier chapitre, écrit par Robert Franck, est une opportune mise à contribution de la philosophie des sciences aux questions soulevées par la mise en œuvre de l'analyse multiniveau, notamment celle de savoir si les relations entre les individus et les contextes sont de nature causale. En s'appuyant sur les travaux de Mario Bunge (1979), l'auteur déroule la critique épistémologique de l'analyse causale et en particulier du principe « même cause, même effet ». Il rappelle l'existence de conditions aux relations entre la cause et l'effet, qu'un événement simple peut avoir une pluralité de causes, que plusieurs causes risquent de produire indépendamment un même effet, que les causes elles-mêmes interagissent. Plusieurs conceptions de la causalité sont examinées, dont le principe stoïque qui affirme que la chose qui subit l'effet collabore à la production de celui-ci ; sont également envisagées les déterminations non causales, les actions réciproques. Ces rappels guident le lecteur vers une réflexion sur la nature des « niveaux », une conceptualisation qui s'appuie sur la notion d'émergence (qu'est-ce qui fait qu'un tout différent émerge d'une action réciproque de ses parties ?) et le caractère hylémorphique des contextes (les composantes en forment la *matière* et leurs relations la *forme*). Apparemment, l'auteur cherche à réconcilier les analyses causale et systémique, par un glissement sémantique qui consiste à assimiler les composantes du système à des facteurs (remplaçant la notion de cause) dont les relations singulières conduisent à l'émergence de propriétés spécifiques du système. Prises dans un système, leurs influences se trouvent contenues par les fonctions sociales de celui-ci. Les relations réciproques entre les facteurs et le système sont celles entre la matière et la forme. Les arguments et exemples avancés savent convaincre. En revanche, le praticien de la modélisation statistique multiniveau sera probablement plus réticent à suivre l'auteur qui tente de nous convaincre que la régression multiniveau peut faire aboutir les ambitions méthodologiques affichées. Comment saisir les complexités systémique et fonctionnelle des environnements sociaux avec l'outil, somme toute rudimentaire, en notre possession : rappelons que l'indication statistique d'un effet contextuel est donnée par l'homogénéité des unités appartenant à un même environnement. Il suffit de prendre une institution simple, la famille, pour percevoir la difficulté de la tâche : à l'égard de bien des phénomènes (âge, revenus, accès aux ressources…) la famille est une unité très hétérogène.

Cette remarque exprime un regret qui naît au cours de la lecture de l'ouvrage : celui de voir les considérations méthodologiques qui débutent la réflexion s'estomper au fur et à mesure que se développent les arguments épistémologiques, conduisant graduellement à perdre de vue le lien entre les deux. La modélisation multiniveau se sent alors désemparée face aux exigeantes recommandations avancées, notamment en faveur d'une analyse systémique. D'autres manières de pratiquer l'analyse multiniveau sont envisageables, telles qu'associer analyse des variables et analyse de cas pour décrire la combinaison de facteurs à l'œuvre dans chaque contexte particulier.

Ce retour vers la méthode est opéré par Daniel Courgeau dans sa conclusion générale. Celle-ci débute par une mise en garde adressée aux sciences expérimentales qui envisageraient une analyse multiniveau avec les protocoles habituels : ceux-ci ne garantissent alors plus le contrôle des facteurs cachés susceptibles d'infléchir le résultat. Les démographes, par déontologie, sont moins exposés à ce risque, mais ils sont confrontés *a contrario* à la présence de fortes hétérogénéités inobservées. Or celles-ci sont du ressort de l'analyse multiniveau. La seconde section discute des méthodes probabilistes appropriées à l'inférence statistique des effets contextuels. L'argumentation est un plaidoyer en faveur de l'approche bayésienne et stimule la réflexion avec une rapide présentation du concept d'échangeabilité (Finetti) puis (et peut-être surtout) des nouvelles voies logicistes développées dans l'ouvrage posthume de E. T. Jaynes. Ce renouvellement majeur de l'inférence statistique – assigner des probabilités par l'analyse logique d'une information incomplète – rejoint « l'esprit » des modèles mixtes et de l'analyse multiniveau. Attendons-nous à ce qu'il contribue à son développement futur. Enfin, quelques remarques s'emploient à dissiper d'abusives simplifications sur la reconnaissance des niveaux pertinents pour l'analyse contextuelle. Ces réflexions comme la pratique rappellent que la régression multiniveau ne saurait être un outil exploratoire du fait de ses exigences et de sa complexité ; elle ne peut faire l'économie d'une réflexion théorique préalable. Ce qui rend le présent ouvrage tout aussi utile que l'analyse multiniveau est indispensable.

Daniel DELAUNAY

DENCH Geoff, OGG Jim, *Grandparenting in Britain, a Baseline Study*, Eastbourne, Antony Rowe Ltd, 2003, 215 p.

S'inscrivant dans la lignée des travaux traitant des relations intergénérationnelles au sein des familles étendues dans l'Europe actuelle, l'ouvrage de G. Dench et J. Ogg synthétise en douze chapitres les réponses aux questions les plus fréquemment posées sur ce que l'on a pris l'habitude d'appeler la « grandparentalité ». Loin d'être un simple rapport sur l'exploitation du volet « grandsparents » de l'enquête sur les attitudes sociales britanniques (*British Social Attitudes Survey*) de 1998, l'ouvrage suit une démarche explicative restituant les résultats dans une profondeur historique et décrivant les enjeux scientifiques, politiques et sociaux sous-jacents à une étude sur la famille. Une analyse qualitative d'une partie du module « grands-parents » a également nourri les interprétations des auteurs et s'ajoute donc au rapport précédemment publié sur l'enquête en 1999 (Park A. et Thomson K., 1999, *British Social Attitudes, the 16th report*, Aldershot, Ashgate).

Après avoir décrit l'enquête et le contexte de sa mise en place, les auteurs sélectionnent la population étudiée et définissent quatre groupes (chapitre 1) : les grands-parents (933 personnes), les petits-enfants adultes (584 personnes), les petits-enfants adolescents (426 personnes âgées de 12 à 19 ans), chacun de ces individus ayant dû déclarer un grand-parent (ou un petit-enfant) dont il définissait le rôle, la place avant d'indiquer le degré de satisfaction ressenti dans cette relation ; enfin, le dernier groupe (674 personnes) est constitué des « parents liens » (*linking parents*) qui, n'ayant aucun grand-parent en vie, ni de petits-enfants, ont un enfant à charge qui a un grand-parent en vie.

Le chapitre 2 revient succinctement mais très clairement sur les différentes étapes de la recherche britannique sur les relations familiales, et en particulier les relations intergénérationnelles. En Grande-Bretagne, comme en France, les grands-parents étaient jusqu'à récemment ignorés aussi bien de la recherche que des institutions. Les auteurs conviennent ainsi qu'il est difficile de connaître l'évolution de la place des grands-parents même si le module « grands-parents » de l'enquête BSA98 avait été introduit dans cet objectif. Le chapitre se termine par une analyse de l'opinion des enquêtés sur la place des grands-parents dans la société et la famille, et permet de croiser le regard des grands-parents avec celui des autres groupes sur cette question.

Le chapitre 3 présente les principaux résultats et la mesure des indicateurs qui seront ensuite utilisés. Le rôle des grands-parents, la fréquence des contacts ou plus généralement l'impression de proximité entre les générations et la nature des activités qu'elles partagent sont les principaux thèmes abordés pour décrire la grand-parentalité. Dans un souci constant de resituer dans divers contextes leurs analyses, et cela afin d'apporter un éclairage plus juste à leurs interprétations, les auteurs, après avoir décrit dans le chapitre 4 la situation des grands-parents d'un point de vue démographique, observent l'influence de certains changements familiaux – comme la séparation du couple de leurs enfants (chapitre 5) ou les recompositions familiales (chapitre 11) – sur les relations intergénérationnelles et le rôle des grands-parents auprès de leurs enfants et de leurs petits-enfants.

Le chapitre 7 s'intéresse à l'évolution des relations entre grands-parents et petits-enfants au fil des ans. Les auteurs décrivent l'intensité de l'implication des grands-parents à la naissance des petits-enfants (en particulier celle du premier des petits-enfants) puis la lente distance qui s'installe, et enfin parfois le renversement de situation quand les petits-enfants s'occupent de leurs grands-parents. Un éclairage particulier est également apporté sur les relations entre les grands-parents et les petits-enfants devenus parents ainsi que sur les grands-parents qui estiment avoir eu leur premier petit-enfant trop tôt (bien avant 50 ans).

L'ouvrage mélange à la fois les disciplines et les approches. Les auteurs empruntent par exemple à l'ethnologie lorsqu'ils interprètent leurs résultats sous l'angle des lignées (chapitres 6 et 9) en associant analyses de données qualitatives et quantitatives. Ils décrivent ainsi la forte implication des grands-mères maternelles qui s'oppose à l'effacement des grands-pères paternels – situations dont les intéressés semblent le plus souvent être satisfaits.

Les différences de comportement des grands-parents selon les catégories socioprofessionnelles (chapitre 10), l'impact du travail de la mère (et parfois de la grand-mère) sur les relations intergénérationnelles (chapitre 8) conduisent à des conclusions étonnantes sur les grands-parents et leur « modernité ». Pourtant, si les grands-parents britanniques qui nous sont décrits sont, sans nul doute, souvent bien loin des représentations traditionnelles, les auteurs rappellent, dans leur dernier chapitre, que cette modernité dont on pare nos nouveaux grands-parents doit être prise avec précaution puisqu'aucune enquête antérieure ne peut-être comparée à celle-ci et donc servir de référence permettant de parler en termes d'évolution de la grand-parentalité.

La richesse du sujet étudié comme celle des résultats de l'enquête britannique, la diversité des thématiques abordées, des approches, des contextes et des outils employés rendent l'ouvrage dense. Pourtant, les auteurs ont réussi à dépeindre d'une façon très claire la place des grands-parents dans la famille et la société britanniques. Notons que cet ouvrage a de nombreux thèmes et résultats en commun avec l'enquête de la CNAV réalisée en France au début de années 1990 (Claudine Attias-Donfut, Martine Segalen, *Grands-parents : la famille à travers les générations*, Paris, O. Jacob, 1998, 330 p.), permettant ainsi une comparaison entre les deux pays.

Seule l'absence d'entretiens portant sur le rôle des grands-parents est à regretter. En effet, l'exploitation des données sur ce sujet est intéressante mais on aurait aimé approfondir ce thème difficile à aborder avec un questionnaire quantitatif. Enfin, on ne saurait trop recommander la lecture des annexes qui, très riches, permettent de suivre la construction de la plupart des indicateurs et le fil des réflexions des auteurs.

Thomas BOYER

EGGERICKX T., GOURBIN C. *et al.* (dir.), *Populations et défis urbains*, actes de la Chaire Quetelet 1999, Louvain-la-Neuve, Academia-Bruylant/L'Harmattan, 2003, 778 p.

Rassemblant les communications présentées dans le cadre du colloque organisé par la chaire Quetelet en 1999, l'ouvrage est consacré à l'étude du rôle de l'urbanisation dans les changements démographiques des deux derniers siècles. Les auteurs se sont notamment interrogés sur l'amorce de la baisse de la fécondité, voire la faible fécondité urbaine, et sur « le retour de la surmortalité urbaine » (Grimeau et Decroly). Leur questionnement concerne aussi bien les différentes théories démographiques que les réalités du terrain et met à profit des approches variées à caractère macro et micro. Un premier constat est fait : les ouvrages de « démographes marquants » n'accordent pas un rôle prépondérant à l'urbanisation dans les changements démographiques des pays industrialisés et des pays en développement ; l'évolution du peuplement, et plus spécifiquement le développement des villes, n'est pas considéré « comme une variable cruciale ou un vecteur fondamental ». Les études empiriques conduisent à des conclusions similaires : « à un niveau mondial, les choses sont donc aujourd'hui, si l'on ose dire, à peu près aussi claires que pour le passé européen : pas de seuil et guère de relation [entre urbanisation et changements démographiques]. » (D. Tabutin).

Ensuite, un certain nombre d'auteurs (M. Termote, M.B. Lututala, Ph. Bocquier) présentent une modélisation de la contribution de la migration (interne et internationale) à l'évolution des réseaux urbains. Le questionnement proposé concerne la part respective de l'accroissement naturel et des migrations dans la croissance urbaine. L'essoufflement constaté de la croissance urbaine dans les pays de l'Afrique sub-saharienne est-il la conséquence de la détérioration des conditions de vie en milieu urbain par rapport au monde rural ou bien résulte-t-il « du simple fait de la réduction de la population rurale susceptible de migrer en milieu urbain […] » ? « Au fur et à mesure que les poids du milieu rural et du milieu urbain s'équilibrent, le nombre de migrants venant alimenter la croissance urbaine diminue, par simple effet mécanique, même si la probabilité d'émigrer du milieu rural reste la même » (Ph. Bocquier).

Dans les pays développés, les analyses de la redistribution spatiale de la population distinguent des processus complexes qui combinent les facteurs économiques, les motivations, le statut social et les représentations de l'espace habité. Les phénomènes d'urbanisation, de périurbanisation et de rurbanisation font l'objet d'un examen attentif en relation avec les processus démographiques tels que le vieillissement, l'évolution des structures et des relations familiales, etc. C'est ce qui amène T. Eggerickx à examiner, dans son article, l'évolution du processus de périurbanisation au cours des vingt dernières années, au travers des caractéristiques sociales et des comportements démographiques des populations périurbaines. Il envisage les implications sociodémographiques de ce mouvement de périurbanisation et il décrit le « ralentissement de l'exode urbain » et « un phénomène général de sédentarisation » qu'il relie aux années de crise. Dans le cadre de l'analyse des processus de redistribution spatiale de la population urbaine, n'aurait-il pas été plus judicieux d'aborder ces phénomènes sous l'angle de la mobilité résidentielle, ce qui justifierait l'explication donnée à « la baisse d'intensité durant les années de crise de l'émigration des agglomérations urbaines et de l'immigration vers les zones périurbaines » ?

L. Thomsin propose une analyse de la rurbanisation en tant que nouvelle forme de « l'exode urbain » qui se différencie de la périurbanisation « par l'absence d'importants enjeux économiques urbains planifiés ou concentrés », et qui apparaît alors que « l'accélération du processus d'urbanisation entraîne un besoin d'espace et une intense compétition pour le sol ». La rurbanisation répondrait aux nouvelles exigences des migrants d'avoir un meilleur cadre de vie et une vie familiale plus intense tout en permettant une gestion différente des carrières professionnelles et des loisirs.

Au cours des dernières décennies, les migrations internes et externes ont agi sur les configurations sociospatiales du peuplement. Elles ont remis en cause la relative mixité sociale et résidentielle qui existait par le passé au profit d'une occupation de l'espace urbain qui n'est pas exempte de discrimination (pauvreté, exclusion, ségrégation sociale, etc.). C. Kesteloot, qui décrit cette réalité nouvelle ou résultant des représentations sociales actuelles, analyse l'espace urbain comme un enjeu pour trois groupes sociaux dominants (pauvres et immigrés, classes moyennes, riches). La confrontation sociale, s'articulant autour des processus d'appropriation de l'espace, privilégie des interventions répressives au détriment de démarches incitatives et négociées qui inspirent partiellement les projets de ville. La justice sociale, au centre de tous ces projets, nécessite cependant « l'ancrage et l'intégration des banlieues pauvres au cœur des communautés urbaines ». Bruxelles, Liège, etc. constituent les terrains d'analyse. On y observe de fortes concentrations dans l'espace de catégories sociales ou ethniques (nationales) susceptibles de faire l'objet de discrimination (X. Leloup). Les indices de dissimilarité que X. Leloup utilise pour la ville de Bruxelles « laissent penser que les proximités et distances entre nationalités ne se distribuent pas d'une manière aléatoire […] Ainsi, les populations italienne et espagnole se rapprochent (spatialement) des populations belge et européenne [...] Elles adoptent des comportements résidentiels de mise à distance des populations zaïroise et marocaine ».

En Afrique, la forte croissance urbaine a produit des « ghettos sociodémographiques » (C. A. Nissack) ; les efforts de planification urbaine n'ont pu éviter la prolifération de l'habitat précaire et des bidonvilles ; des pans entiers de l'espace urbain dans des villes comme Abidjan ou Dakar sont confrontés à des problèmes d'assainissement et de viabilisation. Aux migrants venant des zones rurales et aux populations étrangères (Nissack) se substituent de nouvelles catégories sociales, les « perdants » ou « victimes » de la crise économique et des politiques de libéralisation économique. Ph. Antoine tente de « mieux comprendre les processus affectant la vie matrimoniale dans plusieurs capitales africaines [...] Cette transition de la nuptialité due aux difficultés économiques croissantes [...] conduisant à un affaiblissement du système traditionnel de gestion de la vie sociale ». Paradoxalement, la distance prise par rapport au contrôle traditionnel contribue à l'évolution des mentalités (résultant entre autres de l'élévation du niveau d'instruction des jeunes générations) et les ajustements individuels aux crises économiques conduisent à un repli sur le groupe familial au détriment de l'autonomie des couples et de l'émergence de l'individu. Ces conclusions « vont à l'encontre des théories évolutionnistes développées par Parsons et Goode dans les années 1950 et 1960, prédisant une convergence universelle et quasi inéluctable de tous les modèles familiaux vers le modèle nucléaire » (J. Wakam). Ce dernier remet en cause cette thèse et s'interroge sur sa validité en milieu urbain africain. Il tente d'évaluer les effets de l'urbanisation sur les structures familiales des ménages en Afrique (nucléarisation, féminisation des chefs de ménage, taille des ménages, confiage des enfants, etc.). Il conclut à « une prééminence encore large des traditions ancestrales de continuité, de solidarité et de cohésion de la famille, sans doute réinterprétées et adaptées dans un contexte moderne et urbain marqué par ailleurs par une crise économique désastreuse ». Conséquence probable des conditions particulières marquées par la simultanéité des crises rurales et urbaines dans les pays africains, E. Lebris déclare : « Il est peu probable que l'on assiste, comme on l'a longtemps présupposé, à une simple transposition au Sud de la révolution urbaine ayant affecté les pays du Nord au siècle dernier ».

Dans sa conclusion, D. Pumain considère que la comparaison des processus entre pays du Nord et pays du Sud est le fil conducteur des travaux du colloque. Elle met l'accent sur le fait que les similitudes observées ne signifient nullement que la diffusion planétaire des processus d'urbanisation consiste en un simple décalage temporel : « le colloque a montré d'autres sources de complexification du processus d'urbanisation dans les pays du Sud, issues des interférences avec des processus contemporains apparus dans les pays du Nord à un stade bien ultérieur de la transition ». Elle insiste aussi sur la permanence des systèmes traditionnels africains empreints de communautarisme, de solidarité tribale, clanique et familiale qui recomposent en milieu urbain des pratiques d'origine rurale et donnent une configuration pour le moment spécifique aux villes africaines.

Kamel KATEB

GUYER Jane I., « La tradition de l'invention en Afrique équatoriale », *Politique africaine*, n° 79, octobre 2000, p. 101-139.

Jane Guyer, chercheuse africaniste, représente un courant important de l'anthropologie sociale et économique américaine. Attachée à la pluridisciplinarité, elle est aussi très vigilante quant à l'influence des catégories de pensée occidentale sur les manières d'observer et d'interpréter les faits et changements sociaux africains. Dès les années 1970, elle a ainsi dénoncé l'ethnocentrisme des anthropologues et invalidé les modèles théoriques dominants, notamment les hypothèses réductionnistes et évolutionnistes de la famille africaine ; plus récemment, elle a remis en cause le recours à la théorie de la rationalité individuelle pour interpréter les changements de comportements socio-économiques, et notamment l'émergence du secteur informel.

Présenté dans *l'African Studies Review* et traduit dans la revue *Politique africaine*, « La tradition de l'invention … » fait écho au titre d'un célèbre ouvrage, « The invention of tradition » (Hobsbawm et Ranger, 1983), qui a bousculé les théories et concepts en usage en anthropologie. Jane Guyer propose à son tour de combler un vide théorique sur les fondements du savoir en Afrique, lacune qui engendre un risque d'interprétation erronée des changements actuellement observés sur ce continent. Elle démontre que dans une tradition ouverte, l'invention a pu constituer un des principes de base de la société : « [...] les gens savaient (d'où le terme de tradition) comment vivre à la lisière de leurs connaissances (d'où celui d'invention) ».

L'auteur montre d'abord que les anthropologues ont minimisé l'ancrage culturel de « la capacité humaine d'être original et de marquer sa différence » dans les sociétés africaines précoloniales. En se référant à nombre de témoignages ethnographiques relatifs à l'Afrique équatoriale, Guyer questionne l'accent mis sur le « contrôle », celui des hommes sur les femmes, des aînés sur les cadets... que la théorie aurait largement surestimé, et qui est en tout cas sans rapport avec le concept d'aînesse historiquement ancré dans un modèle occidental. Au système de « contrôle », elle oppose un système de valorisation de la *singularité* et de la *différence* qui s'appuyait sur une dispersion sociale des savoirs et des compétences particulières. Dispersion des savoirs, d'une part entre vivants, ancêtres et puissances symboliques et, d'autre part, à l'échelle humaine, entre les vivants considérés comme réservoirs des savoirs de leurs multiples référents symboliques (dont les ancêtres). De ce point de vue, le « mental humain » et notamment l'excentricité émotionnelle sont traités comme des biens potentiels, que les sociétés africaines équatoriales cultivent en chaque individu. Guyer retrouve la trace de cet éveil dans la valorisation du charisme, capacité qu'elle place à « l'origine de toutes les variétés de la vie sociale » en suivant Max Weber qui évoquait déjà à propos de l'Afrique et d'autres continents les fondements charismatiques des réponses aux problèmes d'exception. Les personnes sont donc aussi des ressources perçues comme « des biens dans l'organisation sociale du savoir ». Par ailleurs, chaque individu étant spécialisé dans la production d'objets ou de savoirs, ce système imposait des migrations et des contacts entre communautés et individus détenant des savoirs spécifiques. Chacun ayant besoin des autres et de leurs connaissances, ce système équilibrait de fait les rapports entre individus et entre communautés. Guyer souligne que malgré les nombreuses recherches portant sur la division du travail en Afrique, aucune ne permet de restituer et donc de théoriser une telle diversité. S'il n'y avait là qu'une logique adaptative, ces connaissances seraient échangeables de manière à assurer la conservation d'un savoir global. Les archives ethnographiques suggèrent l'inverse, c'est-à-dire une dispersion délibérée des savoirs et des métiers. Guyer y voit donc plus un fondement de la société qu'une stratégie d'adaptation qui s'inscrit dans le mouvement de peuplement rapide de l'Afrique équatoriale au XIXe siècle, attestant une logique sociale « davantage orientée vers le dépassement des frontières plutôt que vers le renforcement des structures centrales ». Dans ce contexte, la mobilité individuelle, la circulation des richesses, l'évolution des connaissances techniques dans l'agriculture et l'artisanat ne répondaient pas à des objectifs purement utilitaires. Guyer décrit ainsi une production désintéressée de savoirs fondamentaux ou artistiques, qui dépassait largement les besoins vitaux des populations. Mais la subordination sociale au colon a été interprétée comme une « perte de savoir ».

Dans la théorie de Guyer, la création et l'exercice de la différence est un projet culturel et social, au même titre que « la solidarité, le contrôle et l'unanimité » dans les propositions précédentes. Cette théorie s'appliquerait autant à l'Afrique de l'Ouest qu'à l'Afrique centrale, mais dans des domaines plus limités. L'idée que l'aptitude personnelle au savoir peut être un processus social implique par ailleurs la reproduction (étudiée par la démographie), la création de métiers (étudiés par l'histoire de l'art), les logiques et pratiques du savoir (étudiées par l'anthropologie cognitive) et la nature du savoir (philosophie). Guyer étudie l'impact d'un tel processus dans ces quatre champs disciplinaires, ainsi que ses implications dans les sociétés contemporaines. Nous reprenons ici ce que sa théorie peut apporter à la compréhension des logiques reproductives qui intéressent le démographe.

En démographie, Guyer critique l'hypothèse d'un « pronatalisme » africain, que le déclin actuel de la fécondité infirme effectivement. Aux critères de fécondité actuels, standardisés à partir du comportement de populations non africaines, elle oppose la logique d'adaptation d'un continent sous-peuplé. Elle rappelle aussi que la pratique généralisée d'un espacement important des naissances maintenait la fécondité bien au-dessous du « taux naturel ». Guyer apporte surtout un nouvel éclairage sur la valeur des enfants, en soutenant que « leur nombre et leur qualité » ont un sens en termes de « culture et de faculté d'adaptation ». Reprenant Caroline Bledsoe, qui a beaucoup exploré les travaux à la frontière de l'anthropologie et de la démographie, elle montre que l'enfant n'est pas seulement pensé du point de vue du nombre ou du sexe, mais aussi en tant qu'être unique, irremplaçable, doté de capacités propres. Qualité et quantité de la descendance sont ainsi liées. L'aptitude personnelle au savoir, les compétences propres mais complémentaires de celles des autres, se révèlent à l'issue d'un long processus initiatique et concurrentiel qui cultive les qualités intrinsèques de chacun. Bledsoe décrit ce procédé de détection des particularités et talents individuels : « Les capacités et les potentiels de chacun sont identifiés et traqués durant cet ensemble exigeant de cérémonies et d'apprentissage qui forme l'enfant avant l'école et l'éducation religieuse » (Bledsoe citée par Guyer). Contrôler le nombre des enfants revient dans ce contexte à se priver de personnes aux dispositions uniques ; une sélection prénatale va donc à l'encontre du projet culturel. En effet, la limitation planifiée des naissances repose sur la reconnaissance d'une équivalence entre enfants consanguins. Or, cette équivalence n'est pas concevable dans un système qui s'appuie justement sur la valorisation de la différence ou de la particularité de chacun. Guyer met ici au jour une dynamique démographique orientée par la valorisation des particularismes individuels, la descendance atteinte dépendant non seulement des capacités physiologiques de la mère, mais aussi du potentiel attendu de chaque enfant à naître.

Cet article présente l'intérêt de porter un autre regard sur l'interprétation des phénomènes que la démographie étudie en Afrique : la dynamique démographique et le changement social s'inscrivent dans une logique culturelle qui valorise la singularité et la différence et qui se répercute sur le rapport à la descendance, à l'individu, à l'innovation, etc. Aucune enquête démographique n'a pour l'instant utilisé ces apports dans l'interprétation de la demande de planification familiale ou l'attitude face à la contraception. Il faut commencer par reconnaître cette tradition de l'innovation pour comprendre et accompagner le changement social actuel en Afrique.

Christine TICHIT

MARTIAL Agnès, *S'apparenter*, Paris, éditions de la Maison des sciences de l'homme, 2003, 247 p. (hors annexes).

L'ouvrage d'Agnès Martial est tiré de sa thèse de doctorat *Qu'est-ce qu'un parent ? Ethnologie des liens de familles recomposées* (Toulouse, septembre 2000), sous la direction d'Agnès Fine. L'auteur propose un éclairage sur les liens qui unissent les différents membres d'une famille « recomposée », sujet d'actualité puisque le phénomène de recomposition familiale est en augmentation régulière depuis les années soixante-dix.

L'introduction expose les contours du sujet ; l'auteur y définit les liens entre individus résultant des recompositions comme dans la demi-fratrie (fratrie composée d'enfants ayant le même père ou la même mère mais dont l'autre parent ne leur est pas commun) ou la quasi-fratrie (fratrie composée d'enfants sans lien consanguin issus des unions antérieures de chacun des conjoints vivant au sein d'une famille recomposée), y décrit l'évolution historique du phénomène et met en avant la complexité de la réalité familiale contemporaine. Comment « s'apparente-t-on » dans ces familles où les liens traditionnels de filiation et l'ordonnancement généalogique se trouvent bouleversés ? La recomposition induit en effet à la fois une redéfinition de la place des enfants et du couple recomposé dans la famille, tant au niveau de l'agencement des statuts générationnels qu'en termes d'interdits sexuels ou de transmission successorale. Peut-on être parent au-delà du simple fait de donner la vie ? Est-on frère et sœur seulement si l'on a les mêmes parents biologiques ?

Agnès Martial explore ce sujet en bâtissant son argumentation sur une étude ethnographique de trente histoires familiales mais, approche originale, elle s'appuie principalement sur le regard que les beaux-enfants devenus adultes portent sur leur expérience de vie au sein de cette configuration familiale, et le confronte au témoignage de quelques parents et beaux-parents (44 entretiens au total). L'investigation confronte les récits de vie (entretiens semi-directifs) recueillis et les étaye parfois par l'analyse de faire-part de mariage entre un parent et son nouveau conjoint (p. 58), d'échanges épistolaires (p. 64-65) ou de commentaires d'albums photographiques recueillis auprès des personnes interrogées (p. 202) – sans que l'on sache si ces matériaux ont été systématiquement consultés lors de l'enquête.

Cinq chapitres composent cet ouvrage. Le premier aborde la question de la « variation des statuts générationnels ». Lorsqu'un couple avec enfants se sépare, il arrive par exemple que la mère retourne vivre chez ses parents, le plus souvent avec ses enfants, retrouvant ainsi son statut d'« enfant de ». De même, lors de l'adoption des enfants par les grands-parents, ce qui n'est pas rare, intervient alors un bouleversement de l'ordonnancement généalogique traditionnel. Les grands-parents endossent le rôle des parents et les petits-enfants deviennent enfants de leurs grands-parents. Agnès Martial met également en avant l'intensité des relations parfois « fraternelles » qui peuvent unir un enfant à l'un de ses parents séparés. L'enfant est témoin des nouvelles amours parentales et peut en être acteur, soit en se posant en rival du nouveau conjoint de son parent, soit en jouant les entremetteurs. Elle évoque également la question du remariage, des différents rituels de seconde noce dans lesquels les enfants et beaux-enfants sont amenés à jouer un rôle, selon l'histoire antérieure des nouveaux époux. Enfin, l'auteur revient sur la « succession troublée des statuts générationnels » évoquant le cas où « papa aime une fille de mon âge » ou encore les situations dans lesquelles un parent a un enfant d'un deuxième lit en même temps qu'il devient grand-parent par l'un de ses enfants issu d'un premier lit. Ces deux enfants ont le même âge alors qu'ils sont oncle et neveu. Et l'enfant devenu parent a un écart d'âge important avec le dernier enfant de l'un de ses parents (c'est-à-dire avec son demi-frère ou sa demi-sœur).

Outre ces bouleversements générationnels, la recomposition de la famille pose aussi la question des liens de filiation entre les différents membres qu'elle regroupe et, de fait, celle des interdits sexuels entre eux. L'étude de « l'inceste » est l'objet du second chapitre ; elle est abordée à la fois du point de vue des relations beau-parent/bel enfant et également entre enfant et quasi-enfant de sexe opposé. Selon quels critères délimiter les interdits ? Agnès Martial propose de considérer qu'il y a inceste beau-parental s'il existait « entre l'enfant et son beau-parent une relation de parentalité sociale fondée sur les faits de la vie familiale et de l'éducation » (p. 99), ceci étant plus fréquemment le cas lorsque beau-parent et enfant ne sont pas proches en âge et, plus encore, quand le beau-parent a intégré la cellule familiale alors que l'enfant était en bas âge. Le lien consanguin unissant généralement les beaux-enfants facilite la délimitation des interdits même si l'auteur se sert de cas plus rares (relation entre beaux-enfants dont l'un est adopté, donc sans lien de sang avec l'autre) pour questionner les problèmes fondamentaux de la filiation. En revanche, entre quasi-frères et sœurs, rien ne semble justifier du point de vue légal « l'idée d'une prohibition des relations amoureuses et sexuelles entre les adolescents réunis par la recomposition, sinon l'existence d'un couple parental qui conçoit la configuration recomposée comme une famille, selon le modèle traditionnel » (p. 117). Diverses stratégies visant à renforcer les liens fraternels sont envisagées par les parents, par exemple au travers du parrainage, mais certains enfants peuvent aussi manifester leur refus de fonder une nouvelle famille avec leur beau-parent en séduisant leur quasi-frère ou sœur.

Le lien fraternel entre quasi-enfants se renforce cependant plus naturellement dans « l'enfance en partage » (chapitre 3). Les histoires de recomposition contées par les enfants font état de souvenirs d'instabilités liées à la rupture du couple parental, à des déménagements. Rien de très étonnant finalement dans ces pages mais ces récits viennent confirmer l'importance de l'enfance dans la construction identitaire de la personne. Ainsi, les enfants considèrent d'autant plus leurs demi ou quasi-frères et sœurs comme frères et sœurs qu'ils ont vécu avec eux depuis leur plus jeune âge. De la même manière, Agnès Martial observe que si les relations entre frères et sœurs survivent généralement à la séparation des parents, elles se soldent plus fréquemment par une rupture entre beaux ou quasi-enfants lorsque le couple recomposé se sépare. Les relations entre les enfants et leur beau-parent sont elles aussi dépendantes de l'âge des enfants au moment de la recomposition, de l'investissement du beau-parent dans l'éducation ou les soins et du lien « nourricier » qui les unissent. De même, ces relations survivent rarement à la rupture du couple, même si la présence d'une demi-fratrie et l'existence d'une enfance partagée consolident les liens.

La recomposition, en questionnant les liens de filiation et les relations entre personnes non consanguines, interroge du même coup la transmission de biens, de valeurs morales, éthiques, religieuses, de comportements, d'habitudes ou encore de vocations professionnelles. « Transmettre » est le sujet abordé dans le quatrième chapitre. Le rapport aux biens et à leur transmission paraît indissociable de la manière dont se noue la relation beau-parentale même si certains objets (les bijoux notamment) sont davantage destinés à être transmis de génération en génération. « Les objets de famille permettent de constituer de petits héritages qui retracent aux côtés de la filiation légale, "officielle", les sentiers complexes de l'histoire familiale » (p. 213).

Une manière de transmettre sans sortir des règles légales de filiation semble être d'« adopter » (chapitre 5). L'adoption d'un enfant du conjoint par son beau-parent serait un phénomène répandu, même s'il convient de distinguer l'adoption plénière (qui enlève à l'enfant sa filiation d'origine pour l'intégrer à la famille de la personne qui adopte) de l'adoption simple (qui additionne les liens de parenté sans que l'un soit effacé par l'autre). L'adoption plénière ne semble pas constituer pour l'auteur une solution adaptée à la reconnaissance des statuts parentaux et beaux-parentaux dans les familles recomposées dans la mesure où elle menace plus encore le statut du parent non gardien. Par contre, l'adoption simple qui concerne surtout des enfants majeurs (85 %), généralement pour des préoccupations d'ordre successoral, « paraît adaptée aux situations de recomposition familiale puisque les parentalités peuvent s'additionner sans s'exclure mutuellement, l'individu adopté étant par ailleurs le plus souvent en âge d'être consulté » (p. 232). Cette procédure est cependant peu connue et parfois interprétée comme la mise en concurrence de deux figures parentales. À travers le nom dont on hérite, c'est la dimension irrévocable de l'origine qui s'exprime et l'adoption, même « simple », peut venir non pas la remettre en cause mais la nuancer.

« S'apparenter » dans les familles recomposées procède ainsi de logiques plurielles dont le lien sanguin, la corésidence et l'enfance en partage apparaissent comme des éléments structurants. Devenir parent dans la recomposition nécessite par ailleurs d'assumer une part des soins aux beaux-enfants, don nourricier et affectif duquel résulte une dette soldée par la reconnaissance par l'enfant d'une parentalité avec le conjoint de son père ou de sa mère biologique. En ce sens, « s'apparenter » relève en quelque sorte d'une « élection réciproque ».

Au fil de cet ouvrage, on se laisse emmener dans des histoires familiales parfois complexes – complexité inhérente aux situations de recomposition – mais éclairées par des schémas simples et éloquents illustrant les liens entre les membres de la famille, et contées dans un style fluide. On y apprend beaucoup sur le sujet, l'auteur faisant appel à des sources diverses qui viennent compléter l'exploitation des entretiens réalisés. Les thèmes abordés sont en effet systématiquement introduits, resitués dans le temps et dans l'espace par la mobilisation d'une foisonnante bibliographie regroupant tout à la fois des études ethnologiques, historiques, démographiques et sociologiques sur différents pays, ainsi que des textes de loi (même si ces sources documentaires prennent parfois le pas sur l'exploitation du matériau recueilli, comme dans le chapitre traitant de l'inceste). En outre, l'analyse est enrichie d'observations diverses, l'ethnologue posant un regard sur le monde qui l'entoure : émissions de télévision (p. 48) ou de radio (p. 78) traitant de la question, extraits de chansons (p. 49 ; 136), passages de romans (p. 121 ; 140), coupures de presse (p. 67 ; 116), œuvres cinématographiques (p. 108). Bien qu'occasionnelles, ces références donnent de manière judicieuse une portée plus générale aux cas particuliers que décrivent les entretiens, contrebalançant la discrétion des données chiffrées (on avance par exemple p. 149 que « les frères et sœurs de sang sont *plus souvent qu'on ne le pense* désunis par les aléas de la recomposition familiale » sans donner d'ordre de grandeur). Mais il convient de préciser que la recherche a été réalisée sans prétention de représentativité, l'objet étant autre. En somme, Agnès Martial propose un ouvrage qui, certes, garde l'empreinte d'un travail de thèse dans son aspect académique et parfois peut-être « artificiel » dans l'utilisation des sources bibliographiques mais qui offre un éclairage des plus intéressants sur la perception des liens familiaux qui unissent parents, beaux-parents, enfants, beaux-enfants, demi-frères et sœurs, quasi-frères et sœurs. Cette recherche soulève nombre de questions essentielles (interdits sexuels entre les membres de la cellule recomposée, succession patrimoniale – indissociable de la notion de filiation –, statut des beaux-parents et beaux-enfants au regard de la loi) et, plus généralement, celle de la définition de la famille contemporaine et de la parenté dans les pays occidentaux. À ces interrogations, Agnès Martial apporte des éléments de réponse tout à fait intéressants.

Arnaud RÉGNIER-LOILIER

ASSOCIATION D'AIDE À L'INSERTION SOCIALE, *L'autre famille. Chroniques de la France monoparentale*, Confluences (Coll. D'autres voix), 2003, 234 p.

Le collectif ASAIS, composé de journalistes, de professionnels de l'écriture et d'enquêteurs-rédacteurs, s'intéresse dans cet ouvrage à la monoparentalité et aux questions qui entourent cette forme de vie familiale dans laquelle un ou des enfants sont élevés par un seul de leurs parents.

L'ouvrage propose une succession de récits de vie plus qu'une étude sociologique ou démographique. Pas d'analyse donc dans ce livre qui se compose de trente chapitres, chacun portant comme intitulé le prénom d'une personne interrogée. Les entretiens se sont déroulés en quatre temps. Ils abordent la période précédant la monoparentalité, s'intéressent à l'événement déclencheur, au vécu quotidien de la monoparentalité et s'ouvrent finalement sur l'avenir. Les entretiens ont été aménagés, réécrits par les auteurs afin d'en proposer une version littéraire prenant la forme d'un texte autobiographique. Cette remise en forme des discours, bien qu'elle ait été ensuite soumise à l'approbation des personnes interrogées afin de valider la conformité des histoires, peut laisser craindre que l'on passe à côté d'une partie de l'information. Néanmoins, ces témoignages offrent un regard contemporain sur la monoparentalité, tant du point de vue des parents que de celui des enfants, et les auteurs affichent clairement l'identité de leur travail qui ne se veut pas scientifique (« sans pour autant faire œuvre d'analyse ou d'interprétation », p. 9). Il ne saurait donc être question de lire et critiquer ces pages sous cet aspect.

Au final, on accède à des discours qui mettent en avant la diversité des situations de monoparentalité, les difficultés éprouvées dans cette configuration familiale, les réactions des enfants, les perspectives et les envies de reconstruction, le fait d'élever seul son ou ses enfants étant souvent la conséquence d'une rupture (désunion 85 %, mères célibataires 12 %, décès du conjoint 3 %) et rarement un choix de vie.

Arnaud RÉGNIER-LOILIER

SAINT-PIERRE Caroline (de), *La fabrication plurielle de la ville, décideurs et citadins à Cergy-Pontoise ; 1990-2000*, Paris, Créaphis, 2002, 311 p.

La curiosité du démographe ne manquera pas d'être éveillée à la lecture de cet ouvrage, issu de la thèse de doctorat de l'anthropologue Caroline de Saint-Pierre. L'auteur propose une observation au microscope des mécanismes d'appropriation symbolique d'un espace urbain par ses habitants. Et pour ce faire, n'y a-t-il pas meilleur laboratoire que les villes nouvelles, espaces pionniers par excellence ? C'est sur le quartier à l'urbanisme innovant de Cergy-Saint-Christophe que se penche ici l'étude.

Si les acteurs institutionnels apportent leur pierre à l'édifice, Caroline de Saint-Pierre offre cependant le premier rôle aux habitants. Tout d'abord, la création de la ville elle-même se déroule sous nos yeux, avec l'exemple de cet ancien maraîcher exproprié au moment de la mise en œuvre du projet et en quelque sorte dépossédé de son territoire. Expérience douloureuse, tout comme celle d'habitants pionniers qui, venus s'installer dans l'espoir d'une vie nouvelle, évoquent dans les entretiens ethnographiques une réalité faite de difficultés au quotidien avec lesquelles ils ont dû composer. Ici, la volonté a souvent permis de déplacer des montagnes (qu'il est difficile d'accueillir des enfants lorsque la construction des écoles n'est pas achevée à temps !). Et avec la bienveillante complicité des acteurs de l'établissement public d'aménagement, les habitants créent des associations. C'est donc le récit d'une expérience aux accents de western, ou plutôt d'expériences plurielles, qui, selon l'hypothèse de l'auteur, sont constitutives de la ville.

Au-delà de simples récits croisés sur un lieu, ce sont les mécanismes d'appropriation de la ville nouvelle qui sont détaillés. Dans un espace considéré comme vierge de mémoire par les planificateurs, il s'agit de créer du ciment entre les personnes pour une « nouvelle ville », et de donner une âme aux structures en béton. L'auteur donne à voir cette progressive identification aux lieux en décrivant des manifestations collectives mais également, d'une manière plus originale, la banalité du quotidien. Certes, la mémoire de la ville se constitue au gré de célébrations ponctuelles comme le Carnaval ou encore lors de réunions associatives interminables et fructueuses ; mais elle se construit également par la fréquentation au jour le jour de certains lieux. C'est dans ce temps redondant du quotidien que la ville devient le théâtre des dynamiques sociales qui font naître les groupes sociaux (« question de reconnaissance sociale », p. 108) mais aussi les bandes de jeunes présentées ici sous un jour inhabituel, celui d'individualités et d'itinéraires originaux. Il en résulte une appropriation collective de l'espace de la ville perçue de manière fine comme différente des « cités » : « On peut dire que ces jeunes se sont approprié le concept de ville nouvelle, auquel ils ne donnent pas un sens d'entité territoriale ou administrative, mais idéologique... Ils prêtent à la ville nouvelle le pouvoir d'avoir un effet sur les perspectives individuelles » (p. 169).

Au final, les habitants font leur la ville et s'y attachent. Et nous revient à l'esprit l'article d'Hervé Le Bras et Jean-Claude Chesnais publié dans cette revue en 1976 (*Population*, 31(2)). Il y était question de l'évolution démographique des villes nouvelles sur plusieurs décennies en proposant des projections réalisées sous différentes hypothèses. La richesse des approches microspatiales, dont le travail de Caroline de Saint-Pierre offre un exemple très réussi, pourrait permettre d'affiner ou de privilégier certaines hypothèses.

Christophe IMBERT

Annales
Histoire, Sciences sociales

Fondateurs : Marc BLOCH et Lucien FEBVRE
Ancien directeur : Fernand BRAUDEL
Revue bimestrielle publiée depuis 1929 par l'École des Hautes Études en Sciences Sociales
avec le concours du Centre National de la Recherche Scientifique

58e année – n° 6, novembre-décembre 2003

Sacralité et formes du pouvoir (v^e-xiie siècle)

RÉGINE LE JAN, La sacralité de la royauté mérovingienne

MAYKE DE JONG, Sacrum palatium et ecclesia. L'autorité religieuse royale sous les Carolingiens (790-840)

BARBARA H. ROSENWEIN, Pouvoir et passion. Communautés émotionnelles en Francie au viie siècle

GERD ALTHOFF et CHRISTIANE WITTHÖFT, Les services symboliques entre dignité et contrainte

La Bible. Un enjeu critique

NADAV NA'AMAN, La Bible à la croisée des sources

JOSÉ EMILIO BURUCÚA, Les enjeux culturels du texte biblique dans l'Europe du xvie siècle

Histoire médiévale (comptes rendus)

RÉDACTION : 54, boulevard Raspail, 75006 PARIS
ABONNEMENTS/SUBSCRIPTION TERMS 2004

		1 an (6 n^{os})	2 ans (12 n^{os})
• France	Particuliers / *Individuals*	(78,50 €)	(135 €)
	Institutions / *Institutions*	(95 €)	(163 €)
	Étudiants / *Students*	(61 €)	
• Étranger	Particuliers / *Individuals*	(100 €)	(171 €)
	Institutions / *Institutions*	(117,50 €)	(200 €)

Les abonnements doivent être souscrits auprès de
Send your order and payment to :
COLIN-ABONNEMENTS - F 75704 PARIS CEDEX 13
Tél. : (France) Numéro Indigo : 0825 027 840/(Étranger) : 33 1 53 55 26 28
Courriel : abonnement@editions-sedes.com

CAHIERS INTERNATIONAUX DE SOCIOLOGIE

Directeurs : Georges BALANDIER, Michel WIEVIORKA
Revue publiée avec le concours du Centre National de la Recherche Scientifique

Sommaire du volume CXIV - 2003

Faut-il une sociologie du risque ?

Numéro coordonné par Alain BOURDIN

Alain BOURDIN
    La modernité du risque

Ulrich BECK
    La société du risque globalisé revue sous l'angle de la menace terroriste

Florence RUDOLF
    Deux conceptions divergentes de l'expertise dans l'école de la modernité réflexive

Claude GILBERT
    La fabrique des risques

Marie-Pierre LEFEUVRE
    Confiance et rationalité de la méconnaissance des risques dans la copropriété

Jean-Yves TREPOS
    La force des dispositifs faibles : la politique de réduction des risques en matière de drogues

Christine SCHAUT
    L'insécurité et son traitement politique en Belgique

Patrick PERETTI-WATEL
    Interprétation et quantification des prises de risque délibérées

Claudine PÉREZ-DIAZ
    Théorie de la décision et risques routiers

Rémi BAUDOUÏ
    Guerre et sociologie du risque

   Note de recherche

Céline GRANJOU
    L'expertise scientifique à destination politique

Secrétariat de rédaction : Christine Blanchard-Latreyte
    EHESS, 54, boulevard Raspail, 75006 Paris
    Tél. (33) 01 49 54 25 54 - Fax (33) 01 42 84 05 91

Abonnements ou ventes au numéro : Presses Universitaires de France
    Départements des Revues :
    6, avenue Reille, 75014 Paris
    Tél. (33) 01 58 10 31 00 - Fax (33) 01 58 10 31 82
    Compte Chèques Postaux : 392 33 A Paris

PRESSES UNIVERSITAIRES DE FRANCE

Revue française de sociologie

publiée avec le concours du
CENTRE NATIONAL DE LA RECHERCHE SCIENTIFIQUE
et de l'INSTITUT DE RECHERCHE SUR LES SOCIÉTÉS CONTEMPORAINES

59-61, rue Pouchet 75849 Paris Cedex 17 – Tél. : 01 40 25 11 87 ou 88

JUILLET-SEPTEMBRE 2003, 44-3   ISBN 2-7080-1057-3

La ségrégation ethnique au collège et ses conséquences	Georges FELOUZIS
La « désaffection » pour les études scientifiques	Bernard CONVERT
Engagement et mobilisation de parents autour de l'école	Yves DUTERCQ, Claudette LAFAYE
L'automobile comme objet de recherche, Chicago, 1915-1940	Pierre LANNOY
Le type idéal comme instrument de recherche	Jacques COENEN-HUTHER
Compétences pratiques et capital culturel	Jörg BLASIUS, Jürgen FRIEDRICHS

LES LIVRES

Abonnements / Subscriptions :
  L'ordre et le paiement sont à adresser directement à :
  Please send order and payment to:
  Éditions OPHRYS BP 87 05003 GAP cedex France
  04 92 53 85 72

France :
  Particuliers :   70 € (4 numéros trimestriels)
  Institutions :   80 € (4 numéros trimestriels)
  Institutions : 100 € (4 numéros trimestriels + supplément en anglais)
  Étudiants :   52 € (4 numéros trimestriels)

Étranger/Abroad :
  100 € (4 numéros + supplément en anglais/
  four quarterly issues + the English selection)

Vente au numéro / Single issue :
  Le numéro trimestriel / *for each quarterly issue* : 22 €
  La sélection anglaise / *for the English selection* : 30 €

Revue française des Affaires sociales
n° 4 • octobre - décembre 2003

L'État providence nordique
ajustements, transformations au cours des années 1990

Le modèle nordique de protection sociale sous le choc des réformes : *Pierre Strobel*

Nature et enjeux des changements du modèle nordique au cours des années 90

- Crises des années 90, ajustements budgétaires et dépenses sociales dans les pays nordiques de l'Union européenne
  Christel Gilles et Michèle Lelièvre
- Protection sociale et distribution des revenus : l'expérience finlandaise dans les années 1990
  Mikko Kautto et Hannu Uusitalo
- Toujours là, mais pour combien de temps ? De la protection sociale universelle comme modèle « contre-intuitif » et de son évolution au Danemark
  Christoffer Green-Pedersen
- Le rôle des syndicats dans les réformes sociales en Scandinavie dans les années 1990
  Henning Jørgensen
- Peut-on tirer des enseignements du modèle nordique ?
  Alain Lefebvre

Les politiques d'activation

- Les politiques d'activation des pays scandinaves et l'expérience française
  Jean-Claude Barbier
- Les stratégies scandinaves d'activation dans les années 1990 : vers un remaniement du concept de citoyenneté sociale et du modèle social scandinave
  Jon Kvist
- Comparaison des politiques d'activation à l'emploi des salariés âgés au Danemark, en Finlande et en Suède
  Dominique Redor
- Prêts à travailler ? Les politiques d'activation en Suède au cours des années 1990
  Ake Bergmark

Crise et vieillissement : les stratégies en matière de retraite

- Les politiques de pension des pays nordiques de l'Union européenne
  Laurent Caussat et Michèle Lelièvre
- La réforme du système de retraite suédois. Premiers résultats
  Ole Settergren

Santé et handicap : réformes et décentralisation

- Les systèmes de santé nationaux du Nord de l'Europe et l'influence des modèles libéraux durant la crise des années 1990
  Sandrine Chambaretaud et Diane Lequet-Slama
- Les réformes des services de soins suédois dans les années 1990. Une première évaluation de leurs conséquences pour les personnes âgées
  Gun-Britt Trydegård
- La Suède et la prise en charge sociale du handicap, ambitions et limites
  Sylvie Cohu, Diane Lequet-Slama et Dominique Velche

Politiques familiales : ajustements et résistance

- Les politiques familiales des pays nordiques et leurs ajustements aux changements socio-économiques des années 1990
  Marie-Thérèse Letablier
- Entre travail et famille : à propos de l'évolution du modèle suédois
  Anne-Marie Daune-Richard et Anita Nyberg

Annexe au dossier

- Les régimes de protection sociale de trois pays nordiques : Danemark, Finlande, Suède
  Nicole Deletang

Pour commander le numéro : Documentation française :
Internet : www.ladocfrancaise.gouv.fr • Tél . 00 33 1 40 15 70 00 • Fax. 00 33 1 40 15 68 00
Prix du numéro : 28 € (TTC) + frais de port

REVUE INTERNATIONALE DU TRAVAIL

Vol. 142 (2003), no. 2

Numéro spécial: la mesure du travail décent

Travail décent: concept et indicateurs
D. GHAI

La mesure du travail décent: un système d'indicateurs statistiques de l'OIT
R. ANKER, I. CHERNYSHEV, P. EGGER, F. MEHRAN et J. A. RITTER

Sept indicateurs pour mesurer le travail décent: une comparaison internationale
D. BESCOND, A. CHÂTAIGNIER et F. MEHRAN

Une famille d'indicateurs du travail décent
F. BONNET, J. B. FIGUEIREDO et G. STANDING

Travail décent et stratégies de développement
G. S. FIELDS

Travail décent et développement humain
I. AHMED

Abonnement annuel édition imprimée
Quatre numéros: 99 Fr suisses; 60 euros.
Abonnement annuel édition électronique: http://www.ilo.org/revue
Quatre numéros: 40$EU; 30 euros.

Publications du BIT, Bureau international du Travail, 1211 Genève 22, Suisse, Fax: (41-22) 799.69.38; Tél.: 799.78.28; E-mail: **pubvente@ilo.org**, ou auprès de nos bureaux locaux:
Paris, 198 rue de Sèvres, 75007; Fax: (33-1) 53.69.12.13; Tél.: 53.69.12.12;
Bruxelles, 40 rue Aimé-Smekens, 1060; Fax: (32-2) 735.48.25; Tél: 736.59.42.

La *Revue* sur Internet: http://www.ilo.org/revue

REVUE INTERNATIONALE DU TRAVAIL

Vol. 142 (2003), no. 3

Extension de la sécurité sociale dans
les pays en développement
W. van GINNEKEN

Quelle égalité professionnelle entre les hommes et les femmes
dans le secteur moderne en Afrique? L'exemple du Mali
S. DOUMBIA et D. MEURS

Certifier la bonne conduite des entreprises:
enjeux et perspectives d'avenir
O. BOIRAL

Les effets des dispositifs d'aide à la création d'emplois
dans un pays en développement, le Maroc
M. BOUGROUM et A. IBOURK

Livres

Abonnement annuel édition imprimée
Quatre numéros: 99 Fr suisses; 60 euros.
Abonnement annuel édition électronique: http://www.ilo.org/revue
Quatre numéros: 40$EU; 30 euros.

Publications du BIT, Bureau international du Travail, 1211 Genève 22,
Suisse, Fax: (41-22) 799.69.38; Tél.: 799.78.28; E-mail: **pubvente@ilo.org**,
ou auprès de nos bureaux locaux:
Paris, 198 rue de Sèvres, 75007; Fax: (33-1) 53.69.12.13; Tél.: 53.69.12.12;
Bruxelles, 40 rue Aimé-Smekens, 1060; Fax: (32-2) 735.48.25; Tél: 736.59.42.

La *Revue* sur Internet: http://www.ilo.org/revue

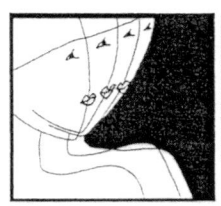

MIGRATIONS SOCIÉTÉ
La revue bimestrielle d'analyse et de débat sur les migrations en France et en Europe

mai - août 2003   vol. 15 - n° 87-88   232 p.

ÉDITORIAL : « *Fermeté* » et « *humanité* » ? Suspicion et précarité — *Philippe Farine*

ARTICLES :

* Caractéristiques structurelles de l'immigration en Italie et réponse législative du gouvernement de centre droit — *Manuela De Marco, Franco Pittau*

* Caractéristiques des migrations rurales à l'intérieur du Mexique et vers les États-Unis — *Hubert Carton de Grammont, Sara María Lara Flores, Martha J. Sánchez Gómez*

* La résistance des Africains envers le commerce des esclaves — *Rosan Rauzduel*

* « *Il est recommandé aux étrangers de ne pas participer* » : les étrangers expulsés en mai-juin 1968 — *Daniel A. Gordon*

DOSSIER :   Europe et migrations

* De quelle Europe parle-t-on ? — *Pedro Vianna*

* Les impasses d'un espace humain virtuel en Méditerranée — *Jean-Robert Henry*

* Dettes migratoires : point de vue d'un altermondiste — *Pierre Gineste*

* Mondialisation, normes internationales et réglementation : éléments pour un agenda européen sur la migration — *Patrick A. Taran, Eduardo Geronimi*

* La politique européenne d'immigration après le traité d'Amsterdam — *Virginie Guiraudon*

* Quelle politique de réadmission pour l'Union européenne et ses États membres ? — *Daphné Bouteillet-Paquet*

* Les modèles prescrits de l'intégration nationale — *Pascale Krief*

* L'exception culturelle suisse ou l'émergence d'une confédération multiculturelle dans sa relation historique avec la France — *Georges Assima*

* Quels citoyens pour quelle Europe ? — *Paul Oriol*

* La recherche française dans le domaine des migrations internationales : les défis de l'européanisation — *Catherine Wihtol de Wenden*

* Bibliographie sélective — *Christine Pelloquin*

Abonnements - diffusion : CIEMI : 46, rue de Montreuil - 75011 Paris
Tél. : 01 43 72 01 40 ou 01 43 72 49 34 / Fax : 01 43 72 06 42
E-mail : ciemiparis@wanadoo.fr / Siteweb : www.ciemi.org
France : 40 €   Étranger : 50 €   Soutien : 70 €   Le numéro : 10 €

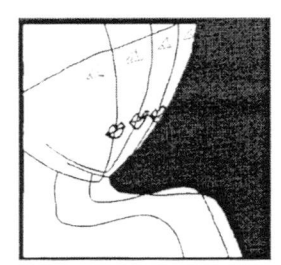

*M*IGRATIONS SOCIETE

46, rue de Montreuil, 75011 Paris - Tél.: 01 43 72 49 34. Fax: 01 43 72 06 42.
migrationsociete@wanadoo.fr

La Revue du
**Centre d'Information et
d'Études sur les
Migrations
Internationales (CIEMI)**

annonce la parution du

N° 89

Septembre-Octobre 2003

Migrations chinoises en Europe

Les "nouveaux Chinois d'outre-mer", à savoir les émigrés de Chine, se dirigent de plus en plus vers notre continent. Le dossier de *Migrations Société*, réalisé sous la direction de Carine Pina-Guerassimoff, effectue un tour d'horizon dans onze pays pour mettre à jour des recherches qui, en français, ne remontent qu'à une dizaine d'années. Or depuis, la situation des nations européennes a changé, l'éventail des pays d'accueil s'élargit, tout comme les points de départ régionaux des Chinois...

15 €. Plusieurs exemplaires (à partir de 5): *remise promotionnelle de 4 € par exemplaire*. Abonnement : 40 € ; 50 € pour l'étranger.

w w w . c i e m i . o r g

MIGRATIONS SOCIÉTÉ
La revue bimestrielle d'analyse et de débat sur les migrations en France et en Europe

novembre - décembre 2003   vol. 15 - n° 90   190 p.

SOMMAIRE

ÉDITORIAL : Le voile et la loi .... *Philippe Farine*

ARTICLES

Destins de migrants et constitution du sujet .... *Franck Sanselme*

DOSSIER : Migrations et mobilités au Sud   (coordonné par Éric Guerassimoff)

Les migrations au Sud. .... *Éric Guerassimoff*

Étudier l'immigration au Sud : le cas du racisme. .... *Yvan Gastaut*

Évolution de la configuration des migrations libanaises en Côte-d'Ivoire .... *Nasser Serhan*

Circulation et réseaux migratoires soudanais - maliens
en Afrique de l'Ouest (1932 -1974) .... *Daouda Gary-Tounkara*

Investir au Sénégal : les Sénégalais résidant en Allemagne entre
le retour virtuel et le va -et-vient .... *Laurence Marfaing*

Transnationalités ambiguës : les Gujarati de Madagascar .... *Denis Gay*

Migrations, éducation et transaction : les écoles chinoises à Singapour et en
Malaisie au début du XX° siècle .... *Éric Guerassimoff*

Tendances récentes de la migration internationale en Amérique latine et
dans les Caraïbes .... *Jorge Martínez Pizarro*

Migrations Sud-Sud : réfugiés et personnes déplacées .... *Louise Aubin*

Bibliographie sélective .... *Christine Pelloquin*

NOTES DE LECTURE

Être étranger et migrant en Afrique au XX° siècle. Enjeux identitaires et
modes d'insertion. Vol. 1. Politiques migratoires et construction des identités.
Vol. 2 : Dynamiques migratoires, modalités d'insertion urbaine et jeux
d'acteurs (*de Catherine Coquery-Vidrovitch, Odile Goerg, Issiaka Mandé et
Faranirina Rajaonah*) .... *Issiaka Mandé*

La Finlande, pays d'accueil (*de Maaria Ylänkö*) .... *Yvan Gastaut*

La Ligue des droits de l'homme et du citoyen depuis 1945 (*d'Éric Agrikoliansky*) ... *Yvan Gastaut*

DOCUMENTATION .... *Christine Pelloquin*

Abonnements - diffusion :   CIEMI : 46, rue de Montreuil - 75011 Paris
Tél. : 01 43 72 01 40 ou 01 43 72 49 34 / Fax : 01 43 72 06 42
E-mail : ciemiparis@wanadoo.fr / Siteweb : www.ciemi.org
France : 40€   Étranger : 50€   Soutien : 70€   Le numéro : 10€

REMI VOL.19 N°2- 2003

LES INITIATIVES DE L'ÉTRANGER ET LES NOUVEAUX COSMOPOLITISMES

Coordination : **Marie-Antoinette HILY** et **Alain TARRIUS**

2003 - Vol.19 - N°2
ISBN 2-911627-34-2

Éditorial

Alain **Battegay** : Les recompositions d'une centralité commerçante immigrée : la Place du Pont à Lyon

Florence **Bouillon** : Des migrants et des squats : précarités et résistances aux marges de la ville

Hélène **Delos** : Entre Maghreb et Turquie : mobilités et recompositions territoriales

Sophie **Bava** : De la « baraka aux affaires » : éthos économico-religieux et transnationalité chez les migrants sénégalais mourides

Sylvie **Bredeloup** : La Côte d'Ivoire ou l'étrange destin de l'étranger

Notes de recherche :

Cécile **Miquel** : L'« intrusion professionnelle » d'une sociologue-anthropologue dans l'envers gitan du décor urbain

Katrine **Rømhild Benkaaba** : Communautés communicantes : étude de quatre radios à Marseille

HORS DOSSIER :

Detelina **Tocheva** : Peurs européennes, peurs malthusiennes

Note d'actualité :

Olivier **Clochard**, Antoine **Decourcelle** et Chloé **Intrand** : Zones d'attente et demande d'asile à la frontière : le renforcement des contrôles migratoires ?

REVUE EUROPEENNE DES MIGRATIONS INTERNATIONALES - REMI

MSHS - 99 avenue du Recteur Pineau
86000 POITIERS CEDEX
Tél.: 05 49 45 46 56 - Fax : 05 49 45 46 68
remi@mshs.univ-poitiers.fr
http://www.mshs.univ-poitiers.fr/migrinter/remi.htm

Revue internationale des sciences sociales

Publiée par les Éditions Érès pour l'UNESCO

Revue internationale des sciences sociales Décembre 2003 **178**
Les ONG et la gouvernance de la biodiversité

UNESCO/érès

Sommaire / N° 178 / Décembre 2003

Les ONG et la gouvernance de la biodiversité

Conseiller de la rédaction : Marie Roué
Introduction :
ONG, peuples autochtones et savoirs locaux : enjeux de pouvoir dans le champ de la biodiversité
Edvard Hviding
Les forêts tropicales contestées, les ONG et les projets du désir aux îles Salomon
Peter Bridgewater
La complainte des baleines
Margarita Serje
Tradition, biodiversité et participation dans l'Amazonie colombienne
Dya Maria Wirawati Suharno & Claudine Friedberg
Enjeux autour de la gestion des ressources : le rôle des ONG face à la nouvelle loi d'autonomie locale en Indonésie

Dinh Trong Hiêu
Sciences sociales et biodiversité : articulations entre le global et le local au Vietnam
Luiz C. Barbosa
Sauvons la forêt tropicale ! Les ONG et les organisations de base dans la dialectique de l'Amazonie brésilienne
David Dumoulin
Les savoirs locaux dans le filet des réseaux transnationaux d'ONG : perspectives mexicaines ?
Florence Pinton
Savoirs traditionnels et territoires de la biodiversité en Amazonie brésilienne
Marie Roué
ONG environnementalistes américaines et indiens Cris. Une alliance contre nature pour sauvegarder la nature ?
Brent Berlin & Elois Ann Berlin
Les ONG et le processus d'autorisation préalable dans la recherche de bioprospection : le projet Maya ICBG au Chiapas, Mexique
Philippe Descola
Quelques remarques sur la notion d'assentiment communautaire

Tribune libre
Nico Stehr
Le contrôle social et politique du savoir dans les sociétés modernes

Prochain numéro
Repérer l'impact.
Études de cas sur l'articulation entre sciences sociales et politiques publiques,
N° 179, Mars 2004

Conditions d'abonnement
Quatre numéros par an :
Mars, Juin, Septembre et Décembre
Pays industrialisés : 65 €
Pays en développement : 42 €
Prix de vente au numéro : 20 €

Éditions Érès
11, rue des Alouettes - 31520 Ramonville Saint-Agne - France

CAHIERS QUÉBÉCOIS DE DÉMOGRAPHIE

Sommaire du volume 32, no 1   Printemps 2003

CHANGEMENTS SOCIODÉMOGRAPHIQUES ET POPULATIONS VIEILLISSANTES

- Hervé GAUTHIER et Yves CARRIÈRE, *éditeurs invités*
Présentation du numéro thématique

- Long MO et Jacques LÉGARÉ
Les politiques de fécondité en Chine et d'immigration au Canada : étude comparée de leurs impacts sur le vieillissement

- Sylvie MARTEL et Robert BOURBEAU
Compression de la mortalité et rectangularisation de la courbe de survie au Québec au cours du XXe siècle

- Susan A. MCDANIEL
Politiques sociales, changements économiques et démographiques et vieillissement de la population canadienne : leurs interactions

- Stéphane CRESPO
La composition du revenu en période de retraite anticipée : le cas des Canadiens âgés de 55 à 64 ans entre 1982 et 1997

- Yves CARRIÈRE et Laurent MARTEL
L'aide apportée aux personnes âgées veuves ou divorcées au Canada : peut-on compter sur les enfants ?

- Leroy O. STONE, Alexandre GENEST, Jacques LÉGARÉ et Amélie GAGNON
Le vieillissement des populations comme variable causale à effets connus : comment éviter des conclusions hâtives

Abonnements

Adresse : Association des démographes du Québec, C. P. 49532, CSP du Musée, Montréal, Québec, Canada H3T 2A5 (paiement à l'ordre des Cahiers québécois de démographie). Prix :

Un an   Canada : 25 $ CAN (individus), 40 $ CAN (institutions)
(2 numéros)   Étranger : 35 $ US (individus), 45 $ US (institutions)

Prix au numéro Canada : 15 $ CAN. Étranger : 20 $ US

Renseignements supplémentaires : Marc Tremblay, Directeur des CQD, Université du Québec à Chicoutimi, 555, boul. de l'Université, Chicoutimi (Qc), Canada G7H 2B1. Tél. (418) 545-5011, poste 6554; téléc. (418) 545-5518. Courriel : marc_tremblay@uqac.ca.

VOIX, VISIONS, APPARITIONS

Numéro 2003/4 de la revue *Ethnologie française*
(Octobre- Décembre - paru le 4 octobre 2003)

voilà une cohorte d'objets énigmatiques déroutants pour une phénoménologie ordinaire. Des êtres qui désignent des zones floues de la perception, des incertitudes de la vision.

Nous avons voulu, non pas trancher sur leur *existence*, ni les vider de leur contenu, mais au contraire les prendre à bras-le-corps, dans leur épaisseur de vivants phénomènes, perçus par des êtres doués de toute leur raison. Les voix sont ici *ce qui est réellement entendu* ; les visions *ce qui est réellement vu* ; les apparitions *ce qui apparaît réellement*. Historiens et ethnologues abordent la façon dont ces objets apparaissent, c'est-à-dire collectivement produits, légitimés, rehaussés dans des réseaux de discours multiples, dans de riches œuvres d'art qui prennent le relais des visions. Ils décrivent la façon dont ces mêmes objets sont oubliés, refoulés, comment ils disparaissent de l'Histoire, puis reviennent, transformés mais reconnaissables. Entre le deuil et l'essor vers l'au-delà, spectres et anges dans leurs voiles sont l'image *réalisée* d'une hantise qui ne cesse d'interroger l'envers du monde.

Fantômes et spectres, visages d'anges ou de dieux, formes d'esprits, photos d'ectoplasmes, voix des morts :

Christine Bergé
Les chemins du visible.
Jean-Claude Schmitt
Récits et images de rêves au Moyen Age.
Anne Polo de Beaulieu
Paroles de fantômes. Le cas du revenant d'Alès, 1323
Hervé Huot
Spectres ou pas spectres : telle était la question.
Jacques Maître
Contemplatrices de l'invisible.
Nicole Edelman
L'invisible (1870-1890) : une inscription somatique.
Régis Ladous
Voix et images d'ailleurs.
Les deux fables de dom Ernetti.
Christine Bergé
La peau du mort : enveloppes, écrans, ectoplasmes.
Antoine Faivre
Sir Arthur Conan Doyle et les esprits photographiés.

Marie-Claire Latry
La voie des anges (1810-1850).
Paolo Apolito
Visions mariales sur Internet au cours de la fin du XXe siècle.
Postface
Daniel Vidal
De la vision en archipel.

VARIA : NATURE, ENFANCES…

Vanessa Doutreleau
Elfes et rapports à la nature en Islande.
Marie-Ange Abras   *Comment les enfants perçoivent-ils la mort à travers les médias ?*
Lucie Désidéri   *Alphabets initiatiques.*
Marc Perrenoud   *La figure du musicos. Musiques populaires contemporaines et pratique de masse*
Marie Buscatto   *La Jam vous fait chanter. Des multiples vocations d'une nouvelle pratique du jazz*
Christine Bergé   *Arrêt sur image.*

Rédaction : Musée national des Arts et Traditions populaires - 6, Avenue du Mahatma Gandhi – 75116 Paris
tél : 01 44 17 60 84 – fax : 01 44 17 60 60 – e-mail : ref@culture.gouv.fr

Abonnement (4 numéros par an) et vente au numéro : **Presses Universitaires de France** –
6, Avenue Reille – 75014 Paris
tel : 01 58 10 31 62 – fax : 01 58 10 31 82 – e-mail : revues@puf.com

Prix de l'abonnement pour 2004 :   Particulier : 70 Euros
(les abonnements partent du premier   Institution : 93 Euros
fascicule de l'année en cours)   Étudiant : 50 Euros

Vente au numéro : 21 euros (par l'intermédiaire de votre libraire habituel et PUF)

LES ÉDITIONS DE L'INED

Fondé en 1945, l'Institut national d'études démographiques est un établissement public de recherche. Il regroupe aujourd'hui plus d'une soixantaine de chercheurs qui effectuent de nombreux travaux, théoriques ou appliqués, en démographie. Ils développent des relations entre cette discipline et les autres sciences humaines et sociales : économie, sociologie, génétique, biologie, histoire, géographie, mathématiques...

NOS PUBLICATIONS

• *Les périodiques*
Population, revue bimestrielle, en français et en anglais
Population, numéros thématiques
La situation démographique de la France
Population & sociétés, bulletin mensuel

• *Les collections*
Les Cahiers de l'Ined
Manuels
Classiques de l'économie et de la population
Études & enquêtes historiques
Méthodes et savoirs
Données statistiques
Hors collection
Aidelf

POPULATION : ÉDITION FRANÇAISE ET ENGLISH EDITION

Depuis 2002, les 5 livraisons annuelles de *Population* sont disponibles en français et en anglais. Veillez à bien préciser l'édition choisie sur le bon de commande

Vente au numéro	France	Étranger
• Population – Édition française	20,00 €	22,00 €
• Population – English Edition	20,00 €	22,00 €
Abonnement d'un an (5 livraisons par an)	France	Étranger
• Population – Édition française	75,00 €	82,00 €
• Population – English Edition	75,00 €	82,00 €

Tarifs au 1er janvier 2004

BON DE COMMANDE AU VERSO

À renvoyer aux ÉDITIONS DE l'INED,
133, bd Davout, 75980 PARIS Cedex 20, France
ou par Fax pour les commandes par CB au 01 56 06 22 37

Nom ....

Adresse ....

....

....

Veuillez m'adresser

. **LE CATALOGUE** ☐

. **POPULATION** (précisez l'édition)

☐ *ÉDITION FRANÇAISE* .... abonnement(s) pour l'année 2004

☐ *ENGLISH EDITION* .... abonnement(s) pour l'année 2004

Ci-joint la somme de ....

☐ Par chèque, à l'ordre de l'Agent comptable de l'Ined

  Par virement bancaire

☐ à la RGFIN PARIS SIÈGE n° 30091 75200 20003000675 44

☐ IBAN Internationnal Bank Account Numbe – FR76 3009 1752 0020 0030 544

☐ BIC Bank Identifier Code – BDFEFRPPXXX

☐ Par carte bancaire

Porteur : Nom, prénom ou raison sociale

....

Tél. .... Adresse ....

....

☐ Visa   ☐ Mastercard   ☐ Eurocard   ☐ Carte bleue

N° ....

Date d'expiration ....

Date et signature du **titulaire de la carte**

Achevé d'imprimer sur les presses
de CARACTERE S.A.S.
en février 2004
n° 7-136 - 1ᵉ Trimestre